臺灣商務印書館

安東尼・波登之

# 廚房機密檔案

〈全新重譯本〉

# Kitchen Confidential: Adventures in the Culinary Underbelly

安東尼・波登
Anthony Bourdain 著
韓良憶 譯

# 安東尼・波登之廚房機密檔案

## KITCHEN CONFIDENTIAL:
## ADVENTURES IN THE CULINARY UNDERBELLY

作　　者一安東尼・波登
譯　　者一韓良憶
發 行 人一王春申
總 編 輯一李進文
編輯指導一林明昌
主　　編一王育涵
封面設計一吳郁婷

業務經理一陳英哲
行銷企劃一葉宜如
出版發行一臺灣商務印書館股份有限公司
23141 新北市新店區民權路 108-3 號 5 樓（同門市地址）
電話：(02)8667-3712　傳真：(02)8667-3709
讀者服務專線：0800056196
郵撥：0000165-1
E-mail：ecptw@cptw.com.tw
網路書店網址：www.cptw.com.tw
Facebook：facebook.com.tw/ecptw



局版北市業字第 993 號
初版：2010 年 7 月
初版八刷第一次：2018 年 6 月
定價：新台幣 350 元
法律顧問一何一芃律師事務所

# 鳴謝

本書部分文字曾刊行於他處：〈從我們的廚房到你的餐桌〉有一大部分和其他一些零散文字，曾刊登於《紐約客》（*The New Yorker*），篇名為〈讀了再吃〉（Don't Eat Before Reading This）；〈東京任務〉最早刊載於《食物藝術》（*Food Arts*）；讀者如果看過我替堪農蓋特圖書（Canongate Books）「浪子回頭」（Rover's Return）系列寫的短篇小說，會看到我那篇〈大廚逍遙夜〉（Chef's Night Out）中虛構的主人翁在忙碌的燒烤站丟人現眼，那經驗同我自己的真實經歷差不多。

我也要感謝羅斯——一切都多虧了他，以及美國布隆斯貝利出版社（Bloomsbury USA）的李娜蒂和姜諾普洛斯。我還要感謝賓恩、雷姆尼克、邪惡的史東兄弟（羅布和韋布）、韋絲莫蘭、荷西和菲立普、史蒂芬、巴特貝利、溫特絲彭、雷碧諾、菲歐瑞、布萊恩，以及我在「中央市場」那一批牛鬼蛇神班底：法蘭克、艾迪、伊席多羅、卡羅斯、歐馬、安杰、鮑提斯和珍寧。

廚師萬歲！

獻給南西

# 目次　CONTENTS

# 開胃菜

# APPETIZER

# 主廚的說明

## A NOTE FROM THE CHEF

可別誤會我，我熱愛餐飲業，天哪，我仍然在幹這一行。我是個受過正規訓練、把餐飲當成終身職業的主廚，說不定一個小時以後，我會在紐約市公園大道南段一家餐館地下室的備料廚房裡，要麼烤骨頭做小牛骨濃汁（demi-glace），要不就在切割小里肌牛肉。

我並不是因為對這一行感到憤怒，也不是想嚇唬用餐大眾，才將我長年置身餐飲業所看到、學到和做過的林林總總和盤托出；我在這一行歷練多變，幹過洗碗工、備料雜工、煎炸廚師、燒烤廚師、醬汁廚師、副主廚和主廚。這本書問市後，我也照樣會樂於當個主廚，因為世上就只有這種生活是我真正了解的生活。倘若我在清晨四點的時候需要幫忙，不論是要借錢周轉，需要一副可以靠上去哭泣的肩膀、一顆安眠藥、保釋金，抑或是一個會在滂沱大雨中開車到治安敗壞地區接我的人，我絕不會打電話給我的寫作同行，而會打給我的副主廚、前任副主廚，或者我的醬汁廚師，一個我這二十多來共事過的同僚。

我之所以想要告訴你餐飲這一行幽微隱蔽的黑幕，是因為就像好好地洗了熱水澡一樣，凡此種種都讓我感到舒服；餐飲業是一種次文化，數百年來以軍事化的階級制度加上由「蘭姆酒、惡行惡狀與斥罵」所構成的精神特質，打造出不可動搖的秩序，其中夾纏著令人精神錯亂的混亂狀態。這種生活我過得悠遊自在，我熟諳這一行的語言。在紐約市那個由主廚和廚師組成的亂七八糟小圈子裡，我有熟人；在我的廚房裡，我遊刃有餘（在現實生活中卻相反，我變得有點笨手笨腳）。我希望業界人士讀了以後會喜歡這本書，書中坦白描寫我們當中許多人在欠缺「正常」社交互動的情況下日日夜夜所過的生活。我們從未在星期五、六的晚上休息，假日總是在工作，世上其他人都在享受休假時，是我們最忙碌的時刻，這使得我們形成多少有點奇特的世界觀，我希望同行的主廚和廚師能夠認可這一點。餐飲從業人員讀到這本書，可能會喜歡我寫的東西，也可能不喜歡，不過他們都知道我並沒有撒謊。

我想讓讀者看上兩眼，從而窺知職業廚師在烹製真正的美食時那種真切的快樂，我想讓他們了解實現兒時夢想、當上海盜頭子是何等滋味——在大城市餐館廚房鍋碗杯盤叮噹作響的聲浪中會感受到什麼、看到什麼、聞到什麼。我也想竭盡所能，傳達出這一行前線特有的語言、行話，還有陰森刻薄的幽默感帶給人的那種詭異快感。我希望讀到本書的人起碼能感覺到，不論如何，這種生活有的時候是很開心的。

至於我呢，我一直愛把自己想成是廚界的恰克．韋普納（Chuck Wepner），技藝熟練的韋普納是拳王頭銜的「角逐者」，在阿里與費瑟雙雄相爭的時代，他有「流血王」之稱。你始終可以放心地指望他傾其所有，硬戰好幾個回合不被擊倒，我欽佩他的毅力、他的穩定性，還有他那總是可以打起精神做該做的事、像個男子漢般承受打擊的能耐。

所以，在這兒跟你講話的，並不是什麼超級大廚。沒錯，我畢業自美國廚藝學院，在歐洲晃蕩過，在本城幾家知名的二星餐廳工作過，它們可是好到不行的餐廳哦。我並不是什麼一肚子怨恨的小廚師，想要詆毀我那些比較成功的同儕（不過，要是有機會的話，我倒是樂於如此）。遇到高檔的餐宴活動，在第一人選的主廚不巧是個變態狂或是妄自尊大又殘忍的酒鬼時，我通常是被叫去打理的傢伙。這本書講的是街頭的餐飲業與其從業人員，主角是二廚①。

長期以來，我在這行業招搖撞騙，掙得不錯的收入，大部分時間是在曼哈頓的中心地區度過，待過的地方都是些名號響叮噹的館子，因此我多少知道一些事情，仍給自己保留了一些棋子。

當然，這本書的確有可能終結我的餐飲生涯。書中有恐怖的故事，酗酒、嗑藥、在乾貨儲藏室嘿咻，書中所披露的業界處理食物的方法和種種惡劣的手法，往往令人倒盡胃口。說到為什麼星期一不宜在館子點魚吃，為什麼愛吃全熟肉類的客人會吃到桶底的渣滓，還有為什麼吃早午餐時最好不要點海鮮烘蛋，凡此種種都不會讓我更受到未來潛在雇主的青睞。我明目張膽的瞧不起吃素的人、要求醬汁另外盛放的人、「乳糖不適者」，還有長得像外星怪獸的電視名廚拉卡斯（Emeril Lagasse）的廚藝，這種態度也不會讓我得以在電視上開烹飪節目。依我看，我可沒機會跟紐約法裔名廚索納（André Soltner）一起去滑雪度週末，無緣同那超屌的名廚費雷（Bobby Flay）稱兄道弟，法國大廚芮貝（Eric Ripert）也不會打電話來跟我商量明天的海鮮特餐要做什麼。可是，我偏偏就是不想騙人，而要把我看到的事情說出來。

好的、壞的和醜的，一切都攤在這裡了。有興趣的讀者一方面可以學會運用幾樣便利的工具，做出看起來、嚐起來都像職業廚師製作的菜餚，另一方面則會決定，從此再也不點白酒煮淡菜這一道菜。老兄，不妙呀不妙。

對我來說，烹飪生涯有如長期戀愛，有莊嚴的時刻，也有荒唐的時刻。可是就像戀愛，回首前塵時，記憶最深的都是快樂的時光，是那些在一開頭時吸引你的事物，那些讓你一再回過頭來需索的事物。我希望我能夠讓讀者品嚐到那些事物和那些時光，我從不後悔自己在人生路上意外轉了彎，踏入餐飲這一行。我始終相信美食和好好地吃都存有風險。不論我們講的是用未殺菌消毒的生乳所製做的史帝爾頓（Stilton）藍紋乳酪、生蠔或為黑道兄弟幹活，對我而言，食物永遠都是一種冒險。

**譯註：**

①二廚（line cook）：負責廚房中某一部門或「廚站」（station）的烹調工作，比如煎炒站或燒烤站，手下常有一、兩名助理。

# 第一道菜

## FIRST COURSE

# 善哉美食

FOOD IS GOOD

小學四年紀以後，我才頭一回發覺，食物原來不僅僅是人在飢餓時可以填飽肚子的東西——就像在加油站加油那樣。那一回，我們全家人搭乘「瑪麗皇后號」到歐洲旅遊，當時我們正在特別二等艙的餐室。我們還有張照片不知收在哪裡：我媽戴著賈姬式的太陽眼鏡，我和我弟弟穿著可愛到叫人難受的水手服，大夥登上巨大的冠達郵輪，為我們第一次橫渡大西洋的航行而興奮，那是我們首度前往我父親的祖國——法國。

是那碗湯。

那湯是冷的。

對一個好奇的小四學生來說，這可是個新發現，這孩子截至那會兒所知道的湯，就是湯廚罐頭的番茄濃湯和雞湯麵。我之前當然在餐廳吃過飯，可是那是我頭一回真正注意到食物，是我第一次愛吃某樣食物，更重要的是，我記住了我愛吃那食物。我請教我們那位耐心十足的英國侍者，這沁涼又美味的液體是什麼。

「維琪式冷湯，」他答稱，直至今日，儘管這道菜已成了菜單上最司空見慣的老派菜色，而我自己也動手煮過成千上萬遍，這幾個字對我卻仍具有魔力。我記得當時經歷的每一個細節：我們的侍者怎樣用湯杓把湯從銀盅盛至我的碗裡；他用小匙舀在湯面作裝飾的細香蔥末，咬起來嘎吱作響；韭蔥和馬鈴薯香濃滑潤的滋味；發覺湯竟然是冷的時候，我那種又驚又喜的感覺。

那次越洋航行的其他事情，我都不太記得了。我在船上電影院裡看了傑瑞．路易斯（Jerry

Lewis）和湯尼・寇蒂斯（Tony Gurtis）主演的《我愛空姐》（*Boeing Boeing*），還有一部碧姬・芭杜（Brigitte Bardot）演的片子。這艘老輪船一路上猛烈顫抖、呻吟、震動，官方說法是，那是因為船殼上有藤壺之故，從紐約到法國的雪堡（Cherbourg），我們就像乘坐在巨型割草機上。我和弟弟很快就覺得無聊了，大部分時間都待在「青少年休閒室」，聽點唱機播放的〈日昇之屋〉（House of the Rising Sun），不然就看著下層甲板鹹水泳池裡的水不斷濺起水花，就好像把波浪裝進池中。

然而那冷湯一直跟著我，在我腦海中迴響，喚醒了我，讓我感覺到自己的舌頭，而且多多少少為我作好準備，讓我得以迎接未來種種。

促使我後來慢慢走上主廚生涯的另一件事，也發生在那頭一次的法國之旅。下船以後，媽媽、弟弟和我住在雪堡附近海邊小鎮的親戚家，那是諾曼第地區一個荒涼寒冷的度假地，靠近英吉利海峽。天色幾乎永遠是一個逕兒地陰沉，海水冷得刺骨。街坊鄰居的小孩全都以為我認識史蒂夫・麥昆（Steve McQueen）和約翰・韋恩（John Wayne）本人，因為我是美國人，所以跟他們一定有交情，跟他們一起騎著馬在牧場上晃蕩，開槍打擊壞蛋——我因此立刻成了名人。海濱雖不適合游泳，海灘上卻散佈著納粹德軍留下的碉堡和砲座，有不少還留有明顯的彈痕和火焰噴射器留下的燒痕，沙丘底下還有地道，凡此種種對小孩來說都太酷了，非得探索一番不可。我訝然發覺，我的法國小朋友竟然獲准在星期天抽一根菸，在餐桌上可以得到一杯摻水的葡萄酒，最棒的是，他們竟擁有機動腳踏車。記得當時我心想，這樣撫育小孩才對嘛，對我媽不表同意很不開心。

在法國的頭幾個星期，我在地下坑道探險，尋找納粹黨死屍，打迷你高爾夫，偷吸香菸，看了一大堆《丁丁歷險記》（*Tintin*）和《阿斯泰里克斯》（*Astérix*）漫畫，騎著朋友的機動腳踏車四處蹓躂，並且透過觀察學到一點生活教訓，好比說，我們的家族朋友杜邦先生帶情婦出席某些餐會，在另一些餐會則帶妻子，而他的一群兒女對此顯然漠不關心。

食物則多半未博得我的歡心。

在我未開化的味蕾嚐來，牛油有股奇怪的「乳酪味」。六〇年代美國兒童每天都喝，不，是不得不喝的牛奶則根本就難以入口。午餐似乎永遠是火腿夾麵包或烤乳酪火腿三明治。具有悠久歷史的法國菜尚未給我留下深刻印象，當法國菜引起我的注意時，我留心到的卻是法國少了什麼食物。

如此這般過了幾星期，我們搭夜車到巴黎和我父親會合，他開了一輛拉風又簇新的路華馬克三型轎車（Rover Sedan Mark III），那就是我們的遊覽用車。在巴黎，我們下榻在呂得夏飯店（Hôtel Lutétia），那在當時是坐落於奧斯曼大道上的一幢高大、略顯破舊的老建築。我和弟弟從菜單上可以點選的菜色多了一點，包括牛排薯條和漢堡牛排。想也知道觀光客會做的事我們全都做了，好比爬艾菲爾鐵塔，在布隆森林野餐，到羅浮宮如行軍般一一參觀名作，在盧森堡公園的水池玩玩具船等，而對一個已逐漸培養出犯罪傾向的九歲小男孩來說，凡此種種都算不上有意思。那時我最大的興趣就是多收集《丁丁歷險記》的英譯本。艾爾吉繪製的那些流暢明快的故事，講的都是販毒、古老的廟宇和遙遠而陌生的國度與文化，對我而言可真是富有異國情調。我纏著我可憐的父母花了成百上千美元，在專賣英文圖書的史密斯書店替我買這些書，以免我拼命抱怨在法國要啥沒啥。我穿的小短褲老是顯得很礙眼，而我呢，很快就成了一個臭著臉、情緒化又難搞的小混蛋。我一直跟我弟弟吵架，凡事吹毛求疵，我徹頭徹尾是個累贅，讓我母親這一趟愉快的旅行掃興不已。

我父母竭盡所能，他們帶著我們走遍各地，從一家餐廳到另一家，我們每一回都堅持要點漢堡牛排（而且一定得附上番茄醬）和「可口」可樂，他們鐵定每次都打個寒顫。他們默默忍受我埋怨牛油有乳酪味，還有我對當時一種叫做Pschitt的暢銷飲料的廣告那似乎沒完沒了的興趣，「我要大便（shit）！我要大便！」每當他們說法語，我就翻白眼，一副坐立不安的樣子，他們想方設法不去注意我這副德性，想鼓勵我發掘自己喜歡的事物，任何事物都好。

終於有一天，他們不帶孩子一起去了。

這事我記得很清楚，因為那就像是一巴掌摑在我臉上。它喚醒了我，令我明白食物可以是很重要的，這對我好鬥的本性是項挑戰。因為受到拒絕，反而打開了一扇門。

那地方叫做維恩納（Vienne），我們開了好長的一段路才到那裡。我和弟弟剛看完丁丁漫畫書，煩躁不安，惹人討厭。法國鄉間風景優美，林蔭夾道，路旁有灌木籬笆、農田與圖畫書一般的村莊，種種美景卻並未讓我們分神。截至那會兒，我爸媽幾星期以來一直得忍受我們不斷發牢騷，用餐氣氛緊張，越來越令人不快。他們盡責地替我們點漢堡牛排、生菜和麵包夾火腿之類的東西已經夠久了，他們忍耐我們發牢騷，說什麼床太硬，枕頭太軟，抱枕、廁所和抽水馬桶太怪。他們甚至准許我們喝一點摻水的葡萄酒，這不僅是因為法國人顯然都如此，我想也是因為藉此讓我們倆閉嘴。他們帶著我和我弟弟這兩個最醜陋的小美國佬走遍四方。

到了維恩納，情況卻不同了。

他們把嶄新的路華轎車停進一家餐廳的停車場，這餐館名字聽來頗值一探，叫「金字塔」（La Pyramide），給了我們顯然是事先囤積好的一疊丁丁漫畫書……**然後就把我們留在車裡！**

那可是沉重的打擊，我跟我小弟被扔在車裡超過三個小時，對兩個早已感到無聊透頂的可憐小鬼來講，這段時間漫長得像一輩子。我有很多時間來納悶，牆裡面到底有什麼了不起的事物啊？他們在裡頭吃東西，這一點我曉得，這顯然是件大事，儘管我當時才九歲，不明事理，卻也看得出我那備受煎熬的雙親，在期待等候這個時刻到來時，心情有多麼緊張、興奮，近乎敬畏。維琪式冷湯的經驗在我腦海記憶猶新，看起來，食物可以是十分重要的，食物可以是一件大事，其中蘊藏著祕密。

眼下我當然知道，即便在一九六六年時，「金字塔」便是廚藝世界的中心。波居斯（Paul Bocuse）、特拉瓦格羅（Troisgros），每個人都在那兒待過，在那出了名令人畏懼的老闆龐特（Ferdinand Point）底下兢兢業業幹過活。龐特是當時的烹飪大師，「金字塔」更是愛好美食者的麥加聖地。對我那兩位哈法族雙親來說，那是一趟朝聖之旅。而即便在當時，我坐在悶熱的汽車後座上，空洞的小腦袋瓜多少也想通了這一點。

一切都不一樣了，從此以後我也不一樣了。

首先，我很生氣。憤恨在我一生當中始終有強大的驅動力，使得我突然在食物方面變得很有冒險精神。我當下決定，要在美食這件事超過我爸媽。同時，我要讓我那沒見識的弟弟噁心到不行，我要讓他們看看，到底誰才是老饕！

腦子？又臭又濕黏、聞起來像死人腳丫的乳酪？馬肉？小牛胸腺？端上來！只要是能令人駭然失色的玩意我都吃，那年夏天接下來的時光，還有緊接著那幾年夏季，我來者不拒，吃了一杓又一杓黏稠的瓦許朗乳酪（Vacherin），學會愛上香濃、帶有乳酪味的諾曼第牛油，尤其愛把它厚厚一層塗在棍子麵包上，然後蘸著苦苦的熱巧克力吃。我一有機會就偷喝紅酒，試吃炸魚——整條小魚連頭帶尾炸，配上蒜味洋香菜醬吃——覺得魚頭、眼睛和魚骨一起吃，真是美味。我吃配上褐色牛油醬汁的鰩魚、大蒜香腸、牛肚、小牛腰子和血腸，吃血腸的時候，血就沿著我的下巴往下淌。

我吃了生平第一顆生蠔。

這可真是件了不得的大事。當時種種歷歷在目，記憶之清晰就跟我還記得失去童貞一樣，而且就很多方面來看，那回憶還更加甜蜜。

頭一年夏天的八月，是在拉戴斯特德布許（La Teste de Buch）度過的，那是產蠔的小村莊，位在西南法吉隆德地區阿卡雄（Arcachon）海灣。我們住在姜妮伯母和古斯塔夫大伯家，我父親小時候曾在這幢牆面以灰泥刷白的紅瓦屋子裡度暑假。姜妮伯母有把年紀，衣著邋遢，戴著眼鏡，身上略有異味；古斯塔夫大伯呢，成天穿著連身工作服，戴著貝雷帽，外表古怪，愛抽手捲菸，菸要燒到舌尖了才扔掉。拉戴斯特自我父親在那兒度假以來，那些年間並沒有多少變化，鄰居仍都是養蠔人家，家家戶戶仍在後院飼養兔子、種番茄。一般人家有兩間廚房，一間是室內的，一間是戶外的「魚廚房」，各家有手壓水泵，從井裡打飲用水，院子後面還有一間戶外廁所，到處都是蜥蜴和蝸牛。兩個主要的觀光景點為不遠處的皮拉沙丘（**Dune of Pyla**，歐洲最大的沙丘！）和附近的度假小城阿卡雄，法國人不約而同來這裡放大假。看電視是件大事，每當七點當兩家全國電視台開始播出時，我的古斯塔夫大伯就會一臉肅穆地走出他的房間，屁股後面繫著一把鑰匙，煞有介事地用鑰匙打開遮住螢光幕的電視櫃門。

我和我弟弟在這裡比較開心，因為可做的事情比較多。海灘很溫暖，跟我們熟悉的老家氣候較接近，到處都是的納粹碉堡更增添了吸引力。我們可以捉蜥蜴，用隨處皆可合法購得的鞭炮來射死蜥蜴！步行不遠處有一片森林，林間住了一位真正的隱士，我和弟弟在那兒一待便是幾小時，躲在樹叢中窺探此人。那會兒我已可欣然閱讀法文版的漫畫書，我當然也吃東西，是真的在吃哦，暗褐色的魚湯、番茄沙拉、白酒煮淡菜、巴斯克風味雞（那兒離巴斯克僅數哩之遙）。我們帶著棍子麵包、香腸、整塊的乳酪、葡萄酒和「愛維養」礦泉水（當時美國老家還沒聽說過這種瓶裝水），到費瑞岬（**Cap Ferret**）作一日遊，那是大西洋畔一處荒涼的海濱，浪濤拍岸，捲起千堆雪，風光美得令人屏息。西行數哩是卡梭湖（**Lac Cazaux**），我和弟弟在這片淡水湖可以租腳踏船在湖面四處晃蕩。我們吃熱呼呼的格子鬆餅，餅上蓋滿了發泡鮮奶油和糖霜。當年夏天卡梭區點唱機最熱門的兩首歌曲是普洛柯哈倫合唱團（Procol Harum）的〈蒼白的淺影〉（Whiter Shade of Pale）和南西・辛納屈（Nancy Sinatra）唱的〈好走的靴子〉（These Boots Were Made for Walkin）。法國人反覆地點播這兩首歌，樂聲不時被飛越湖面前往轟炸測試區的法國空軍噴射機的轟鳴噪音打斷。有搖滾樂、好吃的東西和炸藥在手，我快活的很。

因此，有一天，當我們那以養蠔為業的鄰居聖日先生邀我們一家搭他的採蠔船出海時，我興奮極了。

清晨六時，我們帶著野餐籃，穿上實用的鞋子，坐上聖日先生的小木船。這位先生是個硬脾氣的老傢伙，跟我大伯一樣，穿著老舊的牛仔布連身工作服、平底帆布涼鞋，戴著貝雷帽。他的臉歷經風吹日曬雨淋，皮膚粗糙黝黑，雙頰凹陷，鼻子和下巴佈滿血絲，這裡的人喝多了本地葡萄酒，似乎都有同樣的特徵。他並未向我們這些來賓說清楚他每天幹活時都在做什麼，我們搭著船噗噗有聲地來到一處以浮標標示的水面，用柵欄在海底圍成的區域就是他的蠔場。我們在八月驕陽下坐著……坐著……又坐著，等待退潮。這樣做是為了讓船在柵欄範圍內的海面漂浮，我們坐在船中等待水位降低，船身隨之下降，直到船身停在海底。這時，聖日先生和他的來賓應當就可以採蠔了，挑出一些質優的牡蠣到港口去賣，並且清除可能會危害收成的寄生物。

我還記得，在船身尚餘兩呎左右便可降至水已乾涸的海底，而我們可以在蠔場隨意走動時，我們便已吃光所有的乳酪和麵包，喝光礦泉水，但我還是餓，而且斷然喊餓。

聖日先生聽見，好像是想向他的美國乘客挑戰似的，操著他濃重的吉隆德口音問道，有沒有人想嚐嚐生蠔。

我爸媽遲疑不決，我猜想他們察覺到自己恐怕真的得生吃一顆我們腳底下那黏答答的玩意。我弟弟嚇得縮成一團。

而我呢，在我年輕生命中最光榮的一刻挺身而出，臉上帶著叛逆的笑容，自願第一個吃。那是我個人生命史上難忘的美好時刻，比我後來許多其他的「第一次」，好比第一次嘿咻，第一次抽大麻，第一天上中學和出第一本書等等，都更讓我難忘，我獲得榮耀。聖日先生招呼我到船邊，他彎下腰，整顆腦袋幾乎伸進海裡，當他的頭再探出水面時，他那如爪子般粗糙的手中，拿著一顆覆滿泥沙的牡蠣，很大，形狀不規則。他用一把生鏽的小刀撬開牡蠣，遞給我。大家都盯著我瞧我，這玩意我弟弟看了就怕，牠閃閃發光，看來有點像生殖器官，不住滴著水，幾乎還活著。

我拿在手中，按照這會兒滿臉笑容的聖日先生的指導，把殼斜放著送入嘴裡，咬了一口，緊接著一吸，把蠔肉整個吞了進去，嚐來有海水味……鹹鹹的，肉肉的……而且多多少少……我嚐到未來的滋味。

從此一切都不同了，一切的一切。

我不但全身而返，還愛上箇中滋味。

我知道，那便是魔力，恨只恨我直到如今對此魔力之妙仍是一知半解。我上鉤了。爸媽直打哆嗦，我弟弟一臉掩也掩不住的驚恐表情，凡此種種卻更讓我覺得，自己不知怎的已變成男子漢。我完成一次冒險，嚐過禁果，我這一生後來發生的林林總總，是食物也好，還是為了追求新鮮的事物——管它是毒品、性或其他新奇的刺激——而做的種種自毀的愚行也好，通通源起那一刻。

我從內心深處、本能的、在精神上——甚至略帶預兆性的，在性事上——學到一些東西，從此踏上不歸路，精靈已鑽出寶瓶。我做為掌廚者的主廚生涯，就在那一刻展開。

食物具有力量。

食物可以給人啟發，令人震撼、驚訝、興奮、愉快，也能讓人刮目相看。它能博取我……還有別人的歡心，這個資訊真有價值。

那年夏天餘下的時光以及後來幾年的夏天，我常常自個兒溜到港口的小攤，買論打賣、用牛皮紙袋包裝、外殼烏黑、沒洗過的牡蠣。聖日先生那會兒已成為我的心靈伴侶、好弟兄和摯友，他收工後會與我分享摻糖的葡萄酒。經過他的幾次指導，我可以輕鬆地開牡蠣殼，好像打開阿拉丁的洞穴一般，用小刀自後面把殼撬開。

我坐在院子裡，周遭有番茄和蜥蜴，吃著我的生蠔，喝著「法國凱旋」啤酒（**Kronenbourg**，法國真是未成年飲酒者的樂園啊），開心地閱讀《女金剛智破鑽石案》（*Modesty Blaise*）、《搗蛋鬼》（*Katzenjammer Kids*）等英文漫畫書和好看的法文精裝漫畫書，直看到眼睛都花了，偶爾還會抽抽偷來的法國香菸。如今，生蠔的滋味依然會使我聯想起那些醺然的午後，那種偷偷摸摸的樂趣有多麼叫人陶醉。法國菸的氣味、啤酒的滋味，還有那明知其不可而為之的難忘感覺。

當時，我尚未有當職業廚師的打算，但是我經常回顧我的人生，尋找人生路上的岔路，設法找出我到底是在什麼時候「變壞」，變成一個追求刺激、需索快感的享樂主義者，總是在期待震撼、娛樂、驚嚇和操弄，想要用新奇的事物來填補我心靈空虛的一角。

我喜歡把這一切怪罪於聖日先生，可是當然根本就是我自作自受。

# 食即色

FOOD IS SEX

一九七三年，我戀愛了，情路卻不很順遂，所以我提早一年從中學畢業，以便進入瓦薩爾學院（Vassar College）追求我的意中人——相信我，這一段的生活少提為妙。可以說的就是，我未滿十八歲就是個徹底不守規矩的年輕人，在校時要麼被當了還滿不在乎，要不就自動翹頭算了（我懶得去上課）。我對自己、對每個人感到憤怒，根本就把世界當成我的菸灰缸。睡覺以外的時間，我多半在飲酒、抽大麻、動歪腦筋、竭盡所能去取悅、激怒、影響、打動那些笨到以為我很有趣的傢伙。坦白講，我是個被寵壞了的小笨蛋，可悲、自戀、自暴自棄又輕率沒大腦，亟需要有人好好地踢我的屁股。我既迷惘，心情又欠佳，就和幾位朋友前往鱈魚角（Cape Cod）的普羅文斯頓（Provincetown）過夏天，大夥一起分租房子。當時我的朋友都這麼做，對我而言，單單這個理由便已足夠。

普鎮當時實質上是個葡萄牙裔群居的小漁村（現在也一樣），坐落在魚鉤形的鱈魚角的尖上。然而，一到夏季那幾個月，那兒便成為海邊的時代廣場兼克里斯多福街。別忘了，當時是一九七〇年代，所以當你想像新英格蘭港口小鎮古色古香的風情時，千萬把這一點放在心上。那裡擠滿了觀光客、來此一日遊的人、嬉皮、流浪漢、捕龍蝦的、娼妓、吸毒者和從佛羅里達州的威斯特嶼（Key West）逃來這裡的人，另外還有成千上萬精力充沛、忙著招蜂引蝶的男同志。對於一個既無所寄託又往往耽於感官享樂的年輕人來說，這裡是完美的休憩之地。

可惜，我需要錢。我那分分合合的女友以做披薩為生，我的幾位室友以前就來過普鎮過暑假，早有工作在等著他們。他們當廚師、洗碗、端盤子，通常都在晚上，所以每天早上我們都到海邊、池畔抽大麻，吸一點古柯鹼，嗑藥，裸體作日光浴，同時耽溺於其他一些有益身心的青少年活動。

我老是手頭拮据付不出家用，我有位個性務實的室友看不下去了，惱怒之餘替我牽了線，到她端盤子的餐廳裡洗碗。在季節性的餐飲業中，洗碗工（即雜工，又稱「採珠伕」）是流動率最高的職位，因此當有個神經病兩天沒去上工時，我就去上班了。我從此跨進這一行，話說從頭，我可是老大不情願才邁出那一步。

刷鍋子，洗盤子，替推積如山的馬鈴薯削皮，扯掉淡菜的小鬍子，挖干貝，洗蝦子，在我聽來、看來都不怎麼有吸引力。然而我就從這些卑微的雜活開始踏上我奇異的廚藝之路，一步步向上攀爬，成為主廚。實際上，就是這份在這艘「無敵戰艦」（Dreadnaught）的洗碗工作，將我推上我今天仍在走的這一條路。

這艘無敵戰艦呢——嗯，你應該在那兒或類似的地方吃過飯——是架在古老木樁上的水上建築，地方又大又老舊，用一大堆漂流木拼湊搭建而成。天氣不好的時候，海浪在餐室的地板底下翻滾，砰然有聲地撞擊著防波堤。灰色的木板屋頂、凸窗，室內裝潢結合標準的新英格蘭古早風情和海盜風，掛著漁網，裝著防風燈、浮標，還有些有的沒的航海物品，酒吧的模樣則做得像剖對半的救生艇。我們就姑且稱之為「古早漂流木」吧。

從七月四日至九月第一個星期一勞動節期間，每一週都有成群的遊客蜂擁而至鎮上，我們供應炸蛤、炸蝦、炸鰈魚、炸干貝、炸薯條、蒸龍蝦和幾道或炙或烤的牛排、肉排和魚柳。

出奇的是，這份差事我居然幹得很愉快，無敵戰艦的經理是視酒如命的退休老人，大多數時間都不進廚房。女侍長得好看，性情又快活，常招待廚房裡的人白喝酒，也提供免費的性招待。

廚師呢？

廚師是統治者。

主廚名叫鮑比，其人坐三望四之齡，在業界有口皆碑，以前是個嬉皮。他跟鎮上很多人一樣，多年前來這裡度假，卻留下來不走了。他一年四季都待在普鎮，夏天當廚師，淡季時替人修屋頂、做木工、看房子。有一位半瘋癲的葡裔離婚女人，名叫麗蒂亞，她長得就一副媽媽樣，帶著一個十幾歲的女兒。麗蒂亞負責煮蛤蜊巧達湯，這多少算是我們店裡的名菜；在供餐時段，她也負責做蔬菜和配菜。她酒量很大。煎炒廚師叫湯米，他有雙會放電的藍眼，愛衝浪，老是動個不停，即便在無事可做時，也像頭大象似地東晃晃西晃晃，以「保持動力」。另外還有麥克，負責沙拉部門，他坐過牢，平日也兼賣安非他命。

他們在廚房裡就像大神一樣，穿著打扮像海盜：主廚的外套袖子被砍斷、牛仔褲、破爛褪色的頭巾、血漬斑斑的圍裙、金耳環、手腕帶、綠松石長項鍊和短鍊、手工和象牙做的戒指、刺青——這些有的沒的通通是許久以前「愛之夏季」①的飾品。

他們有風格，我行我素，似乎一無所懼。他們看到什麼就喝什麼，能偷什麼就偷什麼；從外場人員、酒吧客人到偶然的訪客，他們來者不拒，能嘿咻的就嘿咻，精力之旺盛叫我大開眼界。他們帶著可怖的大刀，刀鋒磨得像刮鬍刀一般鋒利。他們從廚房一頭把骯髒的鍋子隔空扔到我的洗鍋槽，動作漫不經心卻從未失去準頭。他們說著自己的奇特方言，結合反文化的行話和本地的葡萄牙俚語，遣詞用語鄙俗到令人難以置信，講話語調充滿嘲諷意味，好比說，他們會互稱對方為Paaahd，而不說Partner（夥伴），Darling（親愛的）變成Daahlin。這裡值錢的東西全被他們劫掠一空，好替淡季收入拮据的那幾個月預先儲備糧草。每星期有一、兩天晚上，主廚會把他的福斯廂型車開到廚房門口，將整條的沙朗牛肉、一盒盒冷凍蝦、一箱箱啤酒、一片片培根肉裝進車子貨廂。每一部門都有置物架，擺了一瓶瓶的料酒和油等，以便燒菜時隨手可取，每位廚師在架上至少都備有兩大杯酒；麗蒂亞喜歡稱之為「夏日清涼飲料」，通常是很烈的「海角樂園」（cape codder）、「海風」（Sea Breeze）或「灰狗」（Greyhound）等調酒。廚師在樓下的儲藏庫裡抽大麻，到處都有古柯鹼，雖然當時古柯鹼十分昂貴，仍被視為有錢人的毒品，廚師卻總弄得到手。每到發薪日，廚房裡每個人你來我往，忙著收錢還錢，都在結算前一週買毒品的欠款、借款和賭金。

在普鎮的第一年，我目睹眾多惡行，大開眼界。這些傢伙是犯罪大師、性愛高手，相形之下，我在學校裡玩的根本就是小家子氣的喧鬧把戲，在我這卑微的洗碗工眼中，這些攔路打劫的土匪、海盜和殺人兇手都儼如少年王侯般，風采不凡。廚師活得像冒險家，掠奪、搶劫、橫衝直撞，隨興所至，不把世俗道德放在眼裡。我站在界限的另一邊，覺得這種生活屌到不行。

不過，要說是哪個時刻讓我看清楚自己想要什麼，那就是在夏季的尾聲。

我得先把時間再多倒退回去一點，在那會兒以前，麥克因嗑藥過頭失蹤了，我被擢升到沙拉部門，負責把香辣蝦仁沙拉裝盤、開牡蠣和蛤蜊、用美奶滋拌罐頭龍蝦肉、把草莓和發泡鮮奶油裝進香檳酒杯。

無敵戰艦的廚房動線既長又窄：冷菜站在靠停車場的出口邊上，有雙層的龍蝦蒸鍋，我們在那兒宰殺成打的一磅半至二磅重龍蝦，把牠們像木材一樣堆起來，然後用力關上沉重的金屬門，扳動開關蒸龍蝦。緊跟著有一排油炸機、一架多嘴爐灶、一座大型拉式燒烤爐、幾口爐子，最後是磚砌炭烤爐；這些設備都緊鄰著通道，另一側是木砧板／附有凹陷蒸汽保溫桌的櫃檯，下方裝設用來冷藏材料的矮冰箱。盡頭的開放式壁爐旁邊是主廚鮑比的工作區，那兒有上下可分多開關的雙截門，上半部總是開著，以便走進店裡的遊客可以瞥見龍蝦和正在炙烤的牛排，因而食欲大開。

有一個非例假日，來了一大批婚禮賓客，他們剛剛才出席婚禮儀式，有一對新人、招待、親朋好友。儀式是在鱈魚角北部舉行，新人和來賓特地南來普鎮聚餐慶祝，餐後還有酒會。這批人來時情緒已經很激昂，我從廚房一頭的沙拉站看到鮑比和幾位賓客匆匆打了招呼，我特別注意到新娘，她一度探頭進廚房，問我們有沒有人「有麻可呼」。宴會移至餐室後，我差不多已忘了這一回事。

我們乒乒乓乓地上菜，麗蒂亞照舊喋喋不休扯個不停，逗大夥笑，湯米把蛤蜊和蝦扔進熱油中，廚房中儘是平日吵雜忙碌的景象。這時，新娘又出現在打開的雙截門前，她一頭金髮，穿著雪白的新娘禮服，臉蛋長得很標致，她和主廚交頭接耳講了一、兩句話；鮑比突然咧嘴一笑，曬黑的皮膚上眼角魚尾紋變得更明顯了。過了一會兒，她又不見了，鮑比渾身顫動，冷不防說：「東尼！幫忙顧一下我這裡。」隨即衝出後門。

換做平時，單是這樣便已是非同小可的大事，我獲准在忙碌的燒烤站工作，大權在握——儘管只有短短幾分鐘——可說是美夢成真。然而，還留在廚房工作的大夥卻都好奇的不得了，非得瞧上兩眼不可。

洗碗機旁邊的窗外是垃圾場，用柵欄圍起來，和停車場上的汽車隔開，垃圾場裡藏著餐廳堆置起來要賣給北邊養豬場的垃圾和餿水。不久，湯米、麗蒂亞、新來的洗碗工和我一夥四個人，通通隔窗往外偷看。就在眾目睽睽之下，鮑比正哼哼有聲地從後面上那個新娘，她乖乖趴在五十五加侖的大桶上，禮服裙襬掀到屁股上方，鮑比的圍裙則被撩起，蓋在她的背上，他上下使勁搖動，那少婦眼睛向上翻，嘴裡輕呼著：「耶，耶……好呀……好呀……」

正當新郎與親戚隔著數公尺的距離，在無敵戰艦的餐室痛快大啖鰈魚柳和炸干貝時，滿面紼紅的新娘正在接受一位陌生人的即興送別禮。

親愛的讀者，就在這一刻，我破天荒頭一遭明白了一件事：我要成為主廚。

**譯註：**

①「愛之夏季」（Summer of Love）：是指一九六七年的夏季，當時嬉皮運動正值波瀾壯闊，有十萬人聚居在舊金山，在文化上和政治上對主流社會表示反動。

# 食之苦

FOOD IS PAIN

大家可別誤會我到現在為止在講的不是性愛、喝酒不要錢，就是輕易便可搞到毒品。我應該為大家追述林林總總的美味，比如葡萄牙燉烏賊、剝成半邊殼的當地特產牡蠣、新英格蘭蛤蜊巧達濃湯、油滋滋又香辣火紅的西班牙辣香腸、甘藍湯，還有有天晚上條紋鱸魚從水裡跳出來，上了鱈魚角的餐桌。

在一九七四年時，我並不知道有什麼飲食文化。特別是在普鎮，當時的情況不同於今日，並沒有上過烹飪學校、外套上繡著大名的明星大廚，這些人的名字和言論如今被愛好美食者傳誦一時，照片像棒球卡那樣廣為流傳。當時不像如今，並沒有「哇塞」、「我們來再變個花樣」等引人注意的妙句透過電視對容易上當的觀眾反覆播放。當年還是美國飲食界的萌芽時代，烏賊被當成「垃圾魚」，在碼頭隨手奉送。鮪魚主要被當成貓食或製成罐頭，不然就賣給一些頗有企業眼光的日本人，當時的人以為這些日本人付高價根本就是「亂來」。安康魚尚未以其法文名lotte問市，出現在曼哈頓的餐桌上。在普鎮，大多數魚都是去骨去皮後扔在鐵板上，淋上澄清牛油和匈牙利紅椒粉再炙烤至死，整枝的洋香菜和檸檬角是最高級的點綴品。無敵戰艦寥寥無幾的烹飪英雄之所以獲得讚佩，主要是因為他們在廚站上的活絡表現——意指他們一晚燒了多少菜、忍受了多大的痛楚和高溫、一共上了多少位女侍、喝了多少杯調酒卻未顯酒意。我們所了解的與欣賞的，是以上的數字。

吉米．雷斯特是燒烤王，我們都很佩服他。他在附近一家牛排館工作多年，拿手的絕活是可以在大型的拉式燒烤爐上一次烤大量的牛排和肉排。吉米烤肉是有「招式」的，意思是說，他儘管體重近一百公斤，不論是轉身、翻動肉片或戳肉，動作都是那麼瀟灑而優雅。他也因擅於「碰撞」而倍受讚譽，碰撞指的是燒烤師傅在兩手端滿鐵板和盤子的情況下，用屁股一撞，把烤架推回火焰下方。我們都很愛看。

刻意誇大、亂搞亂整食物和設備的作風，一向深得大夥欣賞。就某種程度而言，這種作法一直保持到今天。切肉師傅剁肉時，總是比實際需要多用一點力，多弄出一點噪音。各部門二廚出菜時總愛玩旋轉把戲，運用反向力量讓盤子在出菜檯上旋轉，臨到出菜口時卻會折回，不致墜落。大多數廚房的烤箱門必須常常關緊，因為廚師老愛用穿著荷蘭木屐式便鞋的腳來關門。而我們大夥全都熱愛耍弄刀子。

對街餐廳的小夥子有冠軍團隊之稱，是當時餐飲界理想班底的完美楷模。馬利歐餐廳（Mario Restaurant）是一家非常成功的餐館，賣南義大利菜，那兒的烹飪班底令人敬畏有加，因為他們的上菜量是全鎮之冠，一晚要供應數百人份的餐食。就當時而言，他們的作法頗細緻講究：整隻的仔牛腿的確在現場分解，高湯用真正的骨頭熬成的（而非市售現成湯粉），醬汁用優質原料從頭做起——馬利歐的廚師是全鎮最吵鬧、最粗魯、最火爆的傢伙。他們在收工後晃來無敵戰艦呼上幾管時，我們這些由業餘廚師組成的烏合之眾便會自覺渺小。他們比較有錢、有自信，走起路來比我們這一群怪胎、外行人更神氣、更瀟灑。他們成群行動，說的是自成一格的方言——音調很高、極度陰柔、刻意放慢拉長調子，摻雜著十八世紀英美文學與海軍陸戰隊教官的語彙，那是種華麗、嚇人、嘲諷的祕密語言，很多人模仿他們講話。

「您哪，先生，是個令人厭憎的豬玀，居然從靴子裡把尿倒出來，何等無知！您的氣味冒犯了我，我那貝形的耳朵聽見您痛苦的尖叫，竟驚極而裂。我堅決要求您轉開臉，給我端美酒來，不然我就要用我的靴尖踢你那可悲的屁股，你這哭哭啼啼的死玻璃！」

他們用女人的名字稱呼彼此，聽來很彆扭，因為這些傢伙人高馬大、長相醜陋、眼神兇惡，渾身都是肌肉、傷疤，還戴著像門環那麼大的耳環。他們瞧不起圈外人，往往僅靠一個眼神、一抹微笑來溝通，好像泰坦巨人（Titan）一般，在普鎮的街頭、酒吧和後巷出沒走動。他們有較多的古柯鹼、較好的大麻、較多的銀兩和較美的女人。他們就愛在我們面前哪壺不開提哪壺。

「多少？」在忙碌的週六晚收工後，他們會問。

「哦……一百五十、兩百。」鮑比會稍微灌點水，回答道。

「我們做了……嗯？蒂蒂親親，我們做了多少呢？」馬利歐的主廚會漫不經心問道：「四百五十？五百？」

「我想是六百吧，」馬利歐的麵食廚師迪米屈會回答說——這傢伙以後將在我的餐飲生涯中扮演重要的角色。

「是的……六百。我得說，今晚不怎麼忙哩。真可悲，你不覺得嗎？王八羔子今晚肯定在別的地方吃飼料了，說不定是速食店。」

當時還有霍華・米契姆（Howard Mitcham），霍華是鎮上唯一的「名牌廚師」，霍華五十多歲，嗜酒如命，因為小時放鞭炮被震壞，耳朵聾了。常常可以看到他在晚上收工後，在在漁伕酒吧流連不去，或在鎮上東倒西歪亂走，嘴裡直嚷嚷，不知在嚷些什麼（他也喜歡唱歌）。雖然他多半時候都是醉醺醺的，讓人聽不懂他在說什麼，可是霍華在鱈魚角的廚藝界卻是倍受推崇的元老，他任職於一家生意極佳的餐廳，是受人尊敬的主廚。他還寫了兩本評價很高的烹飪書，一本是《普羅文斯頓海鮮烹飪書》（*The Provincetown Seafood Cookbook*），另一本為《克里歐、秋葵湯和爵士風情》（*Creole, Gumbo and All That Jazz*），我到現在還會參考這兩本書，對我以及當時我那些剛起步的廚界同儕有很大的影響力。

他滿頭蓬亂的白髮，因為酗酒，臉色紅通通，挺著啤酒肚，老穿著洗碗工的按扣短袖襯衣，他和他的著作都毫無矯飾，信手拈來便是食譜、回憶、歷史、民間傳說和各種實例，令人神往，凡此種種皆源自於他對本地少數民族樸實、勞動階級飲食恆久的喜愛。

霍華熱愛海鮮，所有的海鮮。他跟我們大多數不一樣，他知道該怎麼烹製海鮮。他喜愛當時較不風行的魚類，善加利用鮪魚、烏賊、鯖魚、鯥魚和鹽漬鱈魚。他的招牌菜是杏仁黑線鱈，人們從波士頓驅車數小時前來品嘗。據我所知，他是第一位徹底欣賞本地葡萄牙菜的大廚：香辣的孜然燉烏賊、葡國臘腸甘藍湯，還有將魚與豬肉香腸混煮的作法。他推廣本地一種價格廉宜、肉質略硬的圓蛤，更是不遺餘力，說這種蛤蜊具有神奇的功效。

霍華和他那批多半是藝術家、本地漁民、作家和酒鬼的朋友，每年夏天會舉辦一次派對，名之為「賈斯比紀念烤蛤會」，紀念一位已逝的漁伕朋友。對於終年居住於普鎮的人，還有我們這些夏季來餐飲業打工的人，這都是重要的社交大事。霍華等人會在海灘上挖坑，把閃亮發光的全新垃圾桶裝進這些坑洞裡，然後在桶內放圓蛤、龍蝦、鱈魚、蔬菜、馬鈴薯和玉米，用深埋在沙裡的熱炭慢慢煨，大夥則在一旁喝到醉。

對於我們這些在無敵戰艦工作的人而言，霍華有如大神，他的話有如聖旨神諭。我們或許並不理解霍華，但是我們都能理解他的書，雖然我們很難將他在公開場合的舉止，和他幽默、如音樂般悅耳、內容又豐富的文筆聯想在一起，但是其人的知識與作為，已足以引起我們對他的尊敬。我們所看到的這位先生熱愛食物，而不單單只是喜愛廚師的生活，霍華讓我們看到，我們該怎麼為自己而下廚，為吃東西的單純快樂，而不單只是為了成群的觀光客而烹飪。

霍華讓我們看到，當廚師是有希望的，食物可以是一種使命，食物的本身可以是我們真正引以為榮的事物，是活下去的理由。這樣的想法打從我們早年草莽的歲月起，便已深植在我們腦海當中。他影響了我許多的朋友，前此不久，我在《紐約時報雜誌》（*New York Times Magazine*）讀到莫莉・歐尼爾（Molly O'Neill）寫的專欄，她在文中敘述帶有葡萄牙風味的鱈魚角菜有多麼美味，好比白豆、甘藍和辣香腸，我從而知道她吃過那老先生的菜，說不定也讀過他的書。儘管文中未提到霍華的大名，他的影響力卻延續了數十載，躍然現於我的週日報紙──這叫我非常高興。

還有另一個令人振奮的時刻，有一天晚上，明月清輝高照，海上波濤洶湧，無敵戰艦的經理探頭看窗外，冷不防瞧見成千上萬條小魚衝破海面，拼命往岸上衝來。他明白這代表什麼意思，鎮上凡是有船、有魚叉、有吐司麵包可當魚餌的人，通通都明白了：條紋鱸魚來了！

成千上萬為人所喜、價昂的條紋鱸魚出現難得一見的爭相吃食現象，突然來到海邊任人捕撈。你簡直只管扔麵包到水裡，拿魚叉往這美味的魚的頭上一插，把牠們叉上來即可。大夥都有成百上千磅的漁獲量。鎮上每家餐廳都滿載而歸，餐廳停車場都跟我們的一樣，點起汽化燈，突然變成刮鱗、挖除魚內臟和包裝的場所。無敵戰艦的停車場倏地擠滿了渾身血污的廚師和洗碗工，在閃爍的汽化燈光與光禿禿的燈泡底下，賣力地清洗、包裝、冷凍這些珍貴的白肉。我們拿著刀，賣力幹活好幾個小時，頭髮上佈滿雪花般的魚鱗，閃閃發光，又刮又扯，把魚片成魚柳。當晚收工時，我帶了一條三十五磅重的怪物回家，那魚還很頑強，仍不住扭動。我回到海灘上的寓所時，我的室友們正在抽大麻，這個時候當然正餓著呢。我們只有這條鱸魚、一點牛油和一顆檸檬，但是我們還是用家用小燒烤爐烤了這玩意，用鋁箔紙盛著，伸出五爪金龍，撕了便吃。那會兒月光高照，夜空一片明亮，漲起的潮水拍打著房子邊緣，當窗框開始震動起來時，我們吃著東西，感覺到空氣中儘是海浪飛沫和鹽的氣味。我從未吃過如此新鮮的魚，我不知道這是因為天氣開始由陰轉晴的緣故，然而我有如當頭挨上一棒，大受震撼，這頓飯讓我感到一切變得美好，讓我覺得自己因為吃了這頓飯而變得比較好了，不知怎的，甚至變得比較聰明伶俐了……這道只用三種原料烹製、用手抓食的菜餚，有如蛋白質靈藥，長驅直入我的大腦皮質層。世上還有比這更好的東西嗎？

將近季末時，定期工作人員逐漸離去，轉往科羅拉多的滑雪勝地、加勒比海的包租船、還有威斯特嶼的餐廳與螃蟹小館工作。九月初勞動節過後，我得到升職的機會，可以在無敵戰艦再工作最後幾週，接下來，餐廳就將歇業到隔年再開。我在煎炸站工作，負責把裹了麵包粉的蛤肉和蝦子扔進油鍋中炸，把一大堆龍蝦疊在雙層蒸鍋中。最後，我又升了官，被派到大燒烤爐那兒輪班。我無法向你形容我當時有多開心，又有多麼威猛有力，我竟得以掌控那龐然大物一般、吐著熊熊火焰的鋼鐵爐子，仿造以前看過鮑比和吉米的樣子，用屁股去撞擊火焰下的烤架。我快樂的不得了，簡直比置身於F-16戰機的機艙還要快樂，還要威武。我統治天下短短數週，下定決心，在接下來的旺季，我要掌管這個部門。

可悲的是，人算不如天算，次年夏季，馬利歐買下我們這間搖搖欲墜的餐廳，馬利歐人還不錯，讓我們這些前一年在那兒工作過的人在廚房裡當班，試做以前的差事。這個機會令我興奮不已，滿懷著希望和信心，當年四月奔往普鎮，確信自己會一展長才，得到那份頂尖的燒烤師傅工作，賺大錢，這場表演定可令我成為海盜中的菁英份子，是個兇猛、殺人不眨眼的好漢，可以在生意較差的餐廳裡作威作福，支使沙拉師傅、煎炸廚師和備料小工。

我還記得自己穿著——老天爺可憐可憐我——全新的淺藍色皮爾卡登泡泡紗西裝來到鎮上，腳上的鞋子也是藍的。我呢，搭著便車進鎮，而這個小鎮徹頭徹尾是個小規模、非正式的葡萄牙漁村兼藝術家殖民地，這兒的人穿著樸實，一般人要麼穿著工作服，好比牛仔褲、剩餘軍用物資和舊卡其布衣物，要不就穿著七〇年代早期迪斯可風的瘋癲、誇張的服飾，我卻選擇穿上流行樂手羅伯．帕瑪（Robert Palmer）愛穿的那種大墊肩服裝進城來，巴不得讓本地的土包子見識見識紐約市人都是怎麼打扮的。

我到的時候，他們正在敲打小牛肉；全部工作人員都在每一塊平坦可用的表面上，用沉重的肉槌用力把小牛肉敲打成薄肉片。睪酮素分泌旺盛，非常旺盛。這些傢伙是A咖，他們自個兒也明白，大家都明白。外場人員、幾位經理，甚至連馬利歐本人都一副戰戰兢兢的模樣，活像他們當中有人會冷不防衝破柵欄，逃到籠外，狠狠咬他們一口。只有我蠢到極點，置身於這批了不起的烹飪機器當中，居然看不出自己有多麼自不量力。我在淡季時分，在一間不怎麼忙的餐廳，在輕鬆的步調中燒過幾百頓飯；這些傢伙卻是一晚上就能飛快地整治出四、五、六百道高檔的餐食。

那天是星期五，營業時間開始之前一個小時，我被引見給燒烤師傅泰隆，我以後要跟著他幹活。回首往事，我只記得泰隆足有八呎高、四百磅重，活脫脫像尊黑曜石雕像，他剃著光頭，門牙鑲銀，十分醒目，老佩戴著如拳頭大小的圈形金耳環。儘管說實在的，他的體形八成沒這麼龐大，但是你會有以下的印象：他高大魁梧、黑膚、肌肉發達、五十六號尺寸的廚師服撐在他身上，從背後看去宛若鼓面。他好像《巨人傳》書中的巨人、黑膚的北歐海盜、電影《王者之劍》（*Conan the Barbarian*）中的野蠻人柯南、約翰・韋恩和猶太傳說中泥土假人的合體。然而無知愚昧如我，卻不知死活，馬上張開我這張笨嘴，極盡誇張之能事對我的新兄弟誇耀我在老無敵戰艦的事蹟，說**我們**以前不知有多麼頑劣。我滔滔不絕大談紐約，想把自己形容成見過世面、精明又多所歷練，甚至有點廚界職業殺手的危險味道。

算我走運，他們不為所動，可是我並未因此住嘴，一個逕兒喋喋不休，種種跡象我通通視若無睹，他們又是翻白眼，又是緊抿著嘴克制不笑，我一樣都沒注意到。我嘮叨個不停，無視於廚房中就我發生在我周遭的林林總總；有人正把數量大的驚人的食物放進矮冰箱和冷藏櫃備用。我沒發覺到有人正專注於磨刀，有人正仔細地折疊餐巾，還有人正把愛用的鍋子、冰塊就定位，正在多準備幾鍋沸水，每樣東西都多準備一點備用。他們就像海軍陸戰隊，正在挖戰壕，準備進行圍攻，我卻什麼也沒注意到。

我理當看出這一整套作業是如此純熟老練，明白在這馬利歐國度工作水準有多麼高超，讚佩這些魁梧的巨人憑藉著經驗和長期合作的默契，在生產線後這逼仄擁擠的空間內，如舞蹈般無言律動，從未彼此碰撞，絲毫不浪費每一個動作。他們從砧板移到爐頭，動作之簡約到令人屏息的地步；他們舉著三百磅重的湯鍋放到爐上；把小牛腿拋來拋去，活像那只是一根小雞腿；他們煮成百上千磅的義大利麵，在這同時還不發一語地忍受我自吹自擂、沒完沒了的瞎扯。我理當明瞭他們那種既陰柔又窮兇惡極的行話，愛用女人的名字稱呼彼此的作風，還有那些神祕難懂的表情，都在在顯示出，他們之所以如此，是因為他們在這極度高壓的環境下，在這狹小的空間中，已一同幹活多年。我理當明白，但我偏偏就不明白。

一個小時以後，公告牌上貼滿點菜單，張數之多，我生平未見。

點菜單一張接著一張，紛紛傳進廚房，侍者高聲喊叫，來一張十人座，六人座，四人座，越來越多點菜單如雪片般飛來，其間並無高低起伏，就是源源不絕而來，來勢之猛，弄得人神經緊張。而且，點菜單全是義大利文！這些單子我多半看不懂，侍者在對我喊什麼，我也聽不懂。經驗老道的馬利歐廚師也以代碼稱呼每道菜，同樣令人費解，使得我更難以明瞭。每隔幾秒鐘便有人喊道「點菜！」、「拿單！」和「上菜！」，更多的食物送出去，更多的點菜單傳進來，室內對講機不時傳來樓上的酒保粗聲粗氣叫菜的聲音。三呎高的火苗從鍋裡竄出，燒烤爐上擺滿牛排、小牛肉片、魚柳、龍蝦，一列列依序排好，如緩慢移動的火車。一大坨一大坨的義大利麵水煮過後，甩除多餘水份，移置水汽氤氳的濾器中，麵條掉得到處都是，地上一下子就撒滿了圓直麵、細扁麵、手工尖管麵、寬扁麵和螺絲麵，直淹腳踝。廚房熱得要命，汗水流進我的眼裡，弄花了我的眼睛，整個人團團轉。

我手忙腳亂，汗流浹背，儘量拼命加快速度，泰隆把鐵板扔到燒烤爐底下，我呢，表面上在旁幫忙，其實隨著點菜單一張張送來，我越來越摸不著頭緒。當我難得有機會抬頭看佈告牌時，單子上的文字這會兒看來活像楔形文字或梵文，我有看沒有懂。

我逐漸亂了套，到末了，泰隆不得不出手幫忙他的幫手。

然後，我拿煎炒鍋時燙到了手。

我大嚷一聲，把鍋子摔在地上，一客米蘭式燉小牛膝就這麼灑在地上，我手心上起了一個紅色的小水泡，我愚蠢到——哦，真是蠢到不行——居然開口問忙得不可開交的泰隆，有沒有燙傷藥膏或ＯＫ繃。

泰隆這下子受夠了，馬利歐的廚房剎時一片寂靜，每一隻眼睛都盯著這位高大的燒烤師傅和他無能到不可救藥的助理瞧。彷彿有什麼駭人但富詩意的正義魔法似的，有好長好恐怖的一段時間沒有點菜單進來，泰隆緩緩轉過身來，低下頭，用佈滿血絲的眼睛看著我，汗珠從他鼻子上滑落，他說：「小白鬼，你要啥？燙傷藥膏？OK繃？」

這時，他舉起他那一雙巨靈掌給我看，湊在我眼前，好讓我看個清楚，他手上有一大片可怕的水泡、烤架留下的紅色長條傷痕、舊疤、被蒸汽或熱油燙得皮開肉綻的傷口。這兩隻手活像科幻片中甲殼怪物的爪子，在新舊傷痕之下儘是疙瘩和老繭。我呆若木雞，看著他的手，泰隆呢，眼睛始終盯著我的眼睛瞧，慢慢將手伸向烤爐火力下方，然後赤手空拳拿起一個燙得發亮的鐵板，移到砧板上，放在我的面前。

他從頭到尾身子縮也沒縮一下。

其他廚師為我丟透了臉而歡呼，發出噓聲，狂喊大笑。點菜單又開始傳進來，大夥回頭幹起活來，偶爾發出咯咯的笑聲。然而我知道，我今年不會成為無敵戰艦的燒烤師傅了，這一點是活見鬼的無庸置疑了。（到頭來，他們把我踢回到備料部門，這在整個食物鏈上比洗碗工高了一級。）我自曝其短，擺明了自己就是個浮誇又無用的小無賴。我後來得知，接下來好幾個星期，別人都稱我「梅爾」（Mel），因為我是塊mal carne，這是義文，意即「爛肉」。在別人眼中，我不但是個冒牌貨，還是個討人厭的冒牌貨。

那天夜裡，我穿著我的皮爾卡登藍西裝偷偷摸摸地溜回住處，活像身上穿的是麻布袋和灰燼。我尚未找到夏季的租居，所以是睡在一家披薩店後面的儲藏間裡。我的處境簡直痛苦、恥辱到不行。

悶悶不樂、怨天尤人幾天後，我慢慢擬出一個計畫，決心也越來越強烈，我要對帶給我痛苦的人還以顏色，我要去上學，去上美國廚藝學院（Culinary Institute of America），那可是全國最好的餐飲學府，普鎮這些傢伙肯定一個也沒上過。我將到法國見習；惡毒的酒鬼主廚、瘋狂的業主、低微的工資、可怕的工作環境，凡此種種我都會忍耐，我會任憑有虐待狂的法國笨蛋副主廚把我當成奴工一樣使喚……可是，我將會回來。我將不惜一切代價，變成跟馬利歐的班底一樣優秀，或者更優秀。我將擁有一雙像泰隆那樣的手，我會好好地教訓像我這樣浮誇的小無賴，就跟他們對我做的一樣。

我要給他們好看。

深入美國廚藝學院

INSIDE THE CIA

我一心想要復仇雪恨，證明自己，向紐約州海德公園（Hyde Park）的美國廚藝學院提出入學申請，我在瓦薩爾的同學——也就是那些在看過我兩年來種種惡行惡狀後還肯跟我講話的人——覺得我瘋了，不過呢，他們橫豎都會這麼以為的。我敢說瓦薩爾那綿延不斷、蒼翠、保養良好的校園裡，有不少人同時間放心地鬆了一口氣，因為我再也不會四處晃蕩，白喝人家的酒，偷毒品，口出惡言，成天降低大夥的談話水準。可想而知，我當時的偶像有杭特・湯普森（Hunter Thompson）、威廉・布洛斯（William Burroughs）、伊吉・帕普（Iggy Pop）①和李小龍。有一陣子，我自以為是個有過度暴力傾向、吸毒的詩人，多少有點像拜倫那樣，我那樣想，就算不是搞錯了，也是失之浪漫。我待在瓦薩爾的最後一學期，老愛佩戴一個皮套，裡頭裝了雙節棍，而且走到哪裡都帶著武士刀——我這樣講你應該就什麼都明白了。那兩年中我做過最浪漫的事，就是有天晚上拿著我的刀子，砍下瓦薩爾校園中約一英畝的紫丁香，好讓我女友的房間擺滿花。

美國廚藝學院有點算是重新出發，我巴不得告訴你這學校很難進，等候入學的名單很長，可是呢，我找到朋友的朋友，他捐了一大筆白花花的銀子給這學校，在紐約市還有間著名的餐館，於是我在填好申請書的約莫兩星期以後，就被錄取了。我成為正式註冊的學生，在這所學府，人人都穿戴著一模一樣的白制服和滑稽的紙帽，而且真的「必須」上課。我剛剛說過，這有點算是重新出發，但我已做好準備。

學院坐落於赫德遜河畔的懸崖頂上，校舍和校園原是耶穌會修院，距波基普西（Poughkeepsie）

只有短短的計程車程。我穿著鈕扣扣到最上面的廚師服、格子褲，圍著領巾，帶著標準型號的可捲式人造皮刀具套，帶著滿懷的信心和一副我行我素的姿態，來到學校。

我的刀具組立刻讓我顯得與眾不同，我將我那幾把已用舊的高碳薩巴提耶牌（Sabatier）刀子，連同學校發的那些不入流的廉價貨，包括很難磨利的佛雪納牌（Forschner）不鏽鋼刀、削皮器、挖球器、水果刀和切片刀，一同塞入我的刀具套中。我比大多數同學年長，他們當中有不少人是頭一回離家。有別於其他學生，我不住校，而和瓦薩爾的弟兄一同在波基普西租屋；我真的曾在餐飲業幹活；還跟一位女性有過性關係。我在廚藝學校的這些同學稱不上菁英份子，當時是一九七五年，美國廚藝學院仍在招收相對偏多的農村子弟、還在尿褲子的小鬼、鄉巴佬、被社區學院當掉的學生和若干適應不良人士，對後者來說，上廚藝學院可要強過去坐牢或進少年感化院。這些人在廚房裡一事無成，下了課就愛玩用啤酒罐堆金字塔的遊戲，在像我這樣難纏的人物看來，他們通通都很好騙。我在海德公園的兩年期間，幾乎就靠著玩七張牌梭哈、德州撲克、二十一點和紅狗為生。我拿他們的錢，賣毒品給他們，或在打牌時作弊，凡此種種我並不引以為恥，也沒有罪惡感。他們即將進入餐飲業，我覺得他早一點學會教訓總好過以後才學到，這些土包子要是淪落到馬利歐的人馬手裡，那才叫血本無歸。

學業對於我來講很輕鬆，頭幾個月的課程無非是：「這是主廚刀，這裡是刀柄，這裡是刀刃。」再不就是有關衛生的那些僵硬無趣的條例。我的衛生課教師曾是衛生督察員，有一肚子的怨氣（從他臉上的疤痕看來，他是那一行最後一位誠實的官員），跟我們講了不少故事，比如津津有味大嚼殺蟲藥的超級老鼠、細菌的性生活，還有看不見的污穢時時刻刻都存在的危險。

我修習食物處理、蛋的烹調、沙拉、高湯、湯品和基本刀功等科目，但是我之前已深入馬利歐國度，工作過很長一段時間，成天削馬鈴薯皮，調拌好幾加侖的沙拉醬，還有切蔬菜等，這些活兒我早已熟悉到不行了。

當然，我在班上熬的高湯總比同學做的好喝多了，沒有人能夠弄明白我如何能在有限的時間內，就用幾根雞骨頭或用魚骨頭和蝦殼，煮出那麼濃郁夠味的雞高湯或魚高湯。假如我的老師在上課以前好好地給我搜一次身，他們應該就能發現我的祕密：我的廚師服裡面有兩玻璃紙袋的雞湯粉和龍蝦湯粉，以便多添點滋味。他們始終都沒想通。

一九七五年的美國廚藝學院和現在大不同，並非如今的四年制專科學校。當時，他們似乎是想訓練出一批學生，畢業後可進希爾頓大飯店或餐廳協會所屬的飲食企業機構工作。學校花了很多時間傳授最後要放上蒸汽保溫檯的菜色，醬汁中添加奶油麵醬使質地濃稠，法國名廚艾斯科菲耶（Escoffier）那些厚實、沾了麵包粉油炸、加了蘇比斯牛油洋蔥醬、掛了蜜汁和澆了太多醬汁的上古時代菜餚是最合乎理想的菜色。師長們暗示，不論什麼菜色，都必須有適當的澱粉質、蛋白質和蔬菜，新派菜餚根本連聽都沒聽說過。收乾煮汁？休想。泡漬法？嗯嗯。我們在兩年當中學到的是乳酪白汁花椰菜、焗烤白醬蘑菇小牛肉片、乳酪焗龍蝦，還有夏威夷雞肉、烤火腿排佐鳳梨圈等制式菜餚和威靈頓牛排之類的老派大菜。大廚兼老師好像多半為對餐飲業熱情不再的前輩，有老眼昏花的瑞士、奧地利和法國過氣大廚，一個個視酒如命、尖酸刻薄，還有些出身各大連鎖飯店、行動積極的老廚師，對他們而言，食物就是單位成本。

然而，拉糖啦，做糖花啦，冷料配熱料啦，冰雕啦，一切都很有趣。你在現實世界裡很少能看到這些，而且美國廚藝學院有一些實在有才華、經驗豐富的老派歐洲怪胎廚房，將即將失傳的絕活傳授給對他們崇敬有加的學生。加工肉品課內容豐富，這種老式課程很適合用來學習如何做冷肉拼盤、肉捲、豬油凍、肝醬、肉醬、香腸和肉凍。肉類課很有趣，我在學習肉的切割處理的基本知識時，頭一回發現經常接近肉似可激發人類的黑色幽默。我的肉類科目老師可以用小牛的胸部做成掌中木偶，他的羔羊示範／性感木偶表演更已成一絕。從此我便發覺，凡是從事肉類這一行的人，差不多個個都很有趣，而在魚類行業工作的，則幾乎每一位都不怎麼好玩。

老師讓我們用整條牛腿來練刀工，我跟同班的那些菜鳥切肉師同學肯定毀壞了成千上萬磅的肉；我們是廚界的「孟森家族」（Mansion Family）②，幸好，遭到我們毒手殘害的肉就跟廚藝學院所有食物一樣，都被移交給另一班，在那兒加以煨、燉、熬湯或絞碎成肉末……接著就被端上餐桌，當我們的晚餐。這個模式安排得委實均衡巧妙，所有的學生不是在為其他學生烹飪，為其他學生服務，就是在享受別的學生把自己餵飽，這是完美的食物鏈，因為不論是錯誤或成功的果實，我們一律吞下肚。

學校也有兩家對大眾開放的餐廳，不過我們得先學會一些基本技藝後，校方才會相信我們，准許我們拿著自己有限的技術去給老百姓苦頭吃。

蔬菜烹飪術則是人人聞之色變的科目，可怕的班尼亞大廚是主講老師，他把簡單準備蔬菜的過程，化為和海軍陸戰隊新兵訓練中心不相上下的嚴苛課程。他是義大利裔瑞士人，可是為加強效果，授課時愛用德國口音，喜歡在學生做練習到一半時，悶聲不響地溜到你背後，提高嗓門提問。

「給我背一遍……schnell（快點）！多菲內式焗馬鈴薯的作法！！」

接著班尼亞大廚會勇於助人，提供你誤導和錯誤的線索，「冉後，你加上甕蔥，啊？」他會等著他慌張不安的受害者落入他的陷阱，接著尖聲嚷道：「錯，錯！多菲內式焗馬鈴薯沒有加甕蔥！」他是一個惡霸，有一點虐待狂，還有表演欲。但是這位仁兄了解他的蔬菜，也明白壓力是什麼。要是有人受不了班尼亞大廚的責罵，在外面的世界便無法生存，更通不過美國廚藝學院的倒數第二門課：貝納大廚的「艾廳」課程（E Room）。

另一門課，我想當時是叫做「東方烹飪術」，也很有意思。老師是一位能幹的華人，負責教我們中國菜和日本料理的基本技術。中國菜在這門課佔有超大的份量，然而當進度講到該教導我們日本菜時，我們的老師卻比較有興趣跟我們詳談南京大屠殺。他對日本人恨之入骨，在敘述日本人在二次大戰時是怎麼拿刺刀殺死婦孺和嬰兒之際，他不時會指著牆上的壽司和生魚片海報，用他口音濃重的破英語跟我們說：「那個生的魚，你們想吃那個？哼，日本大便！」接著又回到原本的內容，講起強迫勞動、大屠殺、奴役，陰沉地暗示說，日本人遲早要為他們在他的祖國幹的事情付出代價。

大家都愛開玩笑說，每個人上烘焙課都胖了五磅，我看得出來大夥指的是什麼。烘焙課是在上午，那會兒人人都正值肚子餓，而且在前頭數小時當中，大夥賣力幹活，又是扛沉重的麵粉袋，又是和麵、揉麵，又是將肉桂捲、牛角可頌、各種大小麵包裝進偌大的箱型分層熱風烤爐內，供學校的各個餐廳使用，教室內此時已滿室飄香。烤好的成品紛紛出爐，學生們一擁而上，趁熱在麵包上塗抹一坨坨的牛油，用手撕了就吃，狼吞虎嚥。布朗尼啦、山胡桃方塊餅啦、甜餅乾啦、小泡芙啦，大約有十分之一的成品進了我們的肚子和我們的刀具套裡，餘下的才裝到檢驗架上，包裝起來運到最後的目的地。那副景象可不怎麼好看，一大群蒼白、瘦巴巴、臉上長著青春痘的年輕人，因飢餓和性事受挫，發了狂似地撕扯麵包，就像電影《惡夜殭屍（活死人之夜）》（*Night of the Living Dead*），每個人好似都忙著在咀嚼。

要說那最最恐怖的人物，一個集我們想像中「真正大廚」之各種特性於一身，一個令人不寒而慄、專橫、鐵腕的法國人，治理他的廚房如烏干達獨夫阿敏（Idi Amin）治國一般，那便是貝納主廚了。畢業前最後一門課是叫人又怕又嚮往的「艾廳」課程，也就是校方開設、對外營業牟利的三星「艾斯科菲耶餐廳」（Escoffier Restaurant）。據說到這兒用餐需要提前好幾年預約，餐廳供應單點的經典法國菜，菜餚的完成和桌邊服務都由笨手笨腳到好笑程度的學生所負責。據傳聞，我們的船長，坐七望八、年高德劭的貝納主廚，**真的在艾斯科菲耶本人**手下工作過。沒有人敢大聲提到他的大名，學生們還沒進他的廚房前，便已有好一陣子都察覺到其人無形之存在。

「等著到『艾廳』吧，」大夥口耳相傳，反覆告誡：「貝納會嚇得你屁滾尿流！」不消說，在進艾斯科菲耶餐廳的幾週前，會出現明顯的壓力，提心吊膽，大夥忐忑以待。

那是一間開放式廚房，顧客可透過大玻璃窗看到那位令人敬畏有加的主廚視察列隊排好的部下，分配當天各部門的工作，檢討前一晚的種種罪行、災殃和令人不滿的事。那是令人毛骨悚然的時刻，因為我們所有的人都害怕到舒芙蕾組工作，在那裡肯定會招惹來貝納主廚全副的怒火和不快，在那兒把事情搞砸的機率也最大。可以肯定的是，在真實的工作環境中，你等客人點了以後才現烤的舒芙蕾，至少會有一盅沒發起來、發得不夠均勻或是扁了下去，多多少少就是達不到我們領袖嚴厲的標準。學生在列隊等候分配工作前，真的會嚇得直打哆嗦，暗自祈求：「老天爺哪，不要派我，不要今天……拜託，不要派我去舒芙蕾組。」

你倘若搞砸了，就會得到所謂的「十分鐘」，膽敢冒大不諱的舒芙蕾廚師將在眾目睽睽之下，在呆頭呆腦的顧客與顫抖的同事面前，被叫到隊伍前面，立正站好，令人生畏的法國老師傅會神態睥睨地挺著他的高盧大鼻子，以我們所聽過最有殺傷力的言語，連珠炮一般地罵得你狗血淋頭。

「你是個狗屎廚師！」他大聲吼道，「我每天早上在廁所大出像你這樣的兩坨廚師！你令人作嘔！爛鞋匠！我的人生都被你毀掉了！……你永遠也當不了廚師！你丟人現眼！瞧！瞧這坨屎……狗屎……狗屎！」這時，貝納會伸出手指去戳那團惹事生非的玩意，抓下一小團甩在地上。「你膽敢叫這個是餐點！這……這醜怪的東西！叫人討厭！你……你應該自殺謝罪！」

不過，我得誇誇這個老混帳，他是公道的。每個人都得到十分鐘，即便是女孩。說來也慘，女同學才被大廚罵個三十秒就必定哭出聲來，她們的眼淚和啜泣聲可阻止不了他，她們站在那兒，從頭到尾打著哆嗦，不住喘息，他則不斷怒罵、咆哮，從天咒到地，從祖宗八代罵到後代子孫，像斥責其他任何人那樣把她們罵到無地自容，直到那身白色化纖質料的制服裡頭就只剩一小綑顫抖的神經和紅得很不自然的一張臉。

在貝納主廚的恐怖統治之下，有一個受害者值得特別提上一筆，他是我的哥兒們，年紀也比其他同學大上一截，剛從越南回來。他在炮兵部隊服役，參加過戰鬥，依據美國軍人復員法案回到本土，來廚藝學院上學，那會兒已讀完全部課程，再過四天就可以畢業，可是當他看到自己再過一、兩天便氣數將盡，勢必去可怕的舒芙蕾組幹活時，竟被壓力打垮了。他臨陣開小差，從海德公園永遠消失。我猜，新兵訓練營和越共都比不上貝納主廚的十分鐘那麼令人喪膽。

輪到我站在同學以及全世界面前去領受我的十分鐘時，我早已胸有成竹。當貝納主廚開始他那標準的長篇咒罵時，我看得出來他牢牢地盯著我的眼睛瞧，看得出來他辨識出我的眼光中有一絲說不上是什麼但熟悉的東西。我拿出囚犯的那一套，權威人士罵得愈大聲、愈兇，我就變得愈是神遊太虛、愈放鬆。貝納看到這情形，我雖然立正站好，適時地作出適當的回應，「是，主廚！不，主廚！」並且表現出應有的尊敬，然而他看得出來，或許是從我死魚般的眼神中看出，他再兇也嚇不倒我。我想這老傢伙搞不好甚至有點要笑不笑，淺淺地笑了一下。當他好不容易佯裝厭惡的叫我退下，眼神中似乎含有一抹覺得好玩的意味。我想，他知道我之前就已經受過羞辱了。他盯著我的眼睛，說不定發覺到，泰隆和馬利歐的人馬已替他完成他的責任。我喜歡貝納主廚，也很尊敬他，我喜歡在他手下工作，可是這胖傢伙並沒有把我嚇倒，他也明白這一點。他大可拿把煎鍋砸我的腦袋，而我牙齒都碎了還是會對他微笑。我想，他看出來了——而這破壞了一切樂趣。

其實那次以後，他對我滿好的。每天晚上，他都會讓我站在旁邊看他如何美化「台車」，裝飾一大塊放在銀色展示推車上的熱烤肉，這活兒他都留著自己來。他儼如腦外科醫師，邊輕聲哼著小調，邊將煮過的韭蔥和用番茄雕成的玫瑰層層疊放，我想他心裡知道，不久以後就難得再有人會這麼做了。

我在美國廚藝學院最後一項值得自豪的成就，是破壞為畢業典禮策劃的一樁危險的愚行。按計畫，典禮在坐落於主樓的大會堂舉行，那裡以前是小教堂。我有些同學出了一個主意，他們全是些過度熱情的準糕點師傅，他們打算展示一堆糖花、杏仁糖膏、造型巧克力糖雕和結婚蛋糕，這樣一來，當親友被一群群領進會場時，就會驚喜得哇哇叫。我早就看過熱心過頭的糕餅師可以做出什麼樣的作品——我見過他們的**指導老師**的作品——大部分都很糟糕，當掌廚者開始覺得自己是藝術家而非工匠時，他們烘製出來的糕點和餐點往往如此。我看過一個頗受讚譽的紀念蛋糕，用巧克力糖花描繪尼克森與阿波羅號太空船上太空人通電話的情景，我可不希望我的親友被迫看到這麼可怕的東西。

我不想掃興。遇上此等令人自豪又開心的大事，我卻語多否定、冷嘲熱諷，澆大家的冷水，這樣太像我當年的瓦薩爾學院的作風，而我希望那段時光已被我拋諸腦後。我呢，採取比較迂迴狡詐的策略來終結這場亂事。我提出我最真誠的建議，請求讓我為這次慶典貢獻一座塔形糕點，甚至還畫了一張草圖說明我的構想：

那會是一座如實物大小的牛脂雕塑，雕的是戴著白色娃娃帽、襁褓中的耶穌，兩隻小手握著刀和磨刀棒，由眼神慈愛的聖母托著。不消說，我的牛脂聖母瑪利亞可把畢業委員會給嚇壞了。他們不願意冒犯我就算不古怪也令人不安的真誠宗教信仰，乾脆取消整項展覽。他們可不想讓家長和各界顯要參觀一座由動物油脂搭成的西斯汀教堂。而且，一旦他們為我開了先例，誰知道會發生什麼事？到頭來，大會堂裡不知還會出現哪種刻劃個人地獄的神經作品？

於是，後來的典禮並未出現描繪摩西分開紅海之情景、逐漸分解的肉凍作品，也沒有會融化的結婚蛋糕。幾天以後，我拿到文憑，成了美國最佳烹飪學府的畢業生——在自由市場上，這可是值錢的商品——我有實務經驗，通曉廚師語彙，還有犯罪的頭腦。

對我自己，對別人來說，我都是個危險人物。

譯註：

①杭特・湯普森（Hunter Thompson）：美國記者、作家，六〇年代反文化世代的代表人物，二〇〇五年舉槍自盡，他最出名的作品是小說《賭城風情畫》（*Fear and Loathing in Las Vegas*）。

威廉・布洛斯（William Burroughs）：已故美國作家、社會評論家，「垮掉的一代」代表人物，半生吸食鴉片成癮，最著名作品為小說《裸體午餐》（*Naked Lunch*）。
伊吉・帕普（Iggy Pop）：美國流行音樂創作樂手，有「龐克教父」之稱。

②孟森家族（Mansion Family）：惡名昭彰的孟森家族並非一家人，而是查理斯・孟森（Charles Mansion）與其追隨者，六〇年代美國的一個恐怖殺人集團，犯下一連串殺人案，死者包括波蘭名導羅曼・波蘭斯基（Roman Polanski）的演員妻子雪倫・泰德（Sharon Tate），當時她懷有八個月身孕。

# 爛肉重出江湖

THE RETURN OF MAL CARNE

我進入廚藝學院的第二年夏天，也就是課程進行至一半時，得意洋洋地重返普羅文斯頓，我新學了模擬兩可的烹飪術語，胳臂下夾著《專業大廚》（*The Professional Chef*）和《拉魯斯美食大典》（*Larousse Gastronomique*），滿腦門儘是半成熟的想法和幾樣看過或甚且試過幾次的技術，回到「無敵戰艦」的老同志群當中，他們對我是又好奇又覺得有趣。一知半解可以是危險又討人厭的……不過我確實已學到一些有用的東西。我在校時就利用週末到城裡打工，可以負責一個部門的工作而不致丟人現眼，我對自己那一手就算不夠優秀但至少是新學的技藝頗為自得，我決心要在任何一方面都要表現得比馬利歐的班底更好、更有耐力，讓這些曾帶給痛苦的人刮目相看。

義大利麵食師傅迪米屈較我年長，當時大概三十出頭，身材逐漸發福，戴著粗框眼鏡，兩撇八字鬍經過精心修剪，他和馬利歐餐廳其他廚師有明顯的不同。他出生於美國，父親是俄羅斯裔，母親是德裔，是普鎮唯二上過廚藝學校的廚師之一，他呢，上的是瑞士的一家旅館學校。雖然他聲稱因為在學校餐廳表演扭扭舞而被開除了，但是我對他這個說法始終心存懷疑。他成為第二位對我的職業生涯構成重大影響的廚師。

迪米屈是媽媽的乖兒子，總是獨來獨往，是知識份子，嗜書如命，也是個老饕，他有著祕而不宣的技藝和口味：是賭徒、哲學家、園藝家、飛蠅釣好手，講得一口流利的俄語和德語，英語也好得驚人。他愛講老式的片語、酸溜溜的譏諷、軍事術語和地區方言，喜歡《紐約時報》的拼字遊戲，對此簡直是癡迷得無可救藥。

我已逐漸明瞭的馬利歐式語言，正起源自迪米屈那豐富的頭腦。他聰明、偏執、出了名的易怒，他為數不少的災禍、愛裝模作樣的癖性，加上其人動不動就又招惹上既悲慘又好笑的倒楣事，林林總總都都讓同事又愛又恨。迪米屈講話愛誇大，語不驚人誓不休，有一次和女友分手分得特別不開心，剃了個大光頭，把自己搞得與眾不同。單只這件事便已相當直截了當地在宣示他有多麼自暴自棄，多麼傷心，然而迪米屈非要把事情推到極致不可，結果呢，他不光是向世人展示他雪白的腦袋瓜，馬上又跑到海邊，喝得醉醺醺的坐在那裡，任七月的紫外線炙烤他那張從來沒見過陽光的頭皮。第二天他回來上班時，不但頂了顆十分顯眼的光頭，那顆頭顱還像草莓那般鮮紅，頭皮上起了水泡，不時滲出膿水，慘不忍睹。在他的頭髮長出來以前，沒有人跟他說話。

依我看來，迪米屈自認是海明威式的人物，豪飲、健談、如文藝復興人般多才多藝，可是他完全受其母親擺佈，她是位嚴厲、同等聰明的婦科醫師，她每天都打電話到馬利歐的廚房，大夥很愛模仿她講話。

「委，弟蜜七在嗎？」

當然，我們前一年夏天就認識了，當時他眼中所認識的我無疑是「爛肉」。可是這會兒我已是燒烤師傅，就讀於美國廚藝學院，是令人好奇的對象。迪米屈可以和我講話，這就好像水門案中的兩個共犯杭特（E. Howard Hunt）與李迪（G. Gordon Liddy）碰頭時的情景，要是從未發生過這件事，這世界大概會比較美好；不過大夥也因之多了不少樂子。

迪米屈畏懼外面的世界，他終年居住在鱈魚角的頂端，卻愛幻想自己是城裡人，他也精於模仿本地葡萄牙裔漁民的口音。不過，正如英國人愛說的，迪米屈完全不是那麼回事。我們在各自的餐廳收工後會相約喝點小酒，爭相貢獻艱澀的食物知識和術語，想難倒對方。迪米屈跟我一樣，生性自負傲慢，因此當我們的主子兼老闆馬利歐決定派兩位手下到他一年一度的花園宴會擔任外燴師傅時，也就順理成章地選中了他的兩位準名廚——迪米屈和東尼。

客觀說來，我們一開始的成品非常粗糙又可笑，可是鎮上沒有其他人會做酥皮肝醬或肉凍拼盤，甚更花稍複雜的上冷下熱式菜色，馬利歐將重責大任交給他最假仙的兩位廚師，而我們決心絕不令他失望，更何況說我們得以脫離廚房裡的例行雜務，需要加班多久就多久。我們拿出一生只有一回的那種近乎癡狂的熱情，全心投入工作，同時也吸了不少古柯鹼和安非他命。

迪米屈嗜好飛蠅釣，都自己製作魚餌；這種對細節觀察入微的習慣也被他帶到烹製食物上。我們為了馬利歐的花園宴會，一起在冷藏間裡待了幾天，腦袋裡像是灌滿了助燃劑，把切雕成近乎微形、燙過的蔬葉接合在烤肉、煮魚和澆了調味汁的禽肉旁邊。我們倆看來肯定就像一對瘋狂的神經科醫生，手拿著鑷子、竹籤和吸管，或切或粘這些小裝飾，一直忙到深夜。我們不眠不休，在冷藏室待了四十八小時，渾身沾滿膠凍，失去對事物的判斷力，迪米屈一度像得了失心瘋，非要把煮鮭魚一角的一小顆紅色假蘑菇處理好不可，他一邊喃喃自語，說什麼有種迷幻菇的蕈傘上的特殊白斑是如何分佈的，一邊把細如塵土的熟蛋白碎末灑在假菇上，以求「逼真」。他把各式各樣只有園藝圈內人才懂的笑話，結合進他的作品中——那對細節之講究已到瘋狂地步的「伊甸園」，裡面有韭蔥絲、細香蔥、青蔥、如紙般飛薄的胡蘿蔔片和甜椒片。他在火腿的旁邊創造出叢林場面，自認那畫面會令人「想起盧梭較好的畫作」或覺得「好像高更」。當我開玩笑地建議在條紋鱸魚之側模擬摩西分開紅海的景象時，迪米屈神情迷惘，立刻提出計畫。

「前景是以色列人……我們可以用吸管切橄欖和蛋白做眼睛。從後頭追來的埃及人呢……我們用飲料吸管切眼睛，你知道，就是可彎吸管。這樣可把眼睛切得小一點，你瞧！這就有了遠近效果！」我不得不斷然阻止他嘗試做出這副畫面。

我們在冷藏室一連待了三天，總算在清晨四時癱倒在無敵戰艦的雞尾酒吧座裡，滿面于思，渾身髒兮兮，行將發瘋。數小時以後，我們醒過來，全身都是蒼蠅。我們從頭到腳沾滿了既美味又富含蛋白質的肉凍，招來了蒼蠅。

平心而論，那場花園宴會大獲成功。古老過時的普鎮可沒有人看過像此等場面，我們當場惡名遠播，而我們也充分利用，打算開家外燴公司，取名為「月光菜單」（Moonlight Menus），為此印了名片。名片由當地一位藝術家設計製作，上頭有我們戴著廚師帽冷笑的畫面。我們隨即將名片分發給當地商人，漫不經心地對他們表示，我們不但不需要或甚至**想要**他們的生意，而且他們根本就**付不起**我們的酬勞，因為我們可是整個岬角地區最貴也最獨特的外燴師傅！像我們倆這樣受過精良訓練的傢伙，生意早就忙不過來，謝謝您啦。

我們那會兒當然沒有生意，可是這個策略奏效。在普鎮一九七五年最後幾週，古柯鹼滿天飛揚，地方上有一大堆的生意人急於在季末舉行華麗的宴會，博得朋友刮目相看。我們也樂於鼓勵業主大肆鋪張，儘量豪華，用我們從我那本《拉魯斯美食大典》挑出的菜（其中沒有多少是我們做過的）塞滿他們的腦袋，還報出驚人的天價。我們知道這些人花了多少錢買古柯鹼——古柯鹼越貴，就越多人想買。我們將同一套行銷策略用於新開張的外燴事業，加上類似的價格結構，我們的生意突然就變得非常非常好。

不久，我們便得以辭去在「無敵戰艦」和馬利歐的固定工作，每回穿著全新的東尼拉瑪牌（Tony Lama）牛仔靴，順路回去匆匆探望老同事並藉此幸災樂禍一番時，便揮舞著亮晶晶的魚叉牌（Wüsthoff）新刀，耀武揚威。

我們的顧客有餐廳業者、古柯鹼毒販，還有駕著快艇到希因內斯（Hyannis）、巴恩斯特伯（Barnstable）港口外的母船去卸下大批大麻的那些傢伙。我們為披薩鉅子、成功的皮革和手工藝品商人承包婚禮、派對和私人晚宴的外燴。在這同時，我一直向迪米屈的腦袋灌輸一個想法，我們在這裡做的種種一切，可以回紐約照做，只不過規模更大、更好。

啊，那一段令人陶醉的時光，充滿幸福的錯覺、熱烈的爭論、榮耀與財富兼得的美夢。我們並不嚮往成為新的波居斯，才不，那還不夠。在古柯鹼和伏特加的激勵下，我們想要成為像卡雷姆（Antonin Carême）那般的人物，他那些巨大的塔形糕點結合建築與食物此二理念。我們的作品簡直超越了當代人，有太空針塔（Space Needles）①、巴別塔、用肉餡酥皮餅搭蓋成的巴特農神殿、以法國棍子麵包精心建成的新巴比倫、千層酥盒、泡芙塔……這些餐點的名字激發我們，促使我們向越來越高的目標挑戰。

我們有成功之時，也有失敗之時。

「汽船牛腿」（即整隻的連骨烤牛腿），這構想聽來很不錯；畢竟是大菜。可是我們把肉烤過頭了。有一次我們頭到尾都上中國菜，結果放了太多花椒，以致我們甚至隱約聽見隔壁傳來痛苦哀號的聲音。記得我們做了一個**藍色**的結婚蛋糕，現在想來都還覺得可怕，那是由藍綠色奶油和海綿蛋糕堆砌成的多層蛋糕，點綴著水果，看來不怎麼像卡雷姆做過的任何東西，倒比較像是齊格飛與羅依（Siegfried and Roy）式的海濱房屋。不過，我們也的確有過值得一提的成功案例，好比說在普鎮首度上場的皇冠式烤帶骨小牛肉，中間填鑲蘑菇火腿餡，澆黑松露馬德拉醬汁，還有我們所向披靡的巨無霸白汁海鮮。

客戶是位餐廳老闆，我們的要價有點太高，我們忠於職守，決心要做個大到嚇人的糕點，不久就發現沒有夠大的烤模來實現此一雄心十足的構想。我們想要烤一個美味但形體巨無霸的圓酥盒，然後把約五加侖的燉海鮮倒進去，我們還想用一個巨大的酥皮圓頂把這整個玩意蓋起來，頂上說不定再加個古色古香的酥皮小人偶，好比神話英雄埃阿斯或墨丘里。

我們不曉得此計畫能否成事，除了《拉魯斯美食大典》中的古老版畫插圖外，我們從未見過任何菜色跟我們想做的東西類似。沒有合適現成的彈性烤模，若有便可在內側墊一層鋁箔紙，放進豆子，放進烤箱烤就好了。酥盒和白汁海鮮一定得分開做，不然酥盒絕無法成形，我們那一鍋嘟嘟冒泡燉著魚蝦貝還有野菇的白汁，會把外殼浸軟，還有麵團的問題：什麼樣的外殼才撐得住重達五加侖、湯湯水水的燉海鮮呢？

上場時間越來越近，我們也越來越著急，我們在客戶的餐廳廚房設立作業中心，立刻衝到一家酒吧紮營，以便好好地商討策略。

到頭來——通常都是這樣——一切多虧了茱莉雅。茱莉雅·柴爾德（Julia Child）的食譜看來不怎麼貴氣逼人，卻往往能成事。我們從她的法國烹飪書中擷取了一則麵團食譜，我們先把大型龍蝦蒸鍋的**外面**抹上酥油，然後把麵皮拉開，沿著鍋外沿黏起來，將鍋子包住。這作法和一般常識背道而馳，幸好當時我們並不知道。至於圓頂，我們用上鍋蓋，然後運用同樣的原理，把麵皮包在圓鍋蓋的外面，烤硬。

當我們總算把這兩個殼子剝下來時——我可以告訴你，我們的動作可真是小心翼翼——迪米屈本性不改，悲觀的很。撐得住嗎？他不覺得。我們打算倒進這玩意裡的燉海鮮份量可不小，迪米屈深信用餐至半途時，這玩意會爆裂潰散，滾燙的魚和岩漿似的白汁會一下子就流到嚇壞的賓客腿上。他猜想，會造成可怕的燙傷，「有人命根子被燙傷……打官司……丟人現眼」。迪米屈提議，萬一有想都不敢想的事情發生，我們就得像日本海軍軍官那樣，自殺謝罪，他用這個想法來鼓舞自己。「或者像華泰爾（François Vatel）②，」他建議，「他因為魚沒有及時送到而持劍自刎，我們**至少**可以這樣做。」末了，我們同意，萬一我們的巨無霸白汁海鮮崩塌的話，我們就靜靜地走出去，到海灣去跳海自殺。

派對時間到了，我們已準備就緒——我們希望。

先上開胃菜：燻鮭魚黃瓜與魚子醬小脆餅、迪米屈的雞肝慕思佐肉凍丁、盛在小盅裡的各式各樣小菜、調味煮蛋佐魚子，加上一盤漂亮的酥皮肝醬，盤中裝飾著牛舌、火腿、開心果和黑松露，還有我照本宣科根據廚藝學院教科書燴製的伴碟用康普蘭紅醋栗醬汁。我們的皇冠式烤肉沒問題，叫我們全心掛念、忐忑不安的，是那道白汁海鮮。

然而上蒼眷顧傻瓜和醉鬼，我們大多數時候又絕對既傻笨且醉醺醺。

事情進行得順利極了，我們的巨無霸酥盒屹立不搖！

皇冠式烤肉每一根高雅向外突出的肋骨上，都裝飾著帶皺摺的小巧彩帶，中看又中吃。賓客目眩神移，客戶滿懷感激，賓主起立鼓掌向我們致意。

當我們又按一週一次的慣例，來到原來工作的餐廳廚房炫耀時，頭大到走不進普鎮的門戶。我們已盤算著要獵取更大的獵物，我們已在心裡為我們邊走邊學的生意，物色比較新、比較見過世面也更富有的受害者。在紐約。

譯註：

①太空針塔（Space Needles）：美國西雅圖市區的地標，為一九六二年的世界博覽會而建，塔高超過一百八十公尺，可搭電梯登塔參觀。

②華泰爾（François Vatel）：十七世紀法國名廚，因為有一次食材送貨延遲，耽誤盛宴，憤而自殺。

# 第二道菜

## SECOND COURSE

# 是誰在做菜？

WHO COOKS?

是誰在烹調你的食物？鬼鬼祟祟藏在廚房門後面的，是什麼樣的怪胎？你看到主廚，就是那個腋下夾著寫字板、沒戴帽子的傢伙，說不定他漿過的潔白主廚制服上，用托斯卡尼藍繡了他的大名，就在那些中式棉布扣旁邊。可是，究竟是什麼人在烹調你的食物？是畢業於廚藝學校、滿懷雄心壯志的年輕人，正耐心排隊等候，直到自己拿到那夢寐以求的職位？八成不是，如果主廚是像我這樣的人，那麼廚師就會是一些不大正常、唯利是圖的社會邊緣人，他們做這行，是基於錢財、廚界奇特的生活方式和頑強的自尊心。他們很可能根本就不是美國人。

看各個廚站的廚師如行雲流水般分工合作是件賞心悅目的事，那是高速的協同作業，最高境界就像芭蕾舞或現代舞。行事有條不紊、使出渾身解數的二廚，幹起份內的活兒來，姿態就像名舞伶尼金斯基（Vaslav Nijinsky）般優美，他工作時能保持清潔，行動韻律有致，這表示其人之動作簡潔而有效率，技術高超，最重要的是，速度很快。做這份工作的人必須有個性，還得有耐力。優秀的二廚從不遲到，從不打電話請病假，含辛茹苦，遍體鱗傷，依舊埋頭苦幹。

關於職業烹調，大多數人都不了解一件事，那就是，其重點不在於最好的作法、最新穎的擺盤或最有創意的食材、滋味和口感的組合，凡此種種，應當在你就座用餐好一陣子以前便已安排妥當。真正為你烹調食物的是各部門的二廚，這份差事更重視前後的一致，要人不用大腦、毫無變化地重複作業，一次又一次以一模一樣的手法，按同樣的順序完成工作。主廚最不想要有創新精神的二廚，這種人自有主張，會把主廚的作法和擺盤方式亂整一通。主廚要的二廚需有盲目、近乎狂熱的忠誠，能從後方給予有力的支持，同時在打仗般的環境中尚能如機器一般作業，推出一致的成果。

我有個朋友是三星級的義大利菜主廚，這位自負的托斯卡尼仁兄每天從無到有地自製麵食和醬汁，在紐約掌理一家數一數二的餐廳廚房。他最近講到自己何以從未蠢到竟雇用義大利人到他手底下掌廚，他跟大多數主廚一樣，非常偏愛厄瓜多爾人。「義大利人？你在最忙的時候對他喊道：『燉飯咧？燉飯他媽的做好了沒有？快給我燉飯！』……義大利人呢……他會**把燉飯給你**……厄瓜多爾人咧，他會轉過身去……不斷攪拌烹煮燉飯，直到那燉飯**完全按照你教他的方式煮好**為止。我要的就是這個。」

我明白他的意思。一般說來，美國廚師既懶又不聽命令，這裡指的是生在美國，可能上過廚藝學校、在烹飪這件事上見過世面的那種廚師，他們不必等你示範，便已知道什麼叫做「上牛油」（**monter au beurre**）①，也會做龍蒿蛋黃醬汁。最糟的就是，這些傢伙特別嬌貴，固執己見到討人厭，自我意識又太強，需要不斷安撫和打氣，加上他們出身富裕安逸的國家，因此不習慣主廚因為太忙而常對自己大小聲，「未給予尊重」。只有不是在美國出生成長的人，才了解並珍惜美國夢，亦即只要努力工作便可換取物質的回報。多年以來，我與厄瓜多爾、墨西哥、多明尼加和薩爾瓦多的廚師共事過，相形之下，大多數受業於美國廚藝學院的白人小伙子就好像笨手笨腳、流鼻水的小痞子。

在紐約市，非法移民廚師受殘酷雇主剝削，被壓迫，拿低工資的時代大致已經過去了，起碼優秀的二廚是這樣沒錯。我透過一個很大的人力網絡雇用大多數厄瓜多爾和墨西哥廚師，他們以前都當過洗碗工，出身農家，彼此有聯繫，而且常有親戚關係。這些廚師都是工資優渥的專業人才，其他的主廚都搶著要。他們往往從基層往上爬，清楚地記得清理隔油池，刮盤子，還有在清晨四時把滴水的垃圾袋拖到外頭路邊是何等滋味。這種廚師是從基層一步步爬上來，他知道各烹調部門的狀況、各道菜作法和廚房的每個角落，最重要的是，他最熟悉的就是**你的**系統方法，這樣的人通常比某個還在尿床的白人小伙子有價值，且更能長期工作。那白人小鬼的媽媽在把孩子養大的過程中，老覺得這孩子在世上理當有生存空間，還以為他真的有一些本領。

你想要忠心耿耿的二廚；那種早上醒來時喉嚨癢，又有點發燒，便以為自己可以打電話來請病假的，可不是我想要找的人。雖說有必要讓廚師為自己的工作感到自豪（所以時不時不妨放任好廚師小施身手，偶爾讓他為特餐或湯品貢獻新意），然而掌理廚房還是有如治軍。說到底，我要的是一個敬禮和一聲「是，長官」。如果我想要我的二廚給一個意見，這意見呢，也由**我自己**提出。顧客來餐廳，指望吃到烹調得跟以前一模一樣的同一道菜；他們可不想要哪位新竄出頭的新派名廚自找樂子，在他們喜愛的某道菜裡添上奇異果和芫荽。

當然，也有很多的例外。我的巡迴公演團隊中就有數位美國廚師，我從一地到另一地，往往會反覆雇用幾位重要人士。舉例來說，主廚和副主廚的關係可以是非常親密的，如果你幾乎是除了睡眠以外的時間，都得跟某人相處，那麼找一個跟你有相似的背景和世界觀的人會是很不錯的事。女性二廚尤其令人愉快，不過在這睪酮素分泌旺盛、以男性為主的餐廚世界中，卻少有女廚師。廚房團隊中如果有一位強悍如虎、出口成髒、愛講別人壞話的女廚師，真的很有樂趣，同時也能替團體增加一點文明氣息，不然的話，大夥就老是繞著誰的卵蛋比較偉大、誰搞上了之類的話題打轉。

我有幸和幾位不讓鬚眉的女二廚共事，她們絕非軟腳蝦。其中有一位名叫莎倫，懷孕七個月時仍有辦法在忙碌的煎炒站挑大粱，同時還找得到時間勸慰一位情場失意的燒烤師傅。貝絲和我同事多年，總愛自稱為「燒烤站賤人」，特別擅於整治大言不慚和愚蠢的傢伙。她言行舉止都不肯和男同事有任何不同，和他們在同一間更衣室換衣服，在他們旁邊脫褲子。她跟廚師同事一樣，在性方面有挑釁精神，而且會掛在嘴上講，可是她絕不准別人損害她的面子。有個可憐的摩洛哥廚師捏了她屁股一下，結果發現自己冷不防被壓在砧板上，整個人低頭彎腰，貝絲則從後頭對他摩摩蹭蹭，還問道：「賤人，你覺得舒服嗎？」那傢伙丟透了臉，以後再也沒犯同樣的錯誤。

另一位我有幸與之共事的女廚師，有天上午來上班時，發覺有個厄瓜多爾麵食廚師在她的工作區張貼了一張特別醜惡的硬蕊（hard-core）色情照片，畫面上有一個屁股疙疙瘩瘩的女人，被幾個身上有監獄刺青圖案、背上長著毛的大肚腩男人從各個角度侵犯。她當時一點反應也沒有，可是過了一會兒，當她經過那麵食師傅的廚站時，隨口說道：「荷西，我看到你帶了幾張家人的照片來，你媽媽那麼大的年紀，氣色看來很好哦。」

「準備就緒」（mise-en-place）是所有優秀二廚孜孜追求的目標，千萬別惡搞二廚的「備料」，意指他們作好的準備工作，他們精心安排使之各就各位的各種食材，有海鹽、粗磨胡椒、軟化牛油、烹調用油、葡萄酒和備用材料等。身為廚師，你的工作區、工作區的環境和就緒狀態，是你的神經系統的延伸。倘若有另一位廚師或侍者（那更是萬萬不可）弄亂了你精準且悉心擺放好的位置，那可是很令人惱怒的事。當你按己意將廚站各樣物品排放妥當時，宇宙就變得井然有序，你閉著眼睛也找得到每一樣東西，在你當班的過程中，你所需要的東西通通你一伸手便構得著的地方，你的防禦工事已部署完畢。你倘若任憑你的準備就緒狀態遭到破壞，把廚站弄髒或弄亂，你很快就會發現自己在原地打轉，要找人救援。有位我曾替他幹過活的主廚，會在廚房裡正忙的時候，走到某位廚師髒亂的廚站後面，跟這位犯下大忌的廚師說明他何以進度落後。他會伸手按住砧板，那板上亂七八糟，散落著胡椒粒、潑灑出來的醬汁、洋菜香末、麵包屑和各式各樣的零碎雜物，你要是不隨時用濕抹布擦拭的話，廚站馬上就佈滿這些玩意。「你看到了吧？」他一邊說，一邊把手舉起來，好讓那位廚師看到大廚掌心上沾到的碎屑和髒東西。「這會兒，你腦子裡頭就是這副德性。工作時要保持清潔！」

工作時保持清潔，隨時擦拭、清理，對一位負責盡職的廚師來說，這是最如意的狀態。那位主廚說的對：雜亂的廚站等同於雜亂的頭腦。這說明了優秀的二廚何以像囤積黃金那樣地收集抹布。每逢布巾類用品送貨來時，機靈的廚師就爭相奪取，把這寶貴的物品一疊疊地藏在任何能藏的地方。我認識的一位廚師把抹布藏在其廚站天花板的隔音板上面，跟他最喜歡的鉗子、最喜歡的不沾鍋、漏杓，還有各種他覺得工作時需要卻又不想讓別的廚師碰的東西放在一起。我敢說經過這麼許多年，儘管那家餐廳已易手經營多次，未來幾代的廚師還是可在那兒找到很多蓬鬆、乾淨的抹布。

抹布的好處不僅在於乾淨，還有「乾」這件事。用濕布來抹淨盤邊固然很好，但試試看用濕布來握住熱燙的煎炒鍋柄，這樣你就會很快領會到為什麼非得有一疊乾爽的抹布不可。有些傳統的歐洲餐廳廚房在每一時段開工時，仍然會每位廚師發兩塊毛巾：一塊供隨手使用，另一塊放在烤爐把手上保持乾燥。我覺得這樣真是儉省到罪過的地步，我喜歡在我的工作區準備好一大疊毛巾，放在便利之處，依對角線折疊整齊，隨手便可取用，依我看，這些毛巾甚至不可以有耗盡的一天。我當班八個小時期間，會用掉二十塊布巾，如果這會讓我的老闆多花上幾塊錢，算他倒楣。我可不會因為老闆太小氣捨不得多進幾條毛巾，而燙傷我的手或擦拭我那些漂亮盤子上的油脂。

這神祕的準備就緒到底是什麼意思呢？為什麼有些二廚就為了捏幾粒鹽或一小撮洋香菜，而被逼得中風呢？因為那是**我們的**，因為我們按照自己想要的方式將之建立起來；因為那就像我們的刀子，關於此事，你聽過這樣的話：「別碰我的命根子，**別碰我的刀子**。」

還算標準的備料工作需要一張很長的清單，舉例來說，典型的品項如下：

- 粗鹽或海鹽；
- 研磨胡椒粒（手磨的，不是用攪拌器打碎）；
- 白胡椒粉；

- 新鮮麵包屑；
- 洋香菜末；
- 調合油，裝在附有快速倒酒嘴的酒瓶中；
- 特級橄欖油；
- 白葡萄酒；
- 白蘭地；
- 泡在冰沖的茴芹葉；
- 切段或切末的細香蔥；
- 去皮去籽的番茄茸；
- 焦糖化的蘋果塊；
- 油封蒜頭；
- 蒜片或蒜末；
- 紅蔥頭末；
- 軟化牛油；
- 用來順手的杓子、湯匙、夾子、深淺不同的鍋子；
- 所有的醬汁、分好成一份份的魚、肉、菜單所需材料、特殊材料和備用材料，一律放在隨手可取得的地方。

將物品各就各位，訓練有素加上動作協調還不夠。優秀的二廚在忙亂、高壓的營業時段，必須保持頭腦清醒、做事有條不紊、從容鎮定。當有三、四十桌以上的客人同時入座，又點了冷熱不同的菜色時，餐點還是得一起上，煎炒、冷盤、燒烤和機動組等不同的部門必須分工合作，同時替十位客人上菜。某位客人的多佛鰨擺在煎炒組的出菜口都快擺到爛了，而燒烤師還等著羊排烤到三分熟，這種情形可不能出現，同一桌的菜一定得一起上！大呼小嚷、「好了沒有」的慌亂叫聲，還有同時間要做好一大堆熟度不同、極易令人混淆的菜色，凡此種種都難不倒我們的廚師英雄。他一定要有辦法忽視主廚的怒吼、外場人員的小聲嘟囔，還有同事的聲聲咒罵、問題與催促，好比「七號桌好了嗎？快來！上菜！來吧！七號上菜！」

「與別人良好合作」是廚師務必具有的能力，假定說你是個煎炒師傅，那燒烤師傅就是你的舞伴，而且大多數時候你都很可能得跟他一起待在悶熱、逼仄如潛艇般的空間內工作。你們倆都在熊熊的爐火和沸滾的湯湯水水前面工作，近身處還有不少鈍器，而且你們倆手上還握著刀子，很多的刀子，所以，你們最好是能融洽相處，廚房裡到處都是一桶桶滾燙的油脂和鋒利的刀具，要是有兩個全副武裝的廚師大打出手的話，可不是件好玩的事。

那麼，從事實地作業的，他媽的到底是哪些傢伙，哪些男男女女呢？從我算不上輝煌的事業經歷中，你或許得到以下的印象：二廚全是些道德淪喪的怪胎、毒蟲、難民、偷雞摸狗的賊、潑婦和神經病，你猜的八九不離十。備受敬重的三星大廚布萊恩（Scott Bryan）說過，這個行業會吸引「社會邊緣人」，也就是一些在生活中出了差錯的人。他們說不定唸不完中學，說不定在逃避什麼，好比前妻、不堪回首的家族歷史、法律上的麻煩、前途茫茫的第三世界惡劣落後環境。也說不定他們跟我一樣，就是喜愛這一行。廚房相當放鬆且不拘禮的行為準則，還有對古怪行徑、不得體的個人習慣、缺乏證書文件、犯罪前科等的高度容忍，都令他們感到舒服自在。在大多數廚房，一個人的奇行怪癖就算不是完全無所謂，也沒有多大關係。你能不能不停手地幹活？你準備好當班了嗎？我能否指望你明天會來上工，不給大家添麻煩？

這些才是要緊的事。

我可以將二廚分成三類。

有藝術家類型：佔少數，討人厭又需要人安撫、侍候。此一類型包括糕點師傅（烹調業當中的神經專科醫師）之類的專門人材、副主廚、切肉師和神經兮兮的冷菜師傅，偶爾也包含醬汁師傅，其人調製的醬汁完美有如神仙美饌，那副誤以為自己特別了不起的德性也就可以容忍了。

接著是流亡者類型：這些人在其他行業就是待不下去，永遠做不了朝九晚五的工作，受不了西裝革履，無法融入文明社會。此外還有他們的同志，也就是難民，通常是移民，對他們來說，做廚師可比被恐怖行刑隊處死、貧窮和在球鞋工廠每週掙兩美元要好多了。

最後是唯利是圖的傭兵類型：他們為錢而工作，而且做得很好。這些廚師雖然並不熱愛烹飪或並無烹飪天份，但是表現優良，因為他們可以賺到高薪，而且是專業人士。我總愛以為烹調是一門手藝，優秀的廚師是工匠，而不是藝術家。這樣說並沒有什麼不對，歐洲宏偉的教堂雖非工匠設計的，卻是他們蓋的。鍛鍊你的專門技藝是崇高、光榮且令人滿意的事。一般說來，不論何時，我寧取為自己的專業技能為榮、堂堂正正的傭兵，而不要藝術家。當我聽到「藝術家」這三個字時，我想到的是一個不覺得有必要準時上班的傢伙。這些人深信自己卓爾不凡，他們努力是為了令自己亢奮，而不是為了滿足絕大多數的吃客。我個人偏愛美味的食物，這食物能忠實昭顯食材之味，而不是那種三呎高的怪菜，裡頭用了香茅、草屑、椰子和紅咖哩。吃那個，小心你會瞎了一眼。當來應徵的傢伙開始對我講起自己有多麼喜愛太平洋盆緣菜色，自己有多麼受其啟發時，我就知道麻煩來了。請隨時另找一位墨西哥洗碗工來吧，我可以教**他**做菜，卻**沒辦法**教導有個性的人。一連六個月準時來上工，我們再來談紅咖哩醬和香茅。時候未到以前，我只能奉送你一句話：「閉上你的鳥嘴！」

**譯註：**

①上牛油（monter au beurre）：是西廚手法，大致上指的是在鍋中的熱醬汁加入牛油，使醬汁更濃更香。

# 從我們的廚房到你的餐桌

FROM OUR KITCHEN TO YOUR TABLE

城裡開始接連出現混雜中、日式餐飲的餐廳，前兩天我在其中一家看到一面告示，寫著「折價壽司」。在食物這件事上，我想不出有什麼例子能比減價壽司更讓人擔心了。可是那地方還真有人光顧，我在想，倘若那告示上寫著「廉價壽司」或「陳年壽司」，那些人還會不會到到那兒吃東西。

享用美食佳釀是有風險的。舉例來說，牡蠣偶爾會令你噁心反胃，這難道表示你從此就不再吃牡蠣了嗎？才怪！食物越是稀奇古怪，認真的吃客就越是躍躍欲試，食畢後不舒服的可能性也就越大。我不會因為有時吃完幾小時以後覺得身體不適，就否定食用西班牙血腸、生魚片，甚或在本地一家古巴小館吃「舊衣服」（ropa vieja）①帶給我的樂趣。

不過有若干通則我奉行不悖，它們是我多年以來看到並始終牢記的一些事情，我的飲食習慣也隨之而改變。我或許非常樂於在加勒比海某個露天燒烤的小店品嚐烤龍蝦，雖然那裡的冷藏設備不大可靠，我還親眼看到蒼蠅圍在燒烤食物上嗡嗡叫（我的意思是，我多久才會去加勒比海一次？我可得及時行樂啊！）可是回到自家草皮，日常就會到餐廳用餐，關乎為與不為，我可是刻意遵從某些準則的。

除非是在紐約「貝納當」餐廳（Le Bernardin）吃飯，否則我星期一絕不點魚。我知道這家四星級餐廳直接跟源頭購買魚貨，我知道週一大多數的海鮮有多不新鮮，都進貨四、五天了。

你在一個寂靜的星期一晚上走進翠貝卡區（Tribeca）一間挺好的二星餐廳，看到他們有道聽來可口的特別菜是煨茴香、油封番茄和番紅花醬汁佐黃鰭鮪。何不就吃這個呢？當你翻閱菜單時，「星期一」和「特別」這兩個詞彙一定要躍入你的眼簾。

事情是這樣的：這家好餐廳的主廚星期四訂了魚，星期五早上送貨，他訂的量相當大，因為要到星期一上午才會有另一批貨送到。好啦，是有些海鮮商星期六送貨，但是市場星期五晚上就收市了，**送來的同樣是星期四的魚！**主廚希望能在趁星期五、六晚上餐廳生意最活絡時，賣掉那批魚，也就是你的黃鰭鮪。他也假設要是星期天還剩了一點，那就做成早午餐的海鮮沙拉或特餐，通通賣掉。星期一呢？是清貨之夜，週末不論剩下什麼，一律用掉，希望能賣錢。好可怕，你是這麼說的吧？他幹嘛不把剩下的鮪魚一扔了事呢？那傢伙星期一早上會有新貨進來，不是嗎？當然哪，他是可以……可是有什麼能讓他的海鮮供應商不也有一模一樣的想法呢？海鮮商也在清空**他**的冷藏庫！你說，可是富頓街（Fulton Street）魚市星期一早上**營業**啊！他可以買**新鮮**貨！各位朋友，我在星期一凌晨三時到過富頓街魚市，相信我，那並未增添我的信心。你在星期一晚上考慮要點的鮪魚，大有可能曾在餐廳冰箱被扔來扔去，在備料區被切割、被捏捏碰碰，並和雞肉呀鮭魚呀和羔羊肉混在一起四天了。冰箱門每隔數秒就開開關關，二廚不時把手伸進去，看也不看，摸索著他們需要的東西。這樣的冷藏環境可算不上理想。

正因為這個緣故，你很少看到星期天或星期一晚上的特餐菜色是鱈魚或其他易於腐敗的東西，它們都不耐久存。主廚心知肚明，他知道有可能到星期一早上還有剩下的魚貨，而他想把這些魚賣掉賺錢，又不致害得顧客中毒。

賣海鮮這門生意很棘手，紅笛鯛一磅容或只花掉主廚四點九五元，可是這價錢中包含魚骨、魚頭、魚鱗等得去除扔掉的東西，等到該切的都切了，每一片處理過的魚柳實際成本就多了不止一倍，而且他非常樂意把魚賣出去而不是扔進垃圾箱裡。如果魚到星期一晚上聞來尚無臭味，那你正在吃的就是那魚。

我除非跟主廚有私交，再不然，曾親眼看過他們如何儲藏保存給客人吃的淡菜，否則絕不在餐廳吃淡菜。我愛吃淡菜，然而經驗告訴我，大多數廚師處理淡菜都不怎麼用心。他們往往把淡菜擱在冰箱底層，任憑淡菜泡在自身臭兮兮的尿液中打滾。我確信有些餐廳有特製的容器，裡面有帶溝槽的便利箱，這樣一來，在保存淡菜的同時還可以排水，而且說不定，只是說不定哦，這些地方的廚師每烹煮一份淡菜前，會一顆顆仔細挑選，確定每一顆都健康且活生生的，這才扔進鍋中。我待過的地方會這樣做的，不多。淡菜太容易烹調了，在二廚眼中，淡菜是天賜禮物，只要花兩分鐘就煮熟，花幾秒鐘一古腦倒進碗中，就這樣三兩下清潔溜溜，又侍候好一位客人啦，這下子可以專心來片那塊見鬼的鴨胸肉了。算我倒楣，我曾在巴黎一間非常好的酒館，吃到僅僅一顆壞掉的淡菜，那狡詐的小東西躲在除它以外都很零缺點的同類當中。我整個身子像書本啪的一聲被闔上那樣，驟然一縮，爬到洗手間，像隻貂一樣拉個不停，我緊搗著我的胃，像射子彈一樣把胃裡的東西吐出來。那天晚上我禱告了，好幾個小時，而你八成猜得出來，我這個人是最糟糕的那種無神論者。幸好法國人對於請醫生到府出診的政策滿寬鬆的，醫療保健費用也還負擔得起。可是我可不想經歷同樣的事情了。淡菜，謝謝你不用了。如果我很想吃淡菜的話，我會從**你**點的那一份當中挑出樣子好看的來吃。

在星期天吃海鮮好不好呢？嗯……有時候還好啦，但是可千萬別吃那些顯然意在出清的存貨，好比早午餐菜單上的油醋汁海鮮沙拉或西班牙式海鮮烘蛋。在重視成本的主廚看來，早午餐菜單簡直是公開的邀請函，是星期五、六晚間剩下的那些零碎東西，還有平常做菜時積存下來的那些剩餘物資的垃圾場。你看到平日快烤一下、附上一片檸檬就好的魚突然淋上了油醋汁？看到菜單上有「油醋汁」，就把它讀成是「防腐」或「掩飾」。

吃早午餐，來點荷蘭式牛油蛋黃醋汁如何？我可不要。細菌愛死了荷蘭式牛油蛋黃醋汁。這種用蛋黃加清澄牛油調製而成的乳狀醬汁，存放溫度必須不太冷也不太熱，以免澆到你的水波蛋上面時，醬汁就水、脂分離了。不巧這種不冷不熱的溫度也正是細菌滋生、繁殖的溫床。我認識的人當中，沒有一位點過荷蘭醬汁。你的雞蛋上的那玩意很有可能好幾個小時前便做好擱著。同樣叫人不安的是，用來調製醬汁的牛油可能是融化的桌上牛油，經加熱使清澄後過濾掉所有的麵包屑和菸蒂而做成。要知道，牛油可不便宜。荷蘭式牛油蛋黃醋汁簡直是生化危機的培養皿哪。還有，那加拿大燻肉又在冷藏間裡放了多久？別忘了，早午餐一週只供應一次——僅限週末。這裡的行話是「早午餐菜單」，翻譯是什麼呢？「放了很久的零碎食材，以及十二美元吃二個雞蛋，附送一杯血腥瑪麗」。有關早午餐，還有一點要交待，廚師討厭早午餐。明智的主廚會派最優秀的二廚在星期五、六晚上當班，卻不大情願給同樣一批廚師排星期天一大早的班，特別是因為這些廚師星期六收工後八成外出喝酒到凌晨，喝到爛醉如泥。更糟的是，對認真的二廚來說，烹煮早午餐很令人洩氣；為星期天早午餐的客人做荷包蛋加培根或班尼迪克蛋，沒有什麼別的能比這個更令胸懷壯志的未來大廚覺得自己活像軍中的伙夫或簡餐店的廚師了。早午餐要麼是用來懲罰二線廚師，要不就是剛從洗碗工晉升為廚師的農家子弟學點本領的好機會。大多數主廚週日不上班，所以廚房沒受多少監督，在點西班牙式海鮮烘蛋時，請先考慮這一點吧。

我**會**在餐廳吃麵包，就算我**知道**這些麵包說不定是從別人桌上回收再利用的，也照吃不誤，再利用麵包是業界通行的作法。我看過晚近一個內幕新聞報導，有隱藏式攝影機什麼的，新聞主播看了表示「震驚」……震驚於沒動的麵包被送回廚房後，又被直接傳到外場。屁話啦！我確信有些餐廳明確指示他們的孟加拉收盤員丟棄所有未動過的麵包，數量約佔餐廳用量的一半，或許有些地方真的這麼做。可是收盤員一忙起來，又要清桌面的麵包屑、倒菸灰缸、替客人的杯子加水、做濃縮咖啡或卡布奇諾，又要趕著將髒碗盤交給洗碗工，這時他們若看見一籃滿滿沒動過的麵包，十之八九就會用了。這便是人生的真相。我不會為此掛慮，你也不必感到驚訝。好吧，也許偶爾會有某個患肺結核的鄉巴佬朝著那籃麵包的大致方向咳嗽，散佈飛沫，再不然就是某位剛從西非洲濕地健行歸來的遊客打了噴嚏，你也許會為這樣的可能性感到不安。不過，你或許也該避免搭乘飛機或地鐵，這兩個也是易於在空氣中傳播疾病的環境。麵包，就吃吧。

我不會在洗手間很髒的餐廳用餐，這個要求並不難，洗手間是隨你看的。如果這家餐廳懶得更換小便斗裡的除臭丸或保持馬桶與地面的清潔，那麼請想像一下他的冷藏設備和工作空間會是什麼樣子。洗手間相對來說是不難清潔的，廚房則不容易。其實，如果你看到主廚坐在吧檯前，滿面鬍渣，繫著髒兮兮的圍裙，一隻手指正在挖鼻孔，你猜也猜得出來，他置身於緊閉的門後替你調理食物時，也好不到哪兒去。你的侍者看來像剛在橋底下睡了一覺醒來？如果管理階層任憑他帶著那副德性在外場閒晃的話，天知道他們是怎麼折騰你的蝦仁的喲！

「法式牛肉馬鈴薯泥？」「英式牧羊人派？」「墨西哥式辣肉醬？」在我聽來就是剩菜。旗魚呢？我還算喜歡，但是我的海鮮供應商出外用餐時從不點旗魚，他看過太多旗魚肉上佈滿那種三呎長的寄生蟲。你要是見到幾條這樣的蟲寶寶，而我們都見過，那你短期之內可不會想大啖旗魚了。

智利條紋鱸魚？時尚，昂貴，大有可能是冷凍貨。前此不久，我去逛市場，發覺這件事時，自己都覺得意外，這東西運來時顯然絕大多數都是連骨帶肉、凍得硬邦邦的。其實，我前面就說過，整個富頓街市場的景象並不很令人振奮。八月天，魚貨沒加冰塊保冷，就裝在板條箱裡露天擺著，滲著血水。早先沒賣掉的貨色稍後會廉價出售，早上七點，原本坐在當地酒吧等候市場打烊的韓國人和華人買主一擁而上，向工作超時的魚販以最低價買光剩下的貨色。最後一批到來的，是買貓食的人。當你見到「折價壽司」牌子時，請想想以上種種吧。

「留著做全熟」是烹飪界歷久彌新的傳統：肉和魚都要花錢。在理想狀態下，每一份切過、處理過的食物都應該賣到成本三倍甚或四倍的價錢，以便主廚達成他的「食物成本百分比」。那麼，當主廚發現有一塊又硬又老、靠尾端的沙朗牛肉，三番兩次被推到一堆肉的後頭去的時候，他會怎麼做呢？他可以扔了了事，但是一整塊肉平白丟掉，就表示每磅沙朗的成本有了三倍損失。他可以拿回家煮給家人吃，這跟扔掉沒什麼兩樣。不然，他可以「留著做全熟」，把它賣給某個土包子，此人偏好食用燒製得沒有味道、又老又韌有如焦炭的魚或肉，根本分不清自己在吃的是食物還是零碎雜物。自負的主廚平時最討厭這類顧客，瞧不起其人摧毀他精美的菜餚。不過，這一回可不同，這個愚蠢的混帳正在為得到食用主廚垃圾的特權而大掏腰包！這等好事，有誰不愛？

吃奶蛋素的茹素者以及從其中分裂出來、作風直比真主黨的嚴格素食主義者，對任何活該挨咀咒的主廚來說，都始終跟眼中釘一樣討厭。在我看來，沒有小牛高湯、豬油、香腸、內臟下水、小牛濃汁或甚至臭乳酪的生活，根本不值得活著。素食者與人類心靈中一切優良、像樣的事物為敵，公然侮辱我所贊同的一切：對食物的純粹享受。這些腦積水的人想像人的身體是神殿，不可被動物蛋白質玷污。他們堅稱，素食比較健康，可是我所共事過每一位吃素的侍者，只要聽到流言說感冒在流行就一定病倒。哦，如果有人點一道「素菜」，我還是會做，我會翻箱倒櫃找點東西來餵他們。十四美元一客的幾片烤茄子和節瓜，相當符合我的食物成本。不過，讓我告訴你一個故事。

數年前，在哥倫布大道（Columbus Avenue）上一家逍遙單身酒館，我們不幸雇用了一位生性敏感的青年當侍者，他的社交生活多彩多姿，其中包括數不清的不安全性行為，此外，他還是某種坐過牢懂法律的行家。他因為不適任而被解雇後，自己包下訴訟工作，控告餐廳，聲稱他在餐廳的工作造成他那顯然因變形蟲引起的腸胃毛病。管理階層十分重視這場官司，請了一位流行病學家收集每一位員工的糞便樣本。結果我是知情的，至不濟也可說是發人深省。得出的結論是，這位侍者排出的那一序化變形蟲，在不少他那種生活方式的人來說是很常見的。有意思的是我們的墨西哥和南美籍備料廚師的化驗結果，這些傢伙有多種各式各樣的生物細菌，卻沒有一種會引起疾病或不適。報告中解釋說，我們餐廳的檢驗結果和其他餐廳沒兩樣，還有，那些剛來不久的拉丁美洲兄弟尤其是這樣，體內有這種東西是正常現象，他們的身體已適應，因此沒有任何困擾。不過，在處理未經烹煮的生蔬菜菜，特別是清洗沙拉生菜和葉菜時，特別容易傳播變形蟲。所以，下一回你想跟素食主義者舌吻時，請想想這一點吧。

我甚至不打算談談血的問題，這麼說好了，我們在廚房裡常不小心割傷，而我們都不包紮，隨它去。

有人說，豬是很骯髒的動物，所以他們不肯一嚐豬肉的美味，這些人說不定該去參觀養雞場，菜單上最受美國人青睞的品項，也正是最可能害你生病的食物。市面上賣的雞肉絕大部分帶有大量的沙門氏菌（這裡講的不包括符合猶太教規的清淨雞肉和昂貴的放養雞）。雞很髒，牠們吃自己的排洩物，而且一隻隻緊挨著被關在籠裡，擠得像尖峰時段的地鐵，送到餐廳處理時，又很有可能沾污別的食物或交叉污染。還有，雞肉很乏味，在主廚的心目中，只有不知道自己想要吃什麼的人才會點雞肉。

蝦子？好吧，如果蝦子看來聞來都新鮮，餐廳生意又忙，保證貨品能定期更替，那就點吧。可是蝦仁吐司？我可不點。我走進一家沒有多少人的餐廳，老闆臉臭臭的盯著窗外，我可不會點蝦仁。

這個原則其實適用於菜單上的任何東西，尤其是那些讀來費解和冒險的菜色，好比說地中海魚羹。如果有家餐廳以牛排著稱，而且生意看來不大忙，你覺得那些少有人點的蛤蜊、淡菜、龍蝦和魚已經在冰箱擺了多久，就等著像你這樣的人去點呢？關鍵在於循環速率，如果餐廳很忙，你又看到每隔幾分鐘就有一份地中海魚羹飛出廚房門，那麼說不定就很值得去點來吃吃看。可是，如果是一家上菜很慢、只有一半桌子有客人的餐館，菜單上菜色卻又多又雜呢？烤鯖魚和小牛肝之類較不受歡迎的菜色在冰箱裡被擱到腐敗，它們是為了充場面才留在菜單上，你大概不是真的想吃吧。打量一下侍者的臉色，他明白的很，這也是你應該對侍者客客氣氣的另一個原因：如果他抬一抬一邊的眉毛或嘆口氣，可就救了你一命。他要是喜歡你，或許會勸你不要點一塊他知道會害了你的魚肉。另一方面，說不定主廚已在死亡的痛苦中命令他一定要把那塊鱈魚銷掉，不然魚肉就要開始發臭了。記住，觀察肢體語言。

好好吃一頓的暗號有哪些？星期二至六、生意忙、翻檯率、循環速率。在紐約，要點魚吃，星期二和星期四晚上最好。星期二送來的貨色新鮮，備料是新的，主廚在星期天或星期一又好好地休息過了。星期二是真正的一週之始，你會充份感受到廚房的善意。星期五、六的食材新鮮，但是餐廳生意忙，因此主廚和廚師心有餘力不足，無法如你所願地全心全力打點你的菜餚。而且廚師也好，侍者也好，往往都對週末吃客心存懷疑甚或瞧不起對方；他們是嘮叨鬼、土包子、外縣市居民、吃牛排指定全熟的傢伙、小費給得小氣的人、成群結隊過橋穿隧道來看《貓》（*Catas*）還是《悲慘世界》（*Les Miz*）之類音樂劇的人，從此不會再度光顧。非例假日用餐的人則相反，都是本地人，有可能變成常客，是相關工作人員通通想取悅的顧客。星期二時，主廚在休假一天後蓄勢待發，將竭盡所能、全力以赴；他手上有剛送來的最優貨色，先前還有一、兩天可以思考創意菜色。在星期二晚上，他**想要**讓你感到幸福；星期六晚上，他則比較掛心翻檯率和如何應付廚房裡的尖峰時段。

如果餐廳清潔，廚師和侍者裝扮整潔，用餐的人很多，每個人對自己在做的事情看來都是真的很用心，而不是想趁著拍宣傳沙龍照和為舞台劇試鏡的空檔多賺個幾文錢，那麼你就很有可能會吃到像樣的一餐。老闆、主廚和無精打采的侍者坐在靠街面的桌子聊足球呢？水電工拿著通馬桶的工具穿過用餐區呢？不好的信號。如果你在附近，早上注意觀察停在餐廳送貨門外面的貨車，是信譽良好的海鮮、肉類和蔬果商嗎？好信號。倘若看到信譽差、沒有標記的小貨車，一次卸下這三類貨品，或者全國性供應商的大型拖掛式貨櫃車，你知道，就是「為餐廳和機構服務五十年」的那種，請記住他們所謂的機構是自助食堂、學校、監獄。你要是喜歡冷凍、定量分裝好的「便利食品」則另當別論。

以上種種叫人毛骨悚然的說法有沒有嚇壞了你？你是否該從此不再出外用餐算？你只要行經一家餐廳，是否就得用消毒紙巾抹遍全身？才怪，就像我前頭說過的，你的身體**不是**一座神殿，而是遊樂場，好好地玩吧。當然，這是一種「付錢買樂子」式的冒險，但是每一回你點墨西哥塔可餅或吃紐約街頭的水煮熱狗麵包時，便已明白這一點。如果你願意冒著一點點拉肚子的危險，在街頭園遊會上吃那種不辣的義大利香腸，或吃上一片你**明知道**已在檯上擺了一、兩小時的披薩，又何必不碰碰運氣去吃好東西呢？所有經典菜的重大發展，好比說率先食用小牛胸腺的人、頭一批嚐試吃用未殺菌牛奶做的史帝爾頓藍紋乳酪的人，還有發現蝸牛加上足夠大蒜牛油真的很好吃的人，這些人都是大膽創新、不怕死的亡命之徒。我不曉得當初是誰想出，把豐美的食物灌進鵝肚裡，只要時日夠久，讓鵝肝像吹汽球一般長到超出正常體重，就會製造出美味的肥肝——我相信是那些古怪的羅馬人——但是我對他們的努力心懷感激。把生魚送進自己的口中，特別是在冷藏技術尚未發明以前，在一些人看來，容或是瘋狂至極的舉動，結果這卻是個很棒的主意。據說拉普斯汀（Grigori Rasputin）②每天早餐會吃一點砒霜培養抵抗力，以防哪一天有仇家想毒死他，我覺得這想法不錯。從他的死法來判斷，這位妖僧一點也不怕那玩意；人家打了他好幾頓，賞了兩顆子彈，把他從很高的橋上推下，墜落在結冰的河裡，才總算把他弄死。我們這些認真的吃客說不定該效法他，說到底，我們是世界公民，都活在這個充滿細菌的世界上，有些細菌無害，有的則有害。我們難道真要搭著給教宗坐的那種密封車在法國、墨西哥和遠東的鄉下旅行，只在硬石咖啡（Hard Stone Café）和麥當勞用餐？還是說我們應該一無所懼地吃東西，大啖當地的燉肉、簡陋的墨西哥小吃店做的神祕的肉，還有當地人誠意奉上、稍微炙烤過的魚頭？我知道我想要吃什麼，我通通都要，我每樣都想試它一試，我呢，姑且就信賴賣墨西哥玉米粽的攤販、壽司師傅、法國老鄉吧。那隻吊掛在門廊上、沒剝羽毛、熟成程度與日俱增、軀體快掉下來的，是哪種野鳥呀？給我來一點。

我不想死，也不會很不衛生地喜歡拉肚子，如果我**知道**你把烏賊放在貓窩旁邊，置於室溫中保存，那就謝謝你再聯絡，我到街上去另找烏賊好了。我會繼續在星期二至星期四吃海鮮，因為我比較清楚，因為我可以等。可是，倘若我有機會吃河豚內臟大餐——即便並沒有人像回事的把我引見給主廚——而且是在遠東一個陌生的城市，我第二天就要搭機離開？我會勇往直前，這樣的機遇一生只有一次。

**譯註：**

① 舊衣服（ropa vieja）：古巴名菜，大致上就是青椒番茄燉牛肉，傳統作法是用前一餐吃剩的肉來做。

② 拉普斯汀（Grigori Rasputin）：二十世紀初活躍於俄國的神棍，自稱是神醫，因為靠催眠術醫療王儲，而得到沙皇尼古拉二世的皇后寵幸，後來被政敵暗殺。

行家煮炊之道

HOW TO COOK LIKE THE PROS

除非你已是我們當中一份子，不然你八成永遠也無法像職業廚師那樣地燒菜。這也無所謂，我休假的時候，除非想找新點子或想偷學作法，否則難得去餐廳用餐。我想要吃的是家常菜，某人（任何人）母親或祖母做的菜。用愛心烹調的簡單番茄義大利麵、粗手粗腳把材料通通扔進烤皿裡的焗鮪魚、烤牛肉配約克夏布丁，凡此種種對我都是新奇特殊的美味，儘管我成天忙著處理腓力米濃、浸泡香草的油，做著各式各樣使餐廳菜有別於你家菜色的零碎雜事。如果我在場，我岳母端晚餐上桌時總會歉然地說：「對大廚來講，這些菜色想必太普通了……」她根本不曉得她那樸實的烤肉餅吃到我嘴裡有多麼神奇、多麼令人安心又有多麼可口，那疙疙瘩瘩的馬鈴薯泥有多麼好吃——因為那裡頭幸好沒摻了松露或松露油。

可是你並不想知道這些，你想知道的是該如何使你下一次晚餐聚會看來宛若找來法國名廚特拉瓦格羅一家人，把人家栓在你家廚房的爐邊。也許你很好奇，想知道一些訣竅、技術和簡單的工具，好讓你盤中物看來好像是冷血的職業廚師準備、組合與擺飾的菜餚。

我們先來談談工具，我們的廚房中有什麼是你大概沒有的呢？好笑的是，我們常備的那些東西，好比香草油、碎香料、洋香菜碎末、搗成泥的澱粉類食品和蔬菜等，往往都是用家用設備做成的，就跟你家的一樣。我容或有二十五夸脫容量的專業用攪拌器和特大的食物調理機，我卻很可能用家用攪拌器來打碎美味的烤紅甜椒，裡頭摻有翠綠的羅勒油，然後淋在你的盤子上。所以，你肯定需要的是什麼呢？

看在老天爺的份上，你需要一把**像樣的主廚刀**。有人公然誆騙大眾，說你需要一整套各種尺寸的專業廚具，此說真是惡劣透頂、冥頑不靈，卻又普遍為人採信。我有時巴不得能走遍各地業餘廚師的廚房，就為了能把他們抽屜裡的刀子通通扔出去，有那些中號尺寸的「多用途」刀子啦，那些你在電視廣告上看到的鋸齒邊廢物啦，那些很難磨利的不鏽鋼垃圾啦，還有那些設計拙劣的切片器，凡此種種沒用的玩意連一顆番茄都切不了。請相信我，在刀具專櫃，你需要的東西就只有一件：一把好的主廚刀，尺寸宜大，拿起來很順手，要名牌的嗎？好吧，大多數聰明的業餘廚師都鑄下大錯，買了德、奧生產的老式專業用高碳不鏽鋼刀，好比說雙人牌（**Henkel**）或魚叉牌，這兩個牌子的刀只要夠重，都很不錯，高碳使得刀子稍微比較容易磨利，不鏽鋼又讓刀不會生鏽或腐蝕，擺在商店的刀盒裡也著實好看，當你揮舞著一把索林根（**Solingen**）製造的一百美元磨刀鋼棒時，傳遞給賓客的訊息是，你很把烹飪看成一回事。可是，你真的需要那麼沉重、那麼昂貴、那麼不易保養（而且你八成不會加以保養）的刀嗎？除非你真的每隔兩天就會花上十五分鐘先用上了油的金剛砂磨石來伺候刀刃，接著再用磨刀棒把刀磨利，否則我不會去買德國刀。

我認識的專業廚師多半早就捨魚叉牌不用，改用較輕、較易磨利且相對較廉宜的釩鋼具良治牌（**Global**）刀子，這個日本產品很不錯，除了品質優良外，還有一個吸引人之處，樣子真的滿酷的。

具良治生產許多不同尺寸的刀子，那麼你**需要**哪種呢？一把主廚刀，這種刀從紅蔥頭到西瓜、洋蔥到牛肉片，幾乎什麼都可以切。你應該學學行家，用刀尖切小的東西，用較靠近刀把的部位切較大的東西。這樣做並不難，去買幾個蕪菁甘藍或洋蔥——這兩樣很便宜——用來練習一番。只要擁有用刀自如的本領，便能以最快的速度脫穎而出，卓爾不群。如果需要人指點你如何用刀且不會剁掉自己的手指，推薦你閱讀賈克・裴平（Jacques Pépin）的《技巧》（*La Technique*）。

好吧，還有兩三種其他款的刀子你或許也覺得有用。我有一把靈活的剔骨刀，也是具良治那一票好兄弟做的，我偶爾用它來片魚柳，同樣的一把刀還可用來處理整條的牛腰肉、剔除羔羊腿的骨頭、把仔牛肉排骨頭按法式手法處理乾淨、切除肥肉筋膜。如果這些你的肉販都會替你代勞，就算沒有這把刀，日子也過得下去。如果你想要把蔬菜切成橢圓形，在蘑菇上刻花或從事我的老友迪米屈以前很擅長的那種顯微手術的話，削刀偶爾也滿好用的，可是你多久才會做這種事一次呢？

不過，有一種刀倒真的好用，我在這一行的好友也越來越喜歡這種**「彎鋸齒刀」**，這種刀基本上是鋸齒邊的刀刃配上符合人體工學的刀柄，形狀像是一個被拉長的Z。這刀子可真酷，一旦用上，從此就少不了它啦。由於刀柄跟刀刃並非齊平，而是高於切割面，因此不但可以當成傳統的鋸齒刀使用，好比用以切麵包、削番茄皮等，而且可以切各種蔬菜、馬鈴薯、肉，甚至魚。不管是要切什麼，我的副主廚幾乎都用這種刀。箭牌（F. Dick）製造的這種刀還不錯，一把約二十五美元。這刀是不鏽鋼，不過因為是鋸齒，所以也無所謂，反正用了兩、三年後，鋸齒便會磨損，到時再買一把得了。

刀子是一望即知的，在行家裝著妙計的錦囊中，還有什麼其他的玩具呢？第一號是簡單的可擠式的塑膠瓶，這可是廚師要大部分的花招時不可或缺的東西哦。也許你看過巴比・費雷在電視上用這種瓶子把醬汁擠在盤沿，這傢伙多年以來就用這類玩意把墨西哥菜弄成儼然高級美食。當然，他噴在那條魚上的不過是辣椒美奶滋，可是看起來……嗯……很抽象，老兄！！買這些瓶子花不了多少錢，根本就是你在路邊熱狗攤上看到、用來裝芥末醬和番茄醬的同樣東西。在盤底澆上好比說牛油醬汁吧，然後用小牛濃汁或烤甜椒泥之類的深色醬汁，在盤上擠出兩、三個同心的圓圈，各位，接下來請注意，拿一根牙籤劃破圓圈或線條，你便會看到所有那些叫人大驚小怪的花樣，根本就沒什麼。你拿兩、三個擠瓶和牙籤練習個半小時左右，便可徹底掌握竅門。糕餅師傅也運用同樣的道具，把巧克力或覆盆子醬加在英吉利蛋奶醬汁上，做出花樣，讓你多破費三美元，而這工作兩秒鐘便可完成，甚至易如反掌般地訓練黑猩猩來做。

可是……可是主廚，你說……廚師是怎麼讓他們的食物站得高高的呢？我要怎麼做才能讓我的雞胸肉和薯泥如充分勃起的陽具般巍然聳立，使我的賓客敬畏有加，自嘆弗如呢？答案又是個低科技的東西：金屬圓管，很薄的金屬圓管或一截PVC塑膠管，每一截管子約一吋半到兩吋長，直徑互異，它們正是讓擺盤得以裝腔作勢的主力。只消將你的薯泥舀進管中，如果能用擠花袋把薯泥擠進去，那敢情更好，如此這般，就已經上道啦。把薯泥堆得高高的，抽掉管子，把蔬菜整齊地疊上去，再把雞肉放在蔬菜上面，至此大功已完成一半，你等著那可愛的小妞對你投懷送抱吧。把一片脆格薯片（gaufrette potato）插進薯泥中，或許加一枝新鮮的烹調香草，再不然可以加上一小撮你用具良治新刀切好的超細炸韭蔥絲，這下子你可以好好地誇口啦。

脆格，那是啥玩意？就是切成一片片好像威化餅的炸薯片啦，這個你行的。你只需要附有各種型式刀片的直立式削片器，這年頭，日本人生產的削片器便宜又好用，所以這算不上大投資。這玩意可以替你切出那種華而不實、大小形狀一致的菜絲，要粗要細都可，你上一回出外用餐時，還以為那些蔬菜絲是手工切出來的呢。同時，只要手腕轉動一下，便可切出如威化餅般漂亮的格紋片。要把馬鈴薯切成厚薄相同的薄片多菲內式焗薯嗎？不費吹灰之力。你不會真的以為別人是用刀子切薯片吧？

好吧，削片器不能切肉，當然也切不出紙片般飛薄的風乾火腿片。要切那個，需要專業的旋轉式切肉機，比方熟食店裡那一種。家用的機型很糟，不過我強烈建議，如果你想要在自助餐宴上供應香腸或肉品，塞給你家附近熟食店的伙計一點錢，請他代為切片以後，你自己再來擺盤，那效果可是大不同。假如你有多一筆閒錢，看一下報紙背面有關餐廳拍賣的告示，你這會兒說不定早已明瞭，總是有餐廳結束營業，不得不趕在法院拍賣以前，儘速廉價出清設備。我知道有人就用這辦法買下整間餐廳，這叫做「統包交易」，由於餐飲業失敗率超過六成，統包業者生意通常都不錯。你買得到各式各樣專業品質的器具，如果想用這方式來揀便宜，我建議優先考慮添購各種鍋子。市面上大多數家用鍋具既輕又薄，很容易壞，而賣給認真講究的家庭廚師的厚重設備又往往太貴。湯鍋、平底深鍋、厚底煎炒鍋都是很好的東西，甚至是必需品，沒有理由買新的，沒有理由花大錢，就等著街角那家新開的西班牙小酒館關門大吉，然後你就採取行動。

讓我再強調一次：要厚重的；薄底的平底深鍋一點用處也沒有。我才不管這鍋子是不是用銅皮聯結、經過處女手工摩娑，或是用與隱形轟炸機相同的材質做成。如果你喜歡煮糊的醬汁、燒焦的雞、黏在鍋底的義大利麵還有焦掉的麵包屑，那就請便。打個比方，如果拿著像樣的鍋子朝某人的腦袋瓜砸下去，應該能造成頭部的嚴重傷害。倘若你對哪一方會有凹痕，究竟是受害者的腦袋或你的鍋子，心存疑慮，那麼索性把鍋子當垃圾扔掉算了。

不沾的平底煎炒鍋很好看，想做可麗餅、烘蛋捲、悉心煎得焦黃的魚柳和吃來很嫩的鰩魚翼？你需要優質的厚底不沾鍋，而不是用了幾週後薄薄的塗層便剝落的那種鍋子。買了不沾鍋後，需善加對待，絕對不要洗，每一回用過以後，擦拭乾淨即可，不論做的是什麼菜，切勿用金屬鍋鏟，而需用木匙或陶瓷、非金屬材質的刮鏟來翻動食物或炒菜，你可不想刮傷了鍋面。

我不想過於簡化。很明顯的，如果你對味道或質地沒有感覺，也不懂得欣賞顏色和擺盤——唉，管它的，如果你根本就不會燒菜——那麼這世上一切的設備都幫不上你的忙。不過，如果你燒得出像樣的一餐，看得懂烹飪書，那麼你只要花一點時間把弄把弄前面提到的這些玩具，成績便會大有起色。

還有一些食材使得家常菜色有別於餐廳菜，也就是你家大概沒有，而**我們**在職業廚房時時備有的一些東西，現在我就要告訴你是哪些食材造成這種差異。

**紅蔥頭**。你在家庭廚房幾乎看不到這東西，可是在外頭卻是不可或缺的材料。在做備料工作時，紅蔥頭是基本的配料，它使得餐廳食物吃來就是和你做的不一樣。在我的廚房，我們每天會用上近二十磅紅蔥頭。你應該隨時準備一些，拿來煮醬汁、做沙拉醬、炒菜。

**牛油**。我才不管你最喜歡的那家餐廳對你吃的食物中加了什麼又沒加什麼，做了什麼表示，很有可能你吃下了一噸的牛油。在職業廚房，最早和最晚下鍋的，差不多總是牛油。為了製造好看的焦黃色，我們用牛油混合油來炒菜，幾乎是每一種醬汁最後都要加牛油（行話叫「上牛油」），因此我做出來的醬汁吃來比你的香腴柔滑，質地又濃又稠。相信我，幾乎是每位廚師的工作區裡都有一大罐軟化牛油，而且廚師用起來毫不手軟。人造牛油？那才不是食物。有個牌子叫「不敢相信這不是牛油」，我就偏偏相信那不是。如果你打算在任何食物中加人造牛油，就請你現在就別往下看了，因為我幫不了你。既便是義大利人——你知道，那些老奸巨滑的托斯卡尼人，一講起不該用牛油便滔滔不絕，大力宣揚橄欖油之美味（橄欖油是很美味沒錯），可是如果你出其不意地去造訪那家三星級的北義大利菜餐廳廚房，他們在義大利麵裡頭偷偷放了什麼呢？那燉飯裡、小牛肉片中又加了什麼？該不會是……那是……怎麼搞的，我真不敢相信居然是牛油！

**烤大蒜**。大蒜是天賜寶物，只要處理得當，少有食物能像大蒜這樣嚐來有如此多種獨特的滋味。濫用大蒜是一種罪惡，陳蒜、焦蒜、切了以後擺太久的蒜和用那種討人厭的壓蒜器壓成稀巴爛的蒜頭，通通都令人憎惡。拜託一下，請善待你的大蒜。就像你在電影《四海好傢伙》（*Goodfellas*）中看到的那樣，做義大利麵時要把蒜切片，不要煎焦。喜歡的話，用刀背拍蒜，切勿用壓蒜器壓碎，我可不知道從那玩意裡頭擠出來的是啥撈什仔，反正不是大蒜。試試看烤大蒜，大蒜整球拿去烤到又軟又焦黃後，擠出蒜瓣，滋味柔和又甘甜。比方說，可以混合生蒜和烤蒜做凱撒沙拉醬汁，生蒜取其鮮辛，烤蒜取其陳香，這麼一來，你便可明白我的意思。沒有什麼能像蒜的焦味和腐臭味那樣頑強且無可挽回地鑽進你的食物中，無論如何都要避開那些旋轉蓋玻璃罐裝、浸泡在臭油中的爛貨。實在懶得剝新鮮蒜頭嗎？你根本不配吃蒜。

**洋香菜末**。了不起，是吧？餐廳用來點綴食物，你為什麼不也用呢？何況洋香菜味道也很不錯，只是請**千萬不要**用機器打碎。把摘好的洋香菜莖泡在冷水中，然後甩去多餘水份，自然晾乾數分鐘後再切，用我鼓動你去買的那把性感的新主廚刀，儘量切得細碎。我向你保證，把洋香菜末灑在菜餚上和盤邊，你做的食物頓時便平添以前一直缺乏的那股耀眼的專業架勢。

**高湯**。高湯是把菜做好的基石，你需要高湯，卻沒有高湯。我有幸擁有難得的三十夸脫容量高湯鍋、積極肯做事的備料班底、現成可用的骨頭和足夠的冷藏空間。這是否就表示你可以讓你的賓客吃用市售難吃的湯塊或過鹹的罐頭高湯做成的醬汁嗎？快去熬高湯吧！簡單透頂！就只要幾根骨頭，烤一些蔬菜，放進大鍋中，加水，然後熬呀熬的就好了。一次可做幾個月的量，熬得夠濃時，過濾一下，分別裝進小的容器中冷凍起來，需要時再從冷凍庫中取出。沒有高湯的人生簡直不值得活著，而且永遠也沒法做小牛骨濃汁。

**小牛骨濃汁**。做小牛骨濃汁的方法有很多種，不過我建議只要拿你已熬好的肉高湯，加進一點紅酒，扔進幾顆紅蔥頭、新鮮百里香、一片月桂葉和胡椒粒，然後以小火慢慢再熬，熬到汁濃稠的可以沾附在匙上。過濾。把這玩意裝進製冰塊的盒中冷凍起來，需要時倒扣出一、兩塊，你這下可就上道了，可以統治世界啦。記住，用小牛骨濃汁做醬汁時，別忘了「上牛油」。

**茴芹、羅勒葉、細香蔥段、薄荷葉等**。看在老天份上，這些能有多費事？在雞胸肉上頭擺上一小枝好看的茴芹？用看來鮮翠的羅勒葉點綴你的義大利麵？在魚上頭巧妙地灑一些細香蔥段？在一坨發泡鮮奶油安放薄荷葉，或許讓它緊挨著一顆覆盆子？拜託一下，做人要上道！要讓一盤看來普通的菜色變得高雅，費不了多少工夫。裝飾食物根本用不著天份，所以何樂而不為呢？來一枝新鮮的烹調香草如何？好說百里香或迷迭香。除了需要用來點綴菜色的那一部分香草以外，說不定還真的可用剩餘部分增添菜的滋味。超市裡賣的那種裝在可愛小罐子裡、好像木屑一般的乾香草呢？你可以把那個連同你的香料架子一同扔進垃圾桶裡，這些嚐來全像馬廄的地板。用新鮮的香草！好吃的食物常常，而且往往是簡單的食物。有些這世上最美味的菜餚，好比說托斯卡尼風味的烤全魚就只用上三、四種材料。只要用的全是好的食材，新鮮的食材，然後用香草點綴一下，這有什麼難的？

舉個例子：我在紐約一家信譽卓著的二星餐廳供應過一道很受歡迎的菜色，一客要三十二美元，常常供不應求，客人太愛吃了。取來一條魚，紅笛鯛、條紋鱸魚或灰鯛都可，請魚販替你把腮、內臟和鱗去乾淨，用冷水洗一下。在魚的裡裡外外抹粗鹽和壓碎的黑胡椒，在已摘除內臟的魚腹中塞一瓣蒜頭、一片檸檬和幾根新鮮香草，比方迷迭香和百里香。把魚擺在薄薄抹了一層油的烤盤上或用鋁箔紙包起來，放進非常熱的烤箱中烤到皮脆肉熟。在盤上淋少許羅勒油——你知道，就是你用果汁機打好，裝進你新買的擠瓶中的那玩意？——灑上洋香菜末，加羅勒葉作為點綴……明白了嗎？

# 老闆症候和其他醫學異常現象

OWNER'S SYNDROME AND OTHER MEDICAL ANOMALIES

想要擁有餐館可以是一件既奇異又恐怖的苦事，到底是什麼促使那些平時理智的人產生如此這般足以毀滅自己的欲望呢？為什麼這些人之前在其他領域中刻苦耐勞，克勤克儉，通常都非常成功，可是後來卻想要把辛苦攢下來的資金倒進一個起碼就統計數字上看來幾乎肯定會一無所獲的坑洞呢？為什麼要冒險投入這樣個行業，不但有大筆的固定開銷（房租、電費、瓦斯、水費、餐巾布料費、維修費、保險費、執照費、垃圾清理費等），還得應付流動率高到惡名昭彰又不穩定的勞動力，還有極易腐敗的資產存貨呢？這行業看到投資終能回收的機率只有五分之一。究竟是哪種隱伏的海綿體細菌吞噬了這些男男女女的腦子，使得他們站在鐵軌上，注視著火車頭燈光逐漸逼近，心裡十分清楚是什麼終將輾過自己？我這一行幹了這麼多年，仍然不明所以。

當然，最簡單的答案就是自尊心在作祟。有個經典例子就是那位退休的牙醫師，別人老是稱讚他辦的晚宴很棒。「你應該開一家餐館，」朋友對他說，而我們這位牙醫師信以為真。他想投入這一行，並不盡然是為了謀利，而是想像電影《北非諜影》（*Casablanca*）中的男主角瑞克那樣，周旋在餐廳各桌客人之間，簽簽帳單。而他會有很多機會來簽單——當那些說他開餐廳一定會成功的狐朋狗友紛紛前來白吃白喝時。這些很有原創精神的天才非常樂意塞滿酒吧，喝不要錢的酒，為這項大膽的冒險事業居功，直到這地方開始出現麻煩，這時他們就對這位無法勝任的愚蠢牙醫朋友大搖其頭，一個個消失不見了。

說不定這位牙醫正遭遇中年危機，他覺得這項奇行異舉有助於吸引美眉，他當初猛拔臼齒和替人洗牙時，可是永遠也無法博得她們的青睞。你會看到很多這樣的毛病——素來通情達理，甚至稱得上精明的商人，一過了五十歲，便突然開始用下半身來簽支票。他們並不是完全被誤導，大概還真的嘿咻得到，餐飲業對於隨興所至的性關係態度的確是比較隨意，有不少親切又風騷的女侍，她們多半是沒才華到不行的演員，卻又滿腦門追星夢，對她們來講，跟那些年紀較大、不是很有魅力的男人上床，並不是多麼稀奇的事。

退休的牙醫竟然是為了性愛，或是因為別人稱讚他手藝佳而開起餐廳，也難怪其人對這一行的現實狀況會毫無準備。餐廳並未立刻開始賺錢，對這一點他全無防備。他資金不足，對新隔油池種種晦澀難解的規定、冰箱頻繁修理、沒想到設備又需要更新，皆一無所知。當生意走下坡或未見起色時，他驚慌不已，開始找尋速成的對策。煩擾紛至沓來，他跌跌撞撞、手忙腳亂，笨手笨腳的想調整概念、菜單、各式各樣的行銷策略。隨著末日之將至，這些想法又被其他更有速效的想法所取代：週日不營業……減少人手……不賣午餐。當營運狀況變得更像得了精神分裂症時，好比說一週賣法國菜，一週賣義大利菜，當這個可憐蟲宛若一隻想逃出火災現場的老鼠，試了一項又一項辦法時，本來就難以捉摸的用餐大眾自然就會開始察覺到，這地方散發出明顯的不可靠、恐懼還有瀕死的氣味。當那股濃烈的臭味開始飄蕩在用餐的地方時，他搞不好會把裝著炭疽孢子的培養皿擺出來當酒吧小吃，因為這地方鐵定無法起死回生。在毀滅的烏雲逐漸籠罩後，有些菜鳥還可以撐上多久，值得注意。他照樣會送來的鱈魚付款，彷彿魔法會降臨，有一個週末生意會變好，會有一篇好的食評，總之會有什麼事物出現拯救了他們。

就像某種看不見的夢魘，失敗的陰影在餐廳倒閉之後仍無法消散，不管是誰接手都逃不出魔掌。餐廳歷來失敗的氣氛逐漸累積，會經年累月對這個店址造成影響，即便它坐落的地區其實相當熱鬧也一樣。你會看到路人從新開的店家前面窗口往裡瞧時，會皺眉頭，臉上露出懷疑的表情，一副怕被玷污的樣子。

餐飲業中當然也有很多經營得當的人，他們知道自己在做什麼。他們打從一開始便曉得自己想要什麼、自己有多少斤兩，也明白自己開頭究竟得花多少成本。最重要的是，他們對自己願意賠本經營多久才叫停有堅定的想法。精明的餐廳業主就像職業賭徒，絕不更改自己下注的風格，他才不管什麼魔術子彈、修改定價策略或菜單概念。行家吃了秤錘鐵了心，在面對逆境時仍不改初衷，更加倍努力，讓餐廳成為他從一開始就想要的樣子，期望廣大的鄉親父老終將發現這家餐廳，信賴它，慢慢愛上它。這些傢伙知道，一旦你驚惶失措，請來諮詢顧問（也就是，失業的主廚，還有把店開垮卻仍愛吃白食的餐廳業者），或開始採取節約措施，好比在午餐時段讓侍者兼當酒保，或最糟糕的，提早打烊時，倒不如乾脆關門大吉算了，少賠就是多賺。機靈的經營者在發覺苗頭不對時，會捲起舖蓋走人，以免自己在這一行宣告完蛋，永無超生之日。一宗多災多難的餐廳投資可以拉垮一整串成功的事業，這種情形我可見多了。

要對這些笨蛋說明事理，比對精蟲滿腦的菜鳥曉以大義還困難。這些人有過經營成功的經驗，擁有兩、三家以上生意興隆的餐館，早已克服困難，過去有過或仍然在經營獲利頗佳的館子，賺錢像在印鈔票，究竟是什麼讓這些傢伙衝過頭呢？他們最早開的一流館子往往秉持著簡單且直截了當的概念：要麼是一家供應像樣菜色的小酒吧啦，一家簡樸的義大利鄉村風格餐廳啦，要不就是一家正因為毫無矯飾而倍受喜歡的家常小館。然而成功卻讓這些人以為自己刀槍不入，他們**鐵定**是天才，對吧？他們開餐廳賺大錢哩！所以幹嘛不在房租高昂的地段，開一家有三百個座位的互動式托斯卡尼餐廳／外帶／兼售自家商品的店面咧？再不然，索性再開三家餐廳！也許在漢普頓，在邁阿密，在海港！來兩家兄弟會風格的酒吧沙龍，內有兩位中國廚師和一位波霸酒保，既然平時已大賺其錢了，那麼為什麼不乾脆在時代廣場開一家爵士樂酒吧主題的餐廳呢？樓佔數層，有一位三星主廚，還有現場音樂演出？

答案很簡單，因為那不是他們擅長的事情！

靠酒吧生意賺錢？這有什麼不對？你是個幸運兒！就做那該死的酒吧生意吧！抓緊你的錢！我沒法告訴你我看過多少次狡黠、有錢有勢甚且成功到不行的人，因為這種虛妄的權力欲，因為一時渴欲擴展版圖，而淪為犧牲品，到頭來卻發現他們個人的史達林格勒保衛戰正等在前面。有些人逃過一時，雖然生意並未一飛衝天，也不算太壞：第二家店並沒有賠錢，看來有朝一日甚至可能會賺錢，所以何不同時再開兩家呢？當他們因太過頻繁從井中汲水，發覺自己過度擴張，不得不開始忽略創始店時——最早的那家為他們賺錢的店，終究逐漸被榨乾了——接下來你就只知道，老俄的坦克隆隆輾過郊區，蹂躪你的婦女同胞，而餐廳天才先生則躲在地下碉堡中，考慮舉槍自伐。

然而，最危險的一種業主，是懷著一股熱愛投入這一行的人，他們不但危害自己，也危害別人。他們要麼熱愛蓋希文（George Gershwin）的曲風（總想有個地方可以呈現他們欣賞的夜總會歌曲），要麼熱愛墨西哥鄉土菜（而且菜色會很地道！絕不供應瑪格麗特雞尾酒凍飲！），要不就是熱愛十八世紀的法國骨董（我需要開一家餐廳陳設骨董，這樣人家才會看到，知道我品味有多好！），熱愛那部了不起的妖怪電影，擁有一切相關文物、紀念品。這些可憐的笨蛋是餐飲業的誘餌，在大多數人還來不及知道他們就在附近時，他們便已被吃乾抹淨了。其他業主靠著這些傢伙維生，他們就躺在那裡，等著這些傢伙垮台，然後接收人家的店面，買下他們的設備，雇用他們的幫手。供應商看到這些人來了，一開始要麼罕有會准許賒欠一週以上的，要不就要求貨到付款。其實，如果你對你的生意成敗有所疑慮，就去問你的魚貨供應商：他八成比你清楚。你呢，說不定肯冒險賠上幾十萬美元，他卻沒這打算。他咧，朝你和你那荒唐可笑的餐會瞥上一眼，心裡便立刻有了底，明白在你突然舉手認輸以前自己願意撐上多久，很可能不超過一個星期。

危險事物這麼多……為什麼？為什麼還有人想開餐廳？

用不著爭辯，開餐館要成功，頭幾年你一定得「住」在店裡，天天工作十七個小時，全面參與這個複雜、殘酷且非常多變的行業中每一層面。你不僅得會說流利的西班牙語，尚須通曉種種如卡巴拉教（Kabbala）密語般的錯綜複雜的條文，有衛生法規、稅法、消防規定、環境保護法、建築法規、職業安全暨健康規定、公平雇用常規、都市區域劃分、保險、取得賣酒執照之種種難以捉摸的旁門左道與利益糾葛、處理垃圾的幽冥世界、餐巾桌布、清除油脂等等。你的每一分錢都投入你新開的店，你的備料廚房的排水管卻突然出現未經處理的污水逆流現象，使得成百上千加侖緊實的屎尿湧入用餐區；你那吸多古柯鹼腦子壞掉的主廚叫正就讀於法學院的亞裔女侍「支那人」，接下來六個月你肯定得上法庭；你的酒保讓來自長島郊區的未成年少女霸佔了酒吧，她們當中任何一位都有可能開著老爸的別克轎車，撞上一輛載著神學院學生的巴士，使得你的賣酒執照陷於危險境地，而這還只是最輕微的狀況呢；就在營業額應可達到一萬美元的晚上，廚房的分區控管系統故障，迫使廚房關閉；與鼠輩和蟑螂的大戰方興未艾，兩者中任何一種都可在上到甜點時，爬上一張四人座的桌面；你趁市場價格低，剛買了一萬美元的蝦子，冷凍庫卻不巧故障，而這時自然又偏偏是週末假日，你要是能及時找到人來修，算你好狗運；洗碗工在和傳菜生吵了一架後走人了，而七號桌那裡**現在**正急需玻璃杯；移民局不速而至，突擊檢查廚房人員的綠卡；送農產品的人非要保付支票不可，不然就要把送來的貨再帶回去；你訂的餐巾不夠週末期間用——還有那邊那位正等著你的女侍不再與客人打情罵俏，轉而注意到她的，是不是《紐約時報》的食評家啊？

我曾在餐飲叢林中認識一頭完美的野獸，並為他工作過，他是個完全針對這殘酷無情的行業之生存法則而造就出來的傢伙，他在我前面提過的種種小小難題中生活、呼吸，且其實喜歡解決問題的滋味。他這個人熱愛限制、技術小節、生活中各種令人費解的謎團，他喜歡去智取、征戰、克服難關。他極少拿自己的錢進行投資，但是他總能替合夥人賺錢。他從不去任何地方，除了他所擅長的事，亦即經營餐館，其他的他絕對不碰。他是個高手，高明到直至今天，在我已不再效力於他逾十年後，我仍然每天一早總在鬧鐘響以前，六點五分便醒來，而且上班從未遲到。這是什麼緣故呢？因為即便在眼下，如果我不能效法他全力投入的黃金榜樣，令這位仁兄失望，那便是背叛了我的這門技藝。我成為真正的主廚，正是因為他，真正的主廚意味著這此人必須有組織力、作業能力，最重要的，能夠領導廚房。我在這行業一切真正重要的知識，都是他傳授給我的。我在我的職業生涯遇到的人當中，他發揮最大的影響力，讓我從一個聰明但嗑藥成癮的廢物，轉變成認真、能幹且有責任感的主廚。他將我塑造成領導者，按職務之所需，集善惡於一身。正是因為他，我從不請病假，每晚臨睡前腦子裡盤算著明天的備料清單和菜單。也是因為他，我每天抽三包菸，而且與我共事的每一位的大小事，該知道的我都知道。我的供應商接到我的電話時，何以畏首畏尾，而我下班回家後，我的妻子何以不得不提醒我，她是我太太，不是廚房員工，這些通通是因為他的緣故。

且讓我稱他為「大腳」吧。

# 大腳

BIGFOOT

我頭一回遇見大腳時，還在美國廚藝學院就讀。他當時是紐約西村（West Village）的傳奇人物，現在也還是，一代又一代的酒吧顧客、侍者、酒保、廚師、主廚和餐廳從業人員，要麼愛他，要麼看不起他（常常是兩種情緒都有）。雖然第十四街上每個人看到這裡，都知道我講的是誰，但我不會說出他的名字。他當場會知道，而且會打電話給我。

「嗨，法拉科，」他會說，他直到今天都叫我法拉科，他雇用我時，已經有一個手下名喚東尼，由於大腳做事注重條理分明，所以需要給我取一個不同的名字。「法拉科，我看了你的書……」

「是哦……」我會回答，等待他那關鍵妙語。

「第七十七頁那裡有一個打字排版錯誤，」他會說，「出版業我是不大懂啦，可是……在我看來……那裡應該會有人知道該怎麼拼字才對吧……」

這麼著，當我在七〇年代趁週末為他打工時，聽說過大腳的一些情況，像「他殺過一個人」！此事是否屬實，我不得而知，雖然在我心目中，他亦友亦師，我們卻從未談過。多年以來，我聽過太多不怎麼可靠的人講過太多種版本，我連上面那短短的一句話是真是假，都不敢斷言。不過重點在於，那是我風聞到的有關他的頭一件事，據說他赤手空拳殺了一個人。你或許想像得到，大腳的確是個大塊頭。他喜歡形容自己是個「又大又胖、頂上逐漸無毛、滿臉紅光的猶太男孩」，這當然是不盡然公道的形容。大腳並不是個沒有吸引力的傢伙，長得像是瘦長的布魯斯．威利，他身高六呎四吋，曾是大學籃球隊員，有一雙巨靈之掌、厚實的肩膀和胳臂，還有足以唬人的逗趣眼神。他喜歡裝傻，熱愛裝傻；他移動行走時，就好像在曬太陽的鱷魚，老是慢吞吞的。

「你知道⋯⋯」他會說，「我不是主廚⋯⋯對於食物或烹飪知道的不很多⋯⋯所以呢，我不知道該怎麼做墨西哥式酪梨醬。」然後他會撕碎我的食譜，也撕碎我對其人不懂食物這件事所可能有的任何幻想，他一項材料一項材料、一公克一公克地分解我的作法，讓我看看怎麼做可以更快、更好、成本更低。他當然知道怎麼做墨式酪梨醬！他深諳每項材料加進去以後會有多少產量，他知道到哪兒去張羅最便宜且最好的酪梨，如何將酪梨催熟、如何儲存、如何銷售又如何促銷。他也知道你從每一條能游水的魚身上能片下多少魚柳，手上有一本簿子，記錄每一位曾為他工作的廚師為他切過的每一條魚的個人平均產量是多少——如此一來，他就能知道，好比說，當東尼拿刀去切條紋鱸魚時，相較於其他廚師，東尼究竟可以切出多少份魚肉。東尼切紅笛鯛的有效平均產值為百分之六十二點五，麥克是六十二點七⋯⋯所以或許該讓麥克來切那條魚。大腳以前是運動員，喜歡分毫不差的統計數字。

這人狡猾，善於操弄、聰明、多變，塊頭大的令人生畏——甚至叫人膽戰心驚，是個惡霸、長舌公、虐待狂，卻又受人敬重，凡此種種特質，大腳通通具備。他也是我為之效命過的最出類拔萃的人物，他能讓人長久對他忠心耿耿，真的很奇怪。我在我的廚房裡想效法他的榜樣，希望我手下的廚師腦袋裡能有個我，就好像大腳始終留在我的腦海當中。我希望我能像大腳那樣，在我直視他們的眼睛時，他們會覺得我看到他們的靈魂深處。

我為大腳工作的頭一天，除了前面那個傳言，還有大夥似乎都很怕他這件事實以外，對其人一無所知，那天晚上我在他狹小的廚房裡做了幾百份餐點，放工時覺得沮喪、疲憊，想打退堂鼓，再也不要在他逼仄令人產生幽閉恐懼的廚房裡工作。正當我打算溜之大吉時，酒吧的對講機響了，酒保對我拋來好奇的眼光，對我說：「大腳請你到樓下他的辦公室。」樓下，在大腳的巢穴裡，這大個子抬頭看著我，稱讚我表現不錯，抓起電話，吩咐侍者送兩杯白蘭地下來。「我們對你今晚為我們做的工作很滿意。」他開口說道（大腳提到其餐廳管理階層時，總愛用「我們」這兩個字，但是在他的領域中，根本就沒有什麼「我們」），「如果你同意的話，我們希望你能留下來和我們一起工作，星期六晚間……還有星期天早午餐。」我簡直無法適切地描述心中的感激之情，我竟能令了不起的大腳先生感到滿意。雖然我們很快便達成協議，我每當一班的酬勞僅四十美元，我當晚回家時，卻覺得自己活像拿到一百萬美元的酬勞。你明白了吧，大腳不過花了一杯西班牙白蘭地就買走我的靈魂。

不光只是我把靈魂交給這位仁兄。他聘用不少毛病很大的社會棄兒，這些人不知怎的都立誓效忠於他，為他賣命，其中有一位身材魁梧得像總統隨扈的藍制服雜工，經他親自訓練成十八般武藝樣樣精通，既能修冰箱、做配管工程、做基礎五金、裝玻璃，還會維修電器。大腳的雜工除了清潔、抹地、通馬桶、做些雜活等一般工作外，還會舖瓷磚、挖地基、替你做個漂亮的大衣櫃或把舊的冷藏間修復成煥然一新。大腳最受不了的事情就是，付錢請某個高薪專家來做他覺得自己辦得來的差事。

有一天收工後，我坐在吧檯前喝點小酒，大腳走過來，莫名其妙地開始按摩我的肩膀。我還以為這是個無比親切的表示，直到他對我說，他的總統隨扈那當兒正在樓下處理棘手的問題，修理產權屬於市府的污水管道，問題就出在我們的冷藏間正下方。大腳按照慣例，勸誘他的墨西哥徒弟，敲穿兩呎深的水泥地，然後像準備越獄似的，在冷藏間底下滿是排泄物的土裡挖了一條長二十五呎的地道，地道還硬生生向左拐，通往污水管破裂之處。他那兩隻大手輕輕地捏著我的肩膀，是想試試看我夠不夠瘦，能否鑽過那狹小的拐彎處，穿越糞土，幫忙那些顯然營養太好鑽不過去的雜工。

我無法因為他想動我的腦筋而改變對他的看法，在大腳的詞典中沒有「那不是我的工作」這句話。馬桶污水外溢而主廚就在附近？那麼主廚就得迅速掄起通馬桶的工具過去，哪有等修廁所的人來這回事，他這會兒**就是**修廁所的工人。在大腳麾下，不論哪裡有需要，你就得為理想而作戰。如果廚房不很忙，你便拿起一個舊煎炒鍋刮底部的鍋灰。彬彬有禮又易感的作風在此地不受歡迎，領導，服從……不然就滾蛋。

我就讀於美國廚藝學院期間，給大腳兼差打工，多年之後，超過十年以後，我再一次加入他的班底。當時正值我事業低潮期，我在餐飲煉獄當了五年不怎樣的主廚，已油盡燈枯，那時我正在戒海洛因，仍在吸古柯鹼，身無分文，淪落到在蘇活區一間荒謬可笑的家庭經營小店做早午餐，那裡賣獅子、老虎、河馬肉捲和動物園中其他死動物的肉。我決心再也不當主廚，我上一宗大而無當的事業令我厭煩透頂，那是南街海港區（South Street Seaport）一家有三個廚房的義大利餐廳，我在那兒大部分時間好像都在湊合著充當劊子手，每天早上醒來都心知肚明今天我又要解雇某人了……我精疲力竭、窮途末路、很不快樂，在江湖上的名聲甚差，大體上就是個不可雇用、不可信賴的人物，這時大腳打電話來，找人為他在第十街新開的沙龍式小酒館做午餐。

我們見了面，我的模樣想必像隻恆河猴，就是在防治毒品廣告中看到的那種，被逼上樹，其他猴子都躲著牠，呈現古怪、妄想和充滿敵意的行為。我骨瘦如柴，搖搖晃晃，劈頭就向我的老朋友借二十五美元，等我發薪水再還。他毫不遲疑，掏出皮夾，取出二百美元借給我，其手筆之大，對我表示出莫大的信任。大腳有超過十年之久沒見到我，他只要瞧瞧我的德性，聽我簡要且淨化一番地述說我近年來的遭遇，就有一切的理由認定，我拿了這兩張鈔票以後會消失無蹤，把錢用來吸毒，頭一回當班時根本不會報到上工。如果他借我二十五美元，而非二百美元，說不定就真的會有那樣的事情。可是一如大腳通常碰到的情況，他的信任得到回報。他那沒有理由的信賴令我大為震動，大腳是那麼犬儒的一個混蛋，連他都能做出這樣的舉動，我下定決心，我要是膽敢辜負他的信任，那我就要咬掉我的手指，用挖蟹的叉子挖出我的眼睛，並且赤條條地第七大道上裸奔。

我的生活恢復了秩序，在大腳的國度，你提早十五分鐘上班，二話不說，就是這樣。遲了兩分鐘呢？這一班你就別輪了，回家去吧。如果你人在火車上，眼看著快遲到了？你在下一站下車，通知大腳你可能會遲到，然後回去搭下一班車。你可以打電話跟大腳說「大腳，我一晚上都在吸古柯鹼，搶劫了賣酒的店，喝血、拜魔鬼……我會晚到一會兒」，這種事偶一為之，是可以的。可是如果已經遲到了，才想要解釋（即便講的是真話），「呃……大腳，我在上班的路上，總統的座車就在我身邊出了車禍……我只好把他從車裡拉出來，對他做口對口人工呼吸……老兄，我救活了自由世界的領袖耶！」我的朋友，你呢，被炒魷魚了！

我欣然想起有一回有位在職已久的女侍度假回來晚了，她聲稱她搭的班機延遲了十五分鐘才抵達，大腳打電話到機場查證，發覺她撒謊，就開除了她。把大腳當傻瓜絕對是天大的錯誤，他可是行家。在他三十多年的生涯中，看過、聽過這世上有的，或人腦想得出來的各種騙局、瞎扯蛋、花招、詭計、陰謀和把戲，永遠樂於向任何蠢到想騙他的人證明這一點。如果大腳問你一個問題，而你不知道答案的話，他比較喜歡聽到你回答「不曉」，而不是一長串花言巧語、猜測和半真半假的話。你必須讓大腳掌握你的行蹤，他絕不讓自己淪為「經理症候」的犧牲品，也就是不斷看時鐘，納悶員工會不會來上班，又是何時來上班。凡大腳統領之地，他很清楚員工何時會到：比當班時間提早十五分鐘，就是那個時刻。

大腳了解——我也逐漸了解——品格遠比技藝或資歷重要多了，而且他精擅辨識人品格好壞。他了解，更教會了我，一人如果從天天準時上班，從不請病假，而且做事劍及履及，這樣的人比一個履歷表好看到不行、上班卻常遲到的人值得信賴，到頭來比較不會砸了你的招牌。技藝是可以傳授的，品格呢，卻是有就有，沒有就沒有，大腳明白世上有兩種人：一種人說到做到，剩下的就是另一種人。他從溝渠中拉起曾沉迷毒鄉的下三濫，讓他們脫胎換骨，變成可靠的經理人，這些傢伙寧可自殺，也不肯污走大腳收入裡的一個子兒。他直接從船上接下墨西哥人，透過移民律師、不錯的收入和穩定的工作，將他們變合法公民。但是假如大腳在清晨四點打電話給他們，想叫他們鋪屋頂天台，那麼他們最好趕快起床，忙著去開採石灰岩。

供應商恨死了大腳。他們會把送貨來的紙箱標籤撕掉，以免大腳會跳過中間商，直接向貨源訂貨。他是設備專家，我記得他曾經促成一家租借公司對他保證，他向對方承租的一種機器可以生產一定數量的方形冰塊。雙方簽妥合約的兩分鐘後，他吩咐他的總統隨扈測量冰塊並稱重。結果那機器產出的冰塊少了幾磅、體積不足，大腳就以一部的價錢買到了兩部新機器。他喜歡耍弄供應商，使得他們彼此競爭，從而壓低價格。好比說，如果有家肉品公司答應給他最低價格，他呢每隔一陣子就會請人打電話過去，假裝是對方最大的客戶——比方說一家有三百個座位的牛排館——請對方送最近的訂單副本過來，因為他們的找不到了，好不好傳真過來呢？倘若彼得魯格牛排館（Peter Luger）每磅肉的買價比大腳的少了兩分，那麼就只有老天爺才能幫助這位可憐的肉品供應商了。

大腳最樂的就是拆穿詐欺行為、騙局或甚至只是一個善意的小謊。從一家信譽優良的海鮮供應商訂購冷凍蝦多年後，有一次大腳發現一張倉皇貼上的標籤，上面標示著淨重量。他撕下標籤後，赫然察覺這家公司多年以來一直在印製假標籤，然後以熱熔膠貼在紙箱原先印的實際重量數字上，這樣一來，每五磅蝦仁就少了幾盎司。等到這家公司又寄帳單給大腳時，他呢，就僅僅寄回一張拍立得照片，畫面上是那個罪魁禍首的紙箱，上面的標籤被撕下，露出實際的重量。再接下來一次寄帳單來時，他也照本宣科再來一回。此後將近有一年時間，大腳沒為魚付過帳。他從未跟這家公司談過此事，對方也隻字未提，就只是繼續送不收錢的魚貨給他，直到他們估計以前少的重量都補上以後才停止。大腳後來整個停止向對方訂貨時，他們問也沒問原因何在。

大腳總是嚴守期限，按時付款給供應商，在這一行這可是很難得的事，因為餐館業者的事業夥伴其實是供貨者，而後者往往讓前者掛帳，先送貨再收款。是以，誰要是敢送一塊次級的旗魚給大腳，誰就要倒楣了。

「那是什麼？」他會在電話中告訴對方，先裝傻扮糊塗一下子，然後利齒尖牙才猛地咬下。「我是付款不夠快，所以拿不到好貨色是吧？我的生意是有哪裡**不對勁**，以致你想要送垃圾給我？還是說，我是個笨蛋？說不定是我笨到讓你覺得，呃……我想要你送來這種爛貨。也或許……我是個笨蛋沒錯……我看不出來魚是否新鮮……也許這塊臭的要命的**爛貨**真的很新鮮……而我……看不出來。說不定不知怎的，是我鼓勵你們……給我和我的顧客帶來不便。也許你應該對我解釋一下……因為你知道……我呢……我想不通其中緣故……因為我太笨了。也說不定……說不定你這個人**真的實在是**有錢的不得了，所以根本不需要跟我做生意。你呢，鴻圖大展……覺得自己不需要我的錢。」而且他英勇的很，惱火之餘敢於做出損人不利己的事。管它的，就算他**需要**那批魚貨，又怎麼樣？如果貨晚送來五分鐘，大腳會等到司機卸完貨時才把貨退回去。我看過他退回動輒數噸的大批乾貨，只因為貨遲送了一會兒。我要告訴你，如今我也常常這麼做，等司機卸完一整批的罐頭、三十五磅裝的麵粉袋、花生油、果汁、番茄糊和散裝糖，再叫他重新裝上車，我可以向你保證，你的貨物從此都會準時送達。送來的不是你要的魚嗎？讓司機回去，然後打電話叫他們派另一輛車來把貨載回去。你說每一箱裡有二十份貨色是嗎？最好是這樣沒錯，因為大腳每一次都會秤重、清點、留紀錄。

我上一回跟他共事時，大腳的辦公室在地窖，有厚達一呎的鈦鋼門，還有磚牆鐵柵。他在那裡檢視研究發票，計畫接下來的行動、折騰他的供應商、接收外場與廚房傳來的東西或傳遞回去。他用不著隨時都待在外場，替大腳幹活的人都確定他可以感知到周遭的狀況，你要是想動歪腦筋，大腳冷不防就來了。倘若打碎一只托盤，他就會出現。湯快不夠了？不知怎的，大腳感覺得到，彷彿整個餐廳不過就是他中樞神經系統的延伸。

他花很多時間盤算如何讓餐廳營運更有效率、更平順、更迅速、成本更低。大腳經營的餐廳有一個特徵就是，注重設計上的小節。好比說，熱水龍頭裝設位置便利，讓酒保在晚間收工時易於融化冰塊（當然是流進方便的排水管中）；不管哪個烹調部門，附近的電器插頭一律裝設可愛的塑膠小把手，因為工作人員的手很可能是濕的；所有的東西都易於清潔、儲存；頭頂上方吊掛的鍋子，永遠在同樣位置；酒吧的酒瓶以收銀機為中心，向左右輻射延伸，如鏡像般對稱擺放。從員工放鞋子的地方到特製的蒸汽保溫檯，每一小節都考慮周到。

走進西村一家酒吧，我仍可立刻分辨出這家酒吧的經理是否畢業自大腳大學。酒瓶依標準模式陳列；擦拭得一塵不染、光可鑑人的吧檯上，等距擺放著一份份免費（但又鹹又香辣的）下酒點心；菸灰缸例必是空的，柳橙汁極有可能是現榨的。大腳的總統隨扈除了負責清潔打掃和挖地道外，每天晚上還要榨成箱的葡萄柚、柳橙和檸檬汁，按大腳的吩咐，盛裝在恰當的容器中（只能用玻璃）。

大腳的顧客沒有理由不喜歡他，店方設有回饋政策。他挑選酒保時不僅著重對方的能力，也重視對方的個性。酒吧裡必定備有電視，足球賭戲非有不可，大腳會定時前往酒吧，把尼克、洋基、巨人、噴射機、大都會和遊騎兵等各球隊的包廂票，分送給好主顧。在舉行美式足球超級盃比賽的星期天，如果你下注百元大鈔，飲料就免費，還有第二大道熟食店送來的食物可吃，整場比賽期間源源不絕地供應猶太小菜。

有人大概會覺得，在這樣一位錙銖必較、喜歡控制一切的人手底下討生活，滋味可不好受。休息的時候，員工多半在談論——你猜對了——大腳。大夥交換故事，提出各式各樣理論見解，互吐苦水。可是這一些大腳都知道，他有幾近超自然的覺察力，感覺得出他的某位員工在何時，確切在哪一時刻，已經受夠了。他分辨得出種種的霸凌、無情的冷嘲熱諷和時時刻刻都得全副武裝、提高警覺的狀態，在哪個時刻已變得令人難以消受。當某位手下厭煩了整夜不睡，揣度他的喜好，再也受不了迎合他的心情起伏，厭倦了被他要求去幹一些活兒——好比說清洗隔油池——之後總是感到己不如人、意志消沉，準備好大哭一場，辭職走人時，大腳就會冷不防地出現，帶著為決定冠軍而舉行的加時賽場邊座位門票、一件餐廳保暖夾克（只送給最優秀的老員工）或是一份送給此人妻子或女友的禮物，好比說像是摩凡陀（Movado）手錶那樣體貼周到的東西。他總是等到最後一秒鐘，就在你正預備剃光頭、爬上高塔，開始槍擊陌生人，在你準備脫光衣服，在大街上咆哮，向世界高喊你絕對絕對不再替那愛操弄人、心理變態的暴君幹活的那一刻。他往往藉著像一頂棒球帽或一件運動衫那樣簡單又所費不多的小小心意，拉你回到他的團隊中。時機要選得恰到好處，這一點他很明白。他知道該在那一刻適時地拍拍你的背，在那一刻說出對他而言很難開口的「謝謝你，你事情做得不錯」，來表揚你的工作。

大家也都曉得，只要你請大腳幫忙，他就幫得上忙。需要一間公寓？他可以幫忙。需要急診看牙醫？沒問題。要找律師？他可以替你聯絡到最好的律師。需要開車兜風到海邊？說不定大腳可以借給你他的雪佛蘭跑車，他自己從未開過，不然的話，就借你那輛凱迪拉克骨董敞篷車，這一輛他也沒開過。

然而他最大的一份禮物是大腳系統，我直到現在還在使用。舉例來講，我處理存貨清單的方式就跟大師的一樣，按順時針方向依序擺放。我根據字母順序或像大多數清單那樣地分門別類，一一清點蔬菜並秤重。我依照擺放食材的方式擺放清單，這讓我得以順著一定的方向，從容不迫地審閱清單，在各個品項旁邊一一作記號。我知道貨品到底訂了沒有，如果某項貨品確已訂好，那麼帶有明確大腳作風的標記法便派上用場。沒有什事情要看運氣而定。我分辨得出街上的大腳餐館，侍者穿著舒適的衣服，百分之百純棉的牛津棉布襯衫或同色的T恤、藍牛仔褲或卡其褲、用來放點菜簿的耐用圍裙和很多枝筆（在大腳的國度工作卻連一枝筆也沒有的話，就只有老天爺才能救你了）；廚師身著洗得雪白的餐廳制服；雜工穿著標準的連身藍工作服。不論接起電話的是何人，應答方式必定相同。所有的鍋子都刷洗得晶亮；我記得我在那兒工作時，有鍋子因為刮洗過度，金屬疲勞，在洗碗機中爆裂。（沒問題，大腳會打電話給鍋具公司，要求免費換新！他還記得那鍋子是終身保用。）

我從大腳那裡學到的最重要、影響最長久的功課，是人事與人事管理，亦即，我必須無所不知，永遠都不該感到驚訝。他教會我重視優良、扎實、獨立通報的情報網的價值，此網路定期提供可以跟其他消息來源查證、交叉核對的可確認報告。你瞧，我需要曉得的不僅僅是**我的**廚房裡發生了什麼事，還需明白對街的情況。我的醬汁師傅不開心嗎？對街的主廚是否準備挖角，說不定某個不當的時機，把他挖走？我非得知道不可！對街的醬汁師傅是否不開心？說不定可以挖他過來，這件事我也得知道。星期六晚間上班的那位俏麗女侍是不是跟我的燒烤師傅有一腿？說不定他們串通了什麼陰謀：送出去的食物並沒有寫點菜單。大概會有什麼情況，可能會有什麼情況，一定會有什麼情況，你瞧，一切我都得知道。不論情況如何，我都必須有所準備，員工的問題、送貨的問題、設備的技術難題，我心裡都得預先有底，作好準備，手上永遠握有應變方法，身邊有人手。我滲透進對手餐廳廚房的線人對於背叛他的主廚逐漸感到不安？我需要開發另一位線人，以防萬一。

一如軍中口號說的那樣：有備無患，而我始終想要做好準備，就像大腳那樣。

# 第三道菜

# THIRD COURSE

# 證明自己

I MAKE MY BONES

剛從廚藝學院畢業，我就回到城市，從此定居下來。

那會兒，我的確略知一二，學習廚藝的兩年期間，我週末到西村一家生意興隆的沙龍式小酒館打工，在一間煙氣繚繞、小如飛機駕駛艙的廚房裡做苦工，烹調早午餐和晚餐。我在普羅文斯頓做過兩個夏天，這表示我在廚房中不再一無是處。說實在的，在緊要關頭，窗口貼滿點菜單時，我真的可以閉上嘴巴，飛快做出一盤盤的菜。我身手矯捷，雙手變得越來越靈活，越來越醜陋，而我想要的正是這個，我急於出人頭地。

拜我的文憑之賜，加上我願意拿微薄的工資，我幾乎是立即在紐約洛克斐勒中心頂樓那鼎鼎大名、叫人肅然起敬的「彩虹廳」（Rainbow Room）找到差事。那是我頭一回為真正的大餐館工作，那裡規模之大、生意之興隆和名氣之響亮，在全國數一數二。我不計一切代價想證明我自己，當我首度搭著電梯到位在六十四樓的廚房時，覺得自己彷彿正向月球飛奔而去。

彩虹廳當時有二百多個座位，彩虹燒烤則可再容納約一百五十位客人。此外，還有兩間休閒室供應食物，加上一整層的宴會廳。每一廳的餐食都由一間烹製單點菜色的中央廚房同時提供。這整家餐館有大聯盟規格的體積，也有若干大聯盟規格的廚師。

彩虹廳的烹調團隊是一群族群混雜的大老粗，有波多黎各人、義大利人、多明尼加人、瑞士人、美國人和一、兩個巴斯克人，他們多半年紀較大，一輩子都在這間大如飛機棚的廚房裡幹活，他們的工作受到工會保障，這工會僅有的好處就是保障工作安全，確保廚房供應平庸的餐點。這些廚師都是些吃苦耐勞、身強力壯的傢伙，對工作部門以外的事情漠不關心，彩虹廳的經理把他們當成租來的驢子般差遣。

沿著一面牆有一長列火熱又亮晶晶的平面鐵板，火焰真的從板後直衝後方的防火牆。鐵板對面隔著幾呎是等長的不鏽鋼料理檯，兩者中間是壕溝一般、狹窄的工作空間。料理檯面大部分被巨大的開放式蒸汽保溫檯所佔據，蒸汽檯裡的熱水時時保持沸騰。於是，眾家廚師不得不卯足了勁，在一條狹長如縫隙的過道裡幹活，這裡空氣不流通，一頭燥熱薰人，叫人簡直受不了，另一頭卻瀰漫著熱燙的蒸汽。我所謂受不了，意思是他們無法承受高熱，廚師常常在廚站裡幹活到一半就昏厥過去，不得不把他們拉到外頭去，以便恢復呼吸，這時便會有助理接手工作，直到這位昏倒的廚師甦醒。那些多爐嘴爐灶散發的熱度之強——尤其是中央的灶盤點了火的時候——頭頂上方罩子裡的濾器常常會竄出火苗，從而引發一副多少有點滑稽的場面，胖嘟嘟的義大利主廚會拿著滅火器，猛然撲向這狹窄的過道，好像打保齡球一般，一一將其他廚師推到一邊，跌跌撞撞，急匆匆滅火，以免中央防衛系統啟動，讓整間廚房灌滿消防泡沫。

那是個瘋人院，廚師幹活時沒有點菜單據可供參考，負責報告點菜單的跑單員是位初來乍到的義大利人，講話的口音濃重得讓人有聽沒有懂，他老是用一種缺乏抑揚頓挫的單調低沉聲音，透過麥克風宣告（想必是）點菜單和取餐單。我依然聽得到他在喊著：「拿單啦，一個歐羅夫小牛肉啊……三份巴莫拉舌鰨啊。點單啦，觀景廳要二十三份威靈頓牛肉和十七份雞肉啊……點單啦，三份托斯卡尼千層薄餅……兩份牛排，一份三分熟，一份五分熟。」

眾家廚師不但應付三百份單點的晚餐，尚得為開在私人包廂中的晚宴烹製份量龐大的餐點，包含全套的開胃菜和主菜。「拿單啦，五百份威靈頓牛肉！」整個廚房團隊會打破編制，把長工作桌拖到廚房中央，重組一條生產線，那情景就好像汽車裝配廠。長桌一頭有兩位廚師負負責切片、啪的一聲把肉放在盤上，其他人拿著巨大的長壺嘴咖啡壺倒醬汁，另外兩位則負責將蔬菜扔進去，並添加盤飾。在長桌另一頭，一長排穿著短外套的侍者，把銀罩蓋在盤上，把十份以上的菜通通堆在上菜大盤上頭，然後像工蟻似的把菜用推車推至遙遠的宴會廳——才過了一會兒又回來了。

前面說過，廚房裡熱得要命，大夥才當班十分鐘，身上的廉價白色人造纖維制服便已被汗水濕透，緊黏著前胸後背。每位廚師的頸部和手腕皮膚都泛紅，熱到出痱子。收工後更衣時，彩虹廳的更衣間腐臭難聞，形形色色奇怪的皮膚病例齊聚一堂，那景象實在可怕。你看得到生瘡的皮膚、粉刺、毛髮逆長、疹子、淋巴腺腫、傷口和你以為只有在叢林荒郊才看得到各種嚴重的皮膚潰爛狀態。三十位不拘小節的廚師散發出的氣味（汗濕的工作靴和球鞋、腋窩、古龍水、香港腳、口臭），還有三天沒洗的制服那股酸臭味、廚師順手牽來以後忘在櫃子裡的各種不知是何原料的食物，凡此種種組合成一種穿透力甚強的惡臭，跟著你回家，讓你聞起來活像在羊內臟裡打滾過。

那氣氛不能說不像皮內羅（Pinero）①的劇作，很有監獄感，有很多捏屁股、吵得面紅耳赤、過度男子漢的姿態和酒醉後的狂言亂語。兩個光靠眼神便可以殺死你的大塊頭男人在彼此交談時，經常會把一隻手輕輕地搭在對方的睪丸旁邊，彷彿在說：「我是這麼的不同性戀——

我甚至可以**這樣！**」這裡通用的語言混雜了紐約式西班牙語、義大利語和洋濱涇英語。一如常例，西班牙人和義大利人可以相互理解沒有問題，可是當大家說「英語」時，必須遵照一定的語體：不說「那是我的刀」，而得說「那刀，是給我的。」

在那兒頭幾週，專門折磨對付我的，是一個名叫路易斯的波多黎各裔冷菜廚師兼工會幹事，這傢伙塊頭很大，長得很醜，整張臉像是毀容了。路易斯認為不時用他的髒手探索我年輕的屁股，可以凸顯他崇高的地位；他逮到機會便猛拍我的左右臉，五爪金龍在我的格子褲上摸來摸去，直至屁股。我起先覺得很好笑，忍受了一陣子，直到我受夠了。這裡畢竟有一大堆捏屁股、摸睪丸的事情，而且我的確拼命想要成為他們當中的一份子。可是路易斯通常每天早上不到十點，就幹掉十分之一的烹調用白蘭地，當他酒後的毛手毛腳大有可能變成真實的侵犯時，我不得不採取激烈的手段。

有天早上，我正在龐大傾斜的火盆上做托斯卡尼千層薄餅的餡，用一根厚重、彎曲的德克斯特大肉叉，攪拌蘑菇、牛舌丁、火腿、火雞肉、菠菜和貝夏美白醬，那叉子尖端已鈍、叉齒扭曲，上面有不少的綠鏽斑。我從眼角瞥見路易斯走過來，他的右手往後揮，準備對我的左右臉之間來個重擊。我當場決定到此為止，我要好好地教訓這頭醉醺醺的豬玀。我迅速但很輕巧地把這根大肉叉前後上下整個倒轉的拿在手上，叉齒末端朝下，為達到最大效應，我計算好行動時間，當路易斯的手伸過來時，我儘量用力將叉子往下一插，把兩支叉齒叉進他的指關節，嗄吱一聲，大快人心。路易斯像是狼獾身上著了火似的嚎叫出聲，跪倒在地上，中指兩邊的關節被戳出兩個大洞，流著血，紅腫起來。他好不容易才站起來，全廚房的人又叫又笑，喝采聲不斷，他的手腫得像棒球手套那麼大，膚色變得又黑又紫還帶紅，看著倒也有意思。他去工會贊助的一家優良診所看過醫生以後，手變得更大了，好像包著紗布的橄欖球，紗布上還滲著黃色的殺菌藥。

我的日子立刻好過多了，其他廚師開始平等對待我，再也沒有人抓我的屁股。我早上來上班時，同事微笑著拍拍我的背，我已證明了自己。

一開始，我在彩虹廳的工作是替約一百位洛克斐勒中心午宴會所的常客，準備自助午餐並且上菜服務。客人多半是這幢大樓裡年長的商界人士，每天都齊聚在彩虹燒烤。我必須做一道冷自助餐和兩道熱的主菜，然後從中午到下午三點在餐室中服務並打點菜色。這可不是件容易的事，因為自助餐的原料全是前一晚的剩餘物資。每天早上七點半，我開始推著裝著瓶瓶罐罐的小推車，沿著各個廚站一路走過去，廚師則將大塊的烤豬肉、零碎的肉、一盅盅煮熟的豆子、煮過頭的義大利麵、燙煮過的蔬菜和殘餘的醬汁扔給我。我的職責是想方設法把這些玩意整治成看來尚可一吃。

我不得不說，在美國廚藝學院學來的一切齷齪伎倆，我全用上了，幹得還不錯。我把剩下的牛排改頭換面，做成好比說油醋汁牛肉沙拉，把煮過頭的義大利麵和蔬菜變成豐盛的義大利麵沙拉，運用剩下的烤肉片做成華麗美觀的肉凍和冷盤。我做慕思、肉醬、拼盤等等所有我想得出來的菜色，將剩菜剩肉做出我們這一批年長富有的常客吃得下去且不會抱怨的食物。當然啦，接著我會換上乾淨的上衣和圍裙，頭戴那種傻兮兮、活像咖啡濾紙的廚師帽，站在餐車旁，替客人分切熱的主菜並上菜。

「您想來點馬德拉醬汁燴牛舌嗎？」我咬著牙關問道，齜牙咧嘴，一臉假笑，因為我得一再對這些重聽的各行業翹楚講同樣的話，這些先生每天中午吃著同樣用醬汁加以偽裝改造的剩菜，對他們而言，這道熱主菜顯然是這一天的最高潮。「先生，煮牛肉佐辣根醬汁是嗎？」我尖著嗓子問：「您要不要配上清蒸馬鈴薯呢？」

和我共事的愛爾蘭裔女侍在午宴會所服務多年後，倒比較像護士小姐。她們替我們的常客起了綽號，好比說，有位九十歲老先生邊吃嘴邊老是邊掉東西，綽號「流口水狄克」，有位顯然有尿失禁毛病的銀行家是「臭兮兮」，還有位需要別人代勞把食物都切成小塊的傢伙，則是「發抖彼特」，等等。每天都來光顧的熟客中不乏金融界和產業界赫赫有名的人物，隔著從地板直抵天花板的觀景落地窗，整個紐約市鋪陳在我們腳底眼前，大家在世界之頂大啖垃圾。

自我教訓過路易斯以後，大夥越來越當我是個人物，主廚是位和藹可親的義大利人，名叫昆多，有雙碧眼。到了那會兒，他終於覺得可以充分利用我的年輕、我的韌性，還有我肯為微薄薪資而工作這件事。我早上七點來上班，先照料樓上會所的老人村，整治自助餐（並保留明天尚可再利用的東西），接著就固定被留下來，幫忙打理晚間大型宴會和酒會的備料工作。在我們這個堪稱工人天堂的小小角落，亦即地方工會第六支會，曠工是司空見慣的事，我越來越常在最後一刻被拉到一旁，請我留下來在熱食部門代班直到午夜。我在燒烤站、煎炒站和海鮮站都待過，起先充當四廚，找東西，拿東西，在休息時間瓜代廚師上陣，給冰箱補充食材、過濾醬汁，拖地板，跑腿幫忙下賭注、收集賭資等等。可是沒過多久，我便在幾個部門獨當一面，而且份內的工作做得都還不錯。

我為酒會製作過多的數不清的袖珍鹹派，用牛腰內肉邊邊硬得幾乎吃不動的肉做成小支的烤肉串。我一口氣剝七十五磅的蝦仁、把威靈頓牛肉外緣煎上色，做雞肝慕思（這便是我們的肥肝）。我一邊當雜工幹著各種活兒，一邊也逐漸了解彩虹廳一些隱密的所在和黑暗的角落。

我也逐漸認識重量級的打擊手：沉默的切肉師傅和他的助手、情緒多變長著娃娃臉的糕餅師傅和一副苦瓜臉的晚班醬汁師傅。最令我難念的是名叫璜的日班燒烤師傅，六十開外的他是巴斯克人，脾氣粗暴，滿口粗話，我發誓有一回看到他當班時在工作區縫合他手上一處特別嚴重的刀傷，用的是縫紉用的針線，他一面用針頭穿刺皮肉，嘴裡一面在咕噥：「我是他媽的（哼！）……硬漢王八蛋！（哼！）我是他媽的硬漢混蛋！（哼！）我是他媽的……硬漢（哼！）……王八蛋！」璜也因為據說自行切斷一根受傷嚴重的手指而出了名。他有根手指被烤箱門夾傷後，向工會福利人員請教「局部截肢」的受害者可獲得多少賠償，從而決定截去要斷不斷的部位以取得賠償金。這故事是真是假，對我而言無關緊要，當你逐漸認識璜以後，這件事就完全可信了。他或已六十多歲，但他不需幫手，一人便抬得起高湯鍋，他用的刀子是我看過最大的，而且在一般情況上，他打鬥身手之快之狠，勝過任何一位年輕的廚師。

這裡陸續來了多位瑞士、奧地利和美國籍的副主廚，沒有一位待的時間超過數週。他們很快就被我們資深的廚房班底整得鬥志全無，而他們只不過企圖下令、從事品質控管或做些改變而已。像璜和路易斯這樣一輩子都幹這行的老手，會直接當著這些生手的面說滾你媽的蛋，那些把這兩位當成榜樣的頑固下屬，則乾脆陽奉陰違，照樣我行我素。除非殺了人，不然你其實是不會被開除的。有位體格健壯的德國副主廚，在遭一個名叫蚊子的低階助手多次頂撞後終於受不了，一時糊塗，一把拑住對方的頸子，把他舉起來前後搖晃。接踵而至的風暴引來地方上的兩位兄弟，這兩位一臉橫肉、穿著長外套的傢伙是來解決爭端的。副主廚、助手和主廚全被留置在一個房間裡半個小時，然後副主廚夾著尾巴走出房間，他已發現誰才是老大，一臉歉然，還算識相。一如之前的各任副主廚，此人不久之後就消失不見了。

我開始更加自由地遊走於彩虹廳的走廊、後樓梯、辦公室、用餐區和儲藏區之間。我發現了件很有意思的事。在一處未使用的地區，在一張張疊起來的桌子之間，有條狹窄的走道，員工可以從這裡爬過一扇開著的窗戶到外頭去。每逢工會規定的十五分鐘休息時間，我會坐在六十四樓高的狹窄窗台上，晃著我的二郎腿，一手扶著窗框，和洗碗工一起吸大麻，中央公園和上曼哈頓在我面前展開。屋頂的眺望台也是開放的，當班中途的空檔可以做一點日光浴。

如果你眼睛放亮點，還有其他額外進帳可拿。這裡風行賭運動賽事，賭風頗盛。當一位巴拿馬人和一位多明尼加人在爭奪世界中量級拳王頭銜時，總有一位員工基於民族尊嚴，管它拉斯維加斯的賠率是多少，下大注賭他們的同胞獲勝。就算某位厄瓜多爾拳手再怎麼被看好，都很難叫波多黎各人下注賭他贏。不過我很識相，會從我贏到的錢當中挪出一部分，買一箱啤酒請廚房所有員工喝，所以從來沒有人對我有所不滿。許多說西班牙語的廚房同仁參加一種不同尋常的「金融」方案，這個大組織的每位會員每週一律將各人的薪水支票轉給會首，會首由會員輪流擔任。我猜想，這個組織運作的方式就是，每位會員有大約兩個月的時間都撙節度日，在沒拿到薪水的情況下，儘量少花錢……直到輪到自己當會首，那時他們便能一下子坐擁成千上萬美元，可以像酒醉的水手那樣痛快花錢。在我看來，這方法並不合理，你對你的廚師同仁必須有非比尋常的信任才行，我就無法信任我的同事，好比說，說不定哪天輪到路易斯拿到這一筆大錢，在喝多了酒以後翹頭跑路，棄其他人不顧。我死抓著我微薄的薪水支票不放，反正我也沒空花錢。

有一個起霧的夜晚，餐室裡剩下的客人不多，好像有一股電流流過外場同仁的身上。有一群人突然衝到樓上的碗盤區，在那裡可以勉強看到聽到彩虹廳內的狀況。大夥爭相喊道：「法蘭克來了！法蘭克來了！」，就連廚師也跑出廚站，察看到底發生了什麼事。千真萬確，大明星本尊來吃晚餐了，法蘭克・辛納屈（Frank Sinatra）就在這屋裡——而且他在唱歌哩！辛納屈被一群粗脖子同伴簇擁著，大搖大擺來到，點了酒和小菜點心，這會兒正在駐店樂隊的伴奏下，對大約二十位又驚又喜的客人扯開嗓門唱著歌，這些留下來吃甜點的客人運氣真好。截至剛才那會兒，這些觀光客想必還在抱怨天氣不好，他們看不見出名的夜景，餐廳空空蕩蕩，菜又難吃什麼的，此刻他們卻冷不防成為紐約最幸運的傢伙。辛納屈顯然心情愉快，唱了很久，我收工時，他還在那兒。

我還看過其他名人，包括一位著名的黑手黨成員，他是在「娛樂與財政服務部門」工作，他即興造訪廚房，和我們親切的那不勒斯主廚談了幾句。我看到他塞了一張五十美元鈔票到昆多胸前的口袋，還親熱地拍了拍主廚的臉。那會兒，這可憐的傢伙得按吩咐做「熱內亞風味的麵疙瘩……就跟我以前吃到的一樣」。我們的正常菜單上並沒有熱內亞風味麵疙瘩，而且我猜想主廚已經多年沒有真正動手做過任何菜，管它是麵疙瘩還是肉醬。昆多像空中交通管制員的成份多過像廚師，可是他已經收下賞金（雖說他也不能不收），接下來一個小時，就在整個廚房忙得不可開交時，他都在忙著把一批又一批的麵疙瘩舀進熱水中，一批批的成品卻不合其意，他嚇得雙手抖個不停，眼淚簌簌而流。最後送出去的成品如何，我已不復記憶，不過主廚第二天照常來上班，所以我想顧客應該吃得滿意。

另一個難忘的夜晚是羅伯·甘迺迪（Robert F. Kennedy）慈善網球賽。滿堂盡是演員、政壇人士、名人和蓄長髮、穿著禮服與球鞋的甘家孩子。特勤人員和警犬在廚房搜查爆炸物與偷藏的武器，一樣也沒找到，我覺得很驚訝。晚會的高潮是一起不幸事故，發生在貴賓狄娜·麥爾（Dina Merrill）身上，這位名媛連同影星丈夫克里夫·勞勃遜（Cliff Robertson）坐在主桌離東道主不遠的席位。我們有位資深的侍者一時拿不穩一大盤熱騰騰的白醬義式餛飩，把灑了義大利乾酪、疊得高高的一堆奶油醬和餛飩，直接倒在麥爾女士的頭巾上。我可以告訴你，那天有人一直在廚房裡邊哭邊扯自己的衣服，那位犯錯的侍者又怕又愧又傷心，差一點沒去自殺。他和他父親都是這裡的侍者，老爸年事已高，早已被貶成只做做送咖啡之類的事，兒子則很沮喪。我不懂他哭個什麼勁，這到底是家有工會組織的餐廳呀。

就像任何一家大型餐館，這裡有小的權力中心、小地盤和小帝國，它們似乎存在於正常的階級制度之外。姜尼是點心師傅，他的工作區和大廚房分開，在這一團混亂中，相形之下有如孤立且文明的堡壘。我每隔一陣子就會和姜尼一起工作，只是想逃開大廚房的熱氣和狂亂的步調，另外也是因為在姜尼的小王國，生活品質好多了。拜美國廚藝學院的貝納大廚之賜，我可以按照要求做出像樣的舒芙蕾，也善於裝飾、雕鏤蛋糕，而且這方面的需求量還頗大。姜尼手底下有一位沉默寡言的瑞士人，他另外兼了三份差，看起來永遠是一副累得快死掉的樣子。還有一位手下在二次大戰曾是德軍下士，這位老先生的頭髮和八字鬍都染成紅色，喜歡跟我講威瑪時代的變態故事。「塔們餵姑娘香蕉。」他有一回說，一邊描述傳說中的嗜糞者俱樂部，一邊眨眨眼，眼光色迷迷的。「希特勒和戈林……呀，戈林，塔們會去這些地方。」白天和姜尼一起幹活時，工作步調快速而辛苦，大部分是在組裝生產蛋糕，給時刻常在的威靈頓牛肉包上酥皮，製作餐包、糕餅、托斯卡尼千層薄餅要用到的餅皮、餅乾，切水果以供稍後蘸取焦糖液之用。幹活時，姜尼總愛吆喝「恰！恰！加油！上啊！」激勵我們。

不過姜尼王國的氣氛很是逍遙自在，在一天工作之始，有位侍者會送來一壺熱氣氤氳的義式濃縮咖啡，我們則會坐下來好好享用一小杯咖啡，配上店裡自製的糖蜜麵包捲。就算在大夥正忙得不可開交時，姜尼仍找得到時間從六十四樓向底下洛克斐勒溜冰場上溜冰的人投擲小泡芙，當他正中目標時，我們都哈哈大笑。姜尼健談，口才好，他種種浪漫的冒險和倒楣的遭遇，讓人聽來興味十足。他儘管已婚，卻持續不懈地追求餐館裡每位女性——她們大部分看來全肖似影集《美國警花》（*Cagney And Lacey*）兩位女主角中較醜的那位（在後期影片中，兩人噸位增加，變得熊腰虎背）。每當她們當中某位拒絕他的示好時，他總是大惑不解。「我對這妞兒說：『我請妳出去好好吃頓飯，我付錢……我開輛好車載妳——是別克哦……而妳不想要跟我嘿咻？』我不明白！」他有點魅力，完全不可信賴，詭計多端，神祕兮兮，能夠在正常的指揮系統外掌握全盤作業。然而我最喜歡姜尼的一點，就是當日班在下午四點結束時，我們大夥都坐下來，好好享用現烤的義大利麵包佐風乾火腿、芝麻菜、切片番茄和莫扎雷拉（mozzarella）乳酪，常常還配上一瓶好喝的紅酒和更多的濃縮咖啡。

我不知道姜尼是打哪兒弄來這些東西，特別是因為其他的員工和廚房班底斷然享受不到這個好處，他們根本吃不到尚可一食的東西。大廚房和外場人員的員工伙食一律糟糕透頂，大塊未除去筋膜的小牛胸肉，甚至沒有煨爛，只是加幾片洋蔥煮得灰灰的，配上黏呼呼的剩飯或兩天前的義大利麵。走運的話，可能吃得到胡亂切碎的炒甜椒和洋蔥。倘若有廚師獲准解凍幾盒因冷凍過久而受損的香腸，那可是大事一件，廚師暱稱香腸為「棒槌」。這是大夥最愛的伙食，我的那些戰友既興奮又狂熱地將這些玩意小心翼翼放下鍋，斯情斯景看了真叫人心酸。可是比起「救生艇日」，棒槌還真是奢華享受。彩虹廳的備料區總有三口龐然大物般的蒸汽鍋，鍋裡是時時保持小滾的深色萬用高湯，湯面有一層像救生艇般漂浮的牛肉末、碎肉、雞骨頭、火雞骨架、邊邊角角的碎蔬菜、胡蘿蔔皮和蛋殼。當這些東西熬爛成粥狀時，廚師會將湯面這一層漂浮的堆肥撈出出，拌上一點番茄醬汁和煮過頭的義大利麵，給那些莫名其妙居然心存感激的員工吃。

這不過是我待在彩虹廳的那段歲月中，見證並參與的食物罪行之一。在營業時間，如果有人點全熟的夏多布里昂牛排，也就是兩人份的腰內肉牛排，那麼慣例的作法就是把牛排扔進油炸鍋中把外層炸脆，然後放進烤箱進一步焚化至熟。所有的東西都會事先煎炸一遍把外緣烙熟上色，當跑單員報菜時，你只需要把包括蔬菜和配飾在內的整盤菜放在明火烤爐下加熱，淋上一點醬汁，送出去給那些不疑有他的土包子去吃就得了。我曾想像紐約一流的餐館廚房具有某種魔力，如今擺在眼前卻不是什麼魔力，而是能運用創意方便行事而感到自豪的態度，還有為了自己技術夠好而覺得滿足的心情，因為自己速度夠快跟得上別人，曉得施展花招、騙術和偽裝讓自己過關。我們過去常說：「一盎司的醬汁可以掩蓋許多罪行。」

我並不在意我們對好騙的民眾犯下什麼暴行，這些冤大頭惑於我們壯麗的景觀、華麗的裝潢陳設、大樂隊和高價位，一個個乖順馴服。我逐漸堆積出可觀的數字，較之其他高手，毫不遜色。我就算身手並沒有比其他廚師更快，也能夠以相同的速度糟蹋一塊上好的小牛肉或一條多佛舌鰨，送給客人吃。我待過廚房每個廚站，表現跟得上那些最醜陋、最無情的二十年老手，當年在普鎮，大夥可是想也不想自己能成為這樣的老手。我是廚房好漢、萬能的傢伙、男人中的男人。我在世界之巔。

另一方面，我累了，那會兒我早上七點半上工，幾乎天天一直工作到半夜。我一忙完午宴會所或糕餅店的活兒，主廚似乎總是需要拉我到一旁，勉強我再次在熱食部加班一晚。如是好幾週後，我在發薪日帶回家的薪水仍然不超過二百美元，我終於不肯再這樣下去。主廚勸不動我，就叫我去跟老闆私下談談，老闆是個陰險的義大利人，講話口音也很重。他從辦公桌上抬起頭，狠狠地盯著我看，說：「據我了解，你今晚不想加班幫我們？」

我解釋說，我很累，而且在談戀愛，我還加了這麼一句，希望能喚起我聽聞過並在書上讀過的那種地中海浪漫天性。我說：「我的女友……我再也沒法跟她見面……我想念她……」又說：「除了這個地方，我還有自己的生活。」我繼續描述每天晚上回家時，女友已經睡著，我帶著一身臭味，疲憊不堪地滾進被窩；早上六點，女友還在睡，我卻已起床，再一次出門上班前，兩人連一句話都說不到，而這一天又是連當兩班。我說，這不利於我們的關係。

「你看看我，」老闆說，彷彿他一身美服、修剪得宜的髮型和辦公桌便能說明一切。「我和內人結婚十年了，」他微笑著說：「我無時無刻不在工作，從來就見不到她……她從來見不著我。」說到這裡他停頓了一下，露出幾顆牙，眼神變得越來越凌厲，有點嚇人。「我們非常幸福。」

老闆的這一小段心底話有何意味，我並不清楚，卻說動了我。我又加了班，心想說不定事情就該像這樣：全心全意奉獻。忘了心愛的人，忘了外面的世界，除了這種生活，沒有其他的生活。我並沒有多想，那位仁兄嚇到了我。事隔多年後，我對事情有了不同的看法。我翻開郵報，看到我前任老闆的妻子垂掛在上東城一家中國餐館雨篷上的照片，她顯然從她高層寓所的窗口表演高空跳水，但並未落在人行道上。所以我想她畢竟不是那麼幸福的。

總的來說，在工會舉行幹事選舉之前，我在彩虹廳待了一年半左右。有位冷菜部門的廚師建議我出馬競選，我樂得試試看。說到底，路易斯根本就是丟人見眼的傢伙；而我呢，截至那會兒已被大家接受，在彩虹廳的員工中甚且是頗受歡迎的一員。我是定期付會費、持有會員卡的工會成員，年輕，讀過兩年大學，還算受過教育，長於煽動，我因為上過私立學校，講起話來咬文嚼字，還有廚藝學校的文憑，在政治上偏向左翼，在我看來，由我來為餐館工會添加新血，應該會受到歡迎。我是個心繫勞工利益的青年，是為被踐踏者抗爭的鬥士，是一個可以推動事務完成、有行動力的人，我可以領導、鼓舞大家，並有助改善這個規模在全國數一數二的工會成員的工作條件和利益。工會各位大頭當然會樂於見到有像我這樣有為的青年，來取代嗜酒如命的路易斯！同時，我也很想看看那神祕的「合同」，也就是那份可以破解工會利益的文件。根據我們的工會小冊記載，會員隨時有權審閱這份重要文件，可是我們卻沒有一個人看過。我們身為彩虹廳員工所擁有的權利，是由我們正式選出的代表和工會人員協商擬就而成，但是這一部分的內容卻依舊停留在滿天流言和推測的層面上。我想要看一看那份文件，所以我就參選了。

我輕易便獲勝，詭異的是，路易斯並未奮勇一搏，我猜想他之所以不願從事拉票競選活動，和我用肉叉戳他的事有關，可是我猜錯了。經過快速投票，我當選工會幹事。

你會以為工會會欣見此一發展，起碼會對新加了一位精力充沛、有組織力的年輕生力軍感到好奇。我和工會會長約定會面時間，盼望能對帝國主義加諸於工人的踐踏，還有對生產手段控制者的鬥爭，表示同情。當我總算坐下來面對地方工會第六支會會長時（又一位口音很重的義大利人），奇怪的是，他看來並不怎麼興致勃勃。在那幽暗的辦公室中，他睡眼惺忪地從辦公桌後抬頭看我，活像我是個送三明治來給他的小弟。當我問他可不可以讓我以工會幹事的身份看看合同，以便更合宜地為會員服務時，會長撥弄著他的袖扣，說：「我好像把它……暫時……擺錯了地方。」從他的語氣和姿態看來，他顯然根本不在乎我相不相信他。會長幾近悶聲不響、一派冷漠，僵了好一會兒，這時我明白了暗示，雙手空空地溜回去工作。

第二天，管理階層派了一個人來，很不尋常地直截了當建議：如果我想在餐飲業有長期、成功且（最重要地）健全的事業，說不定我該下台，讓好人路易斯繼續他在工會幹事任上的優異表現。此人向我保證，「這樣最符合大家的利益」。他不必再講一遍，我審慎地請教了幾位可以信任的資深員工，迅速辭去我當選不久的職位。路易斯再度獲得控制權，他一副從頭到尾都知道事情會進展至此的模樣。我一句難聽的話也沒說，幾星期後離開彩虹廳，從此兩不相甘。

我看過《岸上風雲》（*On The Waterfront*）②這部電影，而我學得很快。

譯註：

①皮內羅（Pinero）：此處應是指波多黎各裔劇作家、演員皮內羅（Miguel Piñero），他幼年隨父母移民紐約，青少年時期即有一長串犯罪紀錄，二十五歲因搶劫罪被判入重刑犯監獄，在獄中

的戲劇寫作坊，根據其監獄經驗寫下*Short Eyes*，此劇後來在百老匯演出，皮內羅從此成名。

②《岸上風雲》（*On The Waterfront*）：馬龍・白蘭度（Marlon Brando）在五〇年代主演的好萊塢電影，敘述碼頭工會對工人的不當壓榨，以不正當手段謀利，甚至不惜謀殺異己。

# 歡樂時光

THE HAPPY TIME

一九八一年，我高中時代和後來在普羅文斯頓的好友山姆，當上「工作進展」（**Work Progress**）的主廚，這家坐落於蘇活區春天街（**Spring Street**）的餐館原本風靡一時，後來卻經營困難。那會兒餐廳已易主，而我們的哥兒們山姆被委以負責整個廚房的大任。我們當中有許多人等的就是這個，我們可以做自己想做的事了，山姆召集所有的老朋友。迪米屈被我們信誓旦旦要締造廚界歷史的熱情說動，總算離開淡季期間在鱈魚角頂端的流放住居，從普鎮前來。我將和我的良師益友一起分擔副主廚的職務。我們從西村的酒館，找來所有曾與我們共事過的愛抽大麻、聽重金屬搖滾的小流氓，往他們的腦袋灌輸美好光榮的夢想。「我們籌組的是……老兄，就像搖滾樂團……是一個由廚界超級巨星組成的明星團隊……有點像是「盲目信仰」樂團（**Blind Faith**），我們將在紐約餐飲界搞出個石破天驚的局面。」

我們幻想自己是城裡知識最豐富、技藝最精湛的青年才俊，滿懷的期許，相信自己必將有令人豔羨的未來。我們自以為紐約廚師界就只有我們可以隨口引述《拉魯斯美食大典》和《烹飪寶典》（*Répertoire de la Cuisine*），知道華泰爾、卡雷姆和艾斯科菲耶是何許人，波居斯、維爾傑（**Vergé**）和傑哈德（**Guérard**）等人又在大西洋彼岸做些什麼，我們決心要跟他們一樣成功、一樣有名。在我們眼底，沒有一個人可以動我們一根汗毛。

好吧，是有一個傢伙，此人就是派屈克．克拉克（**Patrick Clark**）。派屈克是紅得發紫的「奧戴翁」（**Odeon**）主廚，這家餐廳坐落在當時方興未艾的翠貝卡區一帶，在派屈克開始到那裡掌廚之前，根本就沒有什麼翠貝卡區。我們帶著不少的羨慕之情，追隨他的豐功偉業。

「天生的廚師。」有人說。

「他跟姬兒・葛林（Gael Greene）①有一腿！」還有些人這麼說。

有很多故事在流傳，多半跟大部分的廚師八卦一樣，不是事實。但是我們確切知道，派屈克令我們刮目相看。他算有名，他高大黝黑，最重要的，他是美國人，是我們當中的一員，而不是什麼成天吃乳酪、動不動就棄甲而逃的法國佬。不論他自己喜不喜歡這說法，派屈克・克拉克都是我們的地方英雄，我們的狄馬喬（Joe Di Maggio）②。他是光輝的榜樣，證明「事情一定會成功」。

我們一方面開會籌劃菜單，另一方面也展開啟動廚房的過程。我們這些已被麻醉品薰得七暈八素的腦袋瓜湊合出計畫，甚且是一項抽象的「運動」，它將橫掃所有垂垂老矣、行將就木歐洲大廚，以我們的新美國行動令全世界目眩神迷……只要我們先想出來這是個什麼運動。

我們甚至還打算一鳴驚人，舉辦「西西里晚禱之夜」之類的活動，這樣我們便可以一砲而紅。想當年，索納那一代的老一輩歐洲籍主廚每年都會參加一年一度的「主廚滑雪賽」，場地在杭特山（Hunter Mountain），參賽者穿著全套白色廚師服，頭戴用繫帶在下巴處束緊的廚師帽，從沿著山坡滑下。我們計畫躲在滑雪道一側的樹林中，也穿著白衣，可是衣服上頭用雞血塗畫醒目的骷髏頭標誌。當這批怪胎從坡上歪歪斜斜地滑下時，我們要半路攔截他們，用滑雪杖將他們痛打一頓，說不定還要拿肥鵝肝砸他們。我們比較年輕，滑雪技術（按理應該）較好，所以對方若展開任何反擊，我們都可輕鬆對抗。我們相信，以此舉向世界宣告我們堂皇登場，可謂既大膽又令人難忘——直到古柯鹼吸光了，而我們的熱情也隨之煙消雲散。

當我回想起我們當年懷著雄心壯志開會商討策略的時光，仍忍不住放聲大笑。那個想法不論有多殘忍、荒唐又愚蠢，卻足以顯示我們對自己的信心。索納對我們而言當然有如神明一般崇高；拿著我的滑雪仗敲他的頭也好，用我租來的滑雪板輾過他的名牌滑雪板也好，我們在神志清楚的時候，都是想也不敢想的。

假如有門課叫做「哪種人絕對不可開餐廳」，「工作進展」的新業主——按推定就是我們的老闆——正是絕佳的教科書範例。他們是從老爸老媽那兒拿到幾個錢的兄弟倆——一個半愚半智，另一個則真是愚笨透頂，還有他們的合夥人，這傢伙是他們的大學同學，腦筋稍微靈光一點，看得懂盈虧表，算得了幾個數字。他們主要的投資業務在外百老匯表演，由於顯然虧得還不算大，他們選中餐飲業，藉以讓自己的錢財流失得更快更確實。

打從一開張，山姆、迪米屈和我就成功鎮住三位合夥人，使得他們不敢插手經營自己的餐廳。這三位餐飲業新手不管有什麼建議，我們一律嗤之以鼻，厭煩又不屑地翻白眼，對他們提出的可怕想法——管它是桌巾、餐具還是菜單內容——我們通通加以否定。我們毫不留情，瞧不起他們的每一個構想，完全不掩飾輕蔑之意，時時刻刻對他們的不是冷嘲熱諷，就是巧語操弄、惡言威嚇。

由於這個廚藝烏托邦的三位主腦人物都是老資格的普鎮人，我們按照熟悉的編制來打造樓下的廚房，忠實重現我們以前在當中茁壯成長的廚房情景：與世隔絕、混亂、充斥毒品和酒精，隨時播放喧囂的搖滾樂。每當餐廳開門營業時，我們都以我們最喜歡的電影《現代啟示錄》（*Apocalypse Now*）開場段落，莊嚴揭開工作序幕。我們模仿片頭部分，播送電影原聲帶，直昇機快速低飛而來，颼颼作響的刀聲越來越明顯，越來越鬼魅，就在吉姆．莫里森（Jim Morrison）即將開口唱出「一切都結束了，我的新朋友……結束了……」這頭幾句歌詞前，我們用白蘭地澆灌整個嘴灶，點燃，汽油彈一般的巨大火球當場直竄天花板，斯情斯景就跟電影中傳出這三句歌詞時一模一樣。如果我們那些笨蛋老闆和新雇請的外場人員，還沒有徹底被我們古怪的行徑嚇壞的話，這會兒也該被這個舉動嚇倒了。

山姆、迪米屈和我老是在爭執，我們揮舞著烹飪書，沒完沒了地爭論某道菜該怎麼做才「正確」。我們互相奚落、干涉、刺激對方，有時會彼此生氣，有時狼狽為奸，有時互相競爭。我們**想要**成為佼佼者，想要與眾不同，同時之間還要正確。我渴望為我們的小幫派爭光，由是擬定出我們這三顆超級狂熱、腦內啡分泌過盛的腦袋瓜所能一致通過的最瘋狂、最野心勃勃的菜單，有點兒「我們迄今為止多變的廚藝生涯精選集」的意思。法國經典菜餚、葡萄牙燉烏賊、我姜妮伯母簡樸的番茄沙拉、我們從食譜書上摘取的菜色，還有記得在電視上看過、竊自別的廚師的菜色，齊聚一堂。有半邊殼的新英格蘭生蠔、（紀念霍華）的米契姆風味蠔、沿自馬利歐餐廳的一道義大利麵（記得是加了綜合堅果和鯷魚的細蛋麵）、酸模醬汁扇貝（說不定波居斯的食譜？）、小牛肝佐覆盆子醋汁、旗魚佐黑豆白飯、紙包鯧魚和我媽的焦糖布丁。

我們無時無刻不「駭」，一有機會就偷偷跑到冷藏間裡「想概念」，幾乎所有的決定都是在吸食厤醉品之後做出的，大厤、安眠酮、古柯鹼、迷幻藥、浸過蜂蜜用來給茶水增添甜味的迷幻蘑菇、速可眠、吐諾爾、安非他命、可待因和越來越多的海洛因，我們會派一位講西班牙語的收盤員去字母城（Alphabet City）買海洛因。我們超時工作，為工作成果而自豪，我們認為毒品對我們的最後成品並沒有什麼影響。我們相信，我們的生活不就是這麼一回事：邊嗑藥邊幹活、疲憊、缺少睡眠、疼痛、外表看不出有什麼不對。我們容或吸多了以致滿腦門幻覺，三天沒睡覺，一個人幹掉半瓶伏特加，可是天殺的，我們可是十足專業的啊。我們並未讓這些影響我們在廚房裡的活兒，而我們很快樂，真的很快樂。我們就像英王亨利五世手底下寥寥無幾的幸運人馬，是一班兄弟，是鬥士，粗獷不文，有點放蕩不羈，全心全意只求全勝，我們有腦子有胃口，能打出一場以寡擊眾的勝仗。

起初，我們生意興隆，山姆、迪米屈和我，連同那些對我們敬畏有加的年輕徒弟，通宵達旦地賣力幹活。餐廳打烊後，我們接管酒吧，暢飲香檳——我們依成本價付帳——把古柯鹼灑在吧檯，拉成一長條從一頭直到另一頭，然後四肢著地，邊爬邊吸。有些較可愛也較墮落的外場人員會跟我們一起鬼混，所以在乾貨區和卡座上，都有不少人在嘿咻，五十磅容量的麵粉袋是很受大夥喜愛的下班後性愛活動場地。我們用牛排三明治和免費點心，賄賂地方上所有夜店和搖滾樂酒吧的看門人和保全，這麼一來我們在「工作進展」的酒吧逍遙過了以後，就可以到各家夜店蹓躂，不必排隊也不必付入場費。我們招待一批吸毒的龐克搖滾樂吉他英雄來餐廳白吃白喝，因此拿得到免費的門票和後台出入證到「莫德俱樂部」、「GBGB」、「第三層」、

「喝采」和「57俱樂部」等地方。夜店打烊後，我們找個通宵營業的地方，繼續喝酒、吸毒，要是天氣好，我們還會搭早上七點的火車直奔長堤，在車上吸完最後一點毒品，然後倒在沙灘呼呼大睡。我們當中不管是誰中途醒來，都會替其他人翻身，以免陽光曬得不均勻。當我們頭髮沾著沙，總算回去上班時，一個個皮膚都曬成了古銅色，精力充沛，蓄勢待發。

我們自認是個部落，既是部落就有自己不同於一般的風俗、儀式和做法。在「工作進展」的廚房中，如果你割到自己，按照傳統就得讓血大大地流、大大地灑。我們會拼命擠傷口，直到鮮血奔流，這時我們便將大滴大滴的血灑在同志的上衣和圍裙上。我們廚房中嗜血如命。如果你割傷得厲害，沒什麼好丟臉的，我們會在你的廚站下方刻一個主廚刀形狀的記號，來紀念這次事件。過了一陣子，你會有一排這樣的小記號，跟戰鬥機飛行員一樣。我們的貓咪是個老鼠殺手，牠也有自己的記號（小老鼠形狀），牠每捕殺一隻老鼠，我們就用貓咪水盆往牆上灑水作記號。

即將離職的廚師在上班的最後一天，我們會邀請他們和我們喜歡的侍者，來山姆設在地下室的辦公室，將他們髒兮兮的工作鞋釘在「名人牆」上。隨著時光流逝，成排的工作靴、鞋子和球鞋被砰砰釘進牆裡，讓我想起離去的朋友，那情景多少有點可怕。每逢生意清淡的晚上——糗的是，這種時候越來越多了——我們就拿食物色素和甜麵團來尋開心。迪米屈原來有雙巧手，長於利用基本材料，捏製出逼真的手指、腳趾和性器官。他能捏出逼真得令人害怕的截斷拇指，一頭的皮膚被切得破破爛爛，用韭蔥白色部位做的骨頭自傷口突出。我們會把這些東西到處放，等不知情的侍者或經理發現。於是，某位侍者有天早上打開冰箱，會看到一截流著血的斷指，上頭還貼著ＯＫ繃，用一根一頭有流蘇彩紙的牙籤別在一片白麵包上；有位外場經理會在晚班進行至半途時，被叫來廚房，看見我們當中一個人站在鮮血淋漓砧板旁邊，一手包著血跡斑斑的抹布，當他走近時，迪米屈做的一截可怕的指頭會掉在此人腳上。我們不斷進行實驗，欣然發現甜麵團只要捏塑、著色得宜，不但看來像人肉，而且跟真的人肉一樣，可以**招來蒼蠅！**把迪米屈的假手指或腳趾在室溫中放置一夜，可以製造出真叫人毛骨悚然的奇觀。

到末了，當每位員工對看到小便斗中有根沾滿蒼蠅的斷陰莖，或在自己的圍裙口袋中找到一截流血的手指，都已見怪不怪時，我們更進一步從事更大的暴行。有天晚上，在迪米屈的充分配合下，我們脫光他的衣服，用道具血噴灑、灌進他的耳朵、鼻子上和嘴裡，用保鮮膜包裹他的身體，然後把他抬進餐館後方幽暗儲藏區的一座冷凍櫃裡，把他的手腳擺成不自然扭曲的姿勢，就好像他死後被人隨便丟棄在那裡。我們用對講機將經理請來，劈頭就問他有沒有看到迪米屈。我們解釋說，有好幾小時不見他的人影，接著問這可憐蟲，能不能麻煩他到冷凍櫃拿一盒蝦過來，因為迪米屈不見了，我們人手不足，這會兒又得同時出四桌的菜。依我看，你想像得出經理經歷到什麼狀況吧：匆匆趕往地下室那潮濕的角落，只有一個光禿禿的燈泡照著冷凍櫃；他打開上方蓋子，只見我們那失蹤的同事赤條條、魚肚白、血跡斑斑的屍體，死魚般的眼睛正透過薄薄一層保鮮膜瞪著他，保鮮膜底下已逐漸結了薄霜，使得原已陰森的景象看來更加逼真恐怖。

結果，我們不得不給這傢伙吸阿摩尼亞讓他醒過來，他兩腳發軟，有一個多小時無法恢復工作。迪米屈當然因此患了重感冒，但生這場病是值得的：這位經理不久後離職，走前才懶得費事把他的工作靴釘在名人牆上。可是我們才不在乎經理或老闆的感受——也不在意顧客的感受。

毫不意外，到了那會兒，我們餐館的生意急速走下坡。我有生以來頭一次見識到後來我稱之為「失敗餐廳症候」的慘狀，這使得業主像無頭蒼蠅似的尋求快速特效藥，只要一帖下去，「一切便為之扭轉」，藥到病除，挽回那已不可挽回的破產趨勢。我們試過紐奧良式早午餐——還有迪克西蘭爵士樂隊伴奏。我們也試過定價套餐、週日晚間自助餐，我們登廣告，雇用公關宣傳。每一次集思廣益的結果，都比上一次帶來更多的反效果。所有的錯亂掙扎和拙劣修補辦法，只能使得員工原已渙散的士氣更加渙散。

當薪水支票開始跳票，商販開始將我們列為「貨到即付款」的對象時，老闆找來餐館諮詢顧問。即便在那時，我們也知道這意味著什麼：諮詢顧問來了以後，通常接踵而來的，便是重整人員和法院執行官了。喪鐘已敲響，我們試過了，失敗了。想當然爾，我們責怪老闆。餐廳地段不好，氣氛不佳，餐室播放的音樂爛透了，侍者訓練不良……我們設法用種種司空見慣的藉口來自我安慰，可是事實擺在眼前，我們就是不夠好，我們做的菜色雖然有人喜歡，可是對大多數人卻沒有吸引力。我們並未切腹自殺，山姆和迪米屈留下來，決心與餐廳共存亡。

不過我有位親戚用我頭一份主廚差事吸引了我，那是劇院區一家新開張便已陷入困境的館子，我馬上抓住這個機會。離開朋友讓我心裡難過，而我這時因長期吸毒，已開始染上麻煩的海洛因毒癮——可是，嘿！我即將成為主廚了！

譯註：

①姬兒・葛林（Gael Greene）：美國食評家，曾替《紐約雜誌》撰寫食評三十多年。

②狄馬喬（Joe Di Maggio）：已故美國職棒明星，曾和瑪麗蓮夢露結婚。

未來的主廚！

CHEF OF THE FUTURE!

我二十二歲，但在西四十六街（餐廳街）一家新開的劇院區餐廳當主廚。我是在負責開張大任的主廚離職後，立即走馬上任，這種情形到後來在我的職業生涯中一再重現。據說上任主廚是酒鬼神經病，滿口謊言，手腳不乾淨。他們希望我能解決問題：我是剛從廚藝學院畢業的小伙子，是滿腔熱血的新面孔，能夠按照我的新手老闆意願行事，既樂意又有能力扭轉困境。

這餐廳名叫湯姆・H（Tom H），是那種標準的崇尚浮華、名牌的地方，店名是其中一位業主的名字，坐落在一幢三層樓砂岩建築的一樓，好像一個用玻璃和壓紋天鵝絨做成的小巧珠寶盒。主要的老闆湯姆是服裝設計師，他的長期愛侶佛列德（Fred）在許多戲劇界、時裝、音樂和電影界的名人朋友心目中，是絕佳的東道主。湯姆和佛列德舉辦過成百上千次令人難忘的晚宴，深受大家喜愛。他們也真的很討人喜歡，是兩個聰明、好心腸又有趣的老傢伙，廚藝精湛，品味無懈可擊，誠然是大家公認的一對卓爾不凡、迷人又令人開心的宴會主人。大夥說，這兩位可說是天生的餐飲業人才，尤其適合在劇院區中心開家餐廳，他們熟悉這一帶，在這兒又有那麼多好朋友。

湯姆在廣大的朋友圈中，以擅做碎肉捲（meat loaf）、墨西哥辣椒玉米布丁而著稱，佛列德的拿手菜則是蒔蘿麵包和辣椒凍、雖然碎肉捲在菜單菜色品項的位階上，比我樂於見到的低了一點——我仍然是主廚，名義上負責掌管**我自己**的廚房——不過我並不討厭繼續供應這些受人喜愛的招牌菜。碎肉捲被友善的八卦專欄作者大書特書，湯姆餐廳剛開張那幾個月，常有載著名流的大轎車在餐館外頭排隊，等候一嚐此味，我記得的有導演約翰・赫斯頓（John Huston）

和演員安潔莉娜・赫斯頓（Angelica Huston）父女、麗芙・烏嫚（Liv Ullmann）、荷西・昆特羅（José Quintero）、葛蘭黛・傑克森（Glenda Jackson）、琪妲・李維拉（Chita Rivera）、洛琳・白考兒（Lauren Bacall）。

廚房以外的員工清一色是男同志，經歷過瓦薩爾學院、普羅文斯頓、西村和蘇活區，對這種情形，我完全自在。那種八卦、自我作賤、公然扮「娘」的氣氛不僅有趣，而且在很多方面跟主廚和廚師圈裡八卦、自我作踐又頹廢的作風，可說是徹底地沆瀣一氣。侍者和酒保說起個人的趣事和倒楣的韻事，保證永遠是妙語如珠——尤其當時正是八〇年代早期——他們總是樂於和人分享前一晚的放蕩行徑，種種令人捧腹又客觀的細節都娓娓道來。

然而，我們酒吧的座上客，也就是你一走進湯姆的餐廳就會看到的人，幾乎都跟餐廳主人一樣，是年長的男同志。外場人員和酒保則年輕力壯，毫不留情地將餐廳稱之為「皺紋館」，又愛拿一些愛慕他們的顧客開玩笑，後者對青春男色的渴慕，多少令人看了難過，甚且絕望。我們容或常被八卦專欄報導，我到任時，戲劇開演前和結束後的晚餐生意也還算繁忙，不過湯姆餐廳卻肯定並非炙手可熱——有這麼一批平均年齡六十的客人賴在酒吧不走，含情脈脈地看著酒保，哪成呀？

劇院開演前我們很忙，要讓客人飛快就座，飛快出門，以便及時趕上開場，接著下來近三個小時就完全沒事可做。在一九八二年時，西四十六街的盡頭是沒人愛去的地方，似乎只有打家劫舍的人、「守護天使」（Guardian Angels）巡邏志工和吸毒的混混，才會打門前經過。全餐廳上下，從廚房到外場，甚至包括湯姆和佛列德，都會四處晃蕩，閒扯瞎聊取樂，期盼著將近十一點劇院散場時會有第二波的人潮。那會兒，「工作進展」離徹底完蛋只剩數週了，所以我開始挖角，找了幾位主要人員過來。迪米屈成了我的副主廚，尚有兩、三位廚師和洗碗工也跟著我來了。我竭盡所能充實菜單，添加了一些受人喜愛的簡樸老派美國地方菜色，我覺得這些菜和碎肉捲以及辣椒玉米布丁這兩道招牌菜，風味較一致。我們胡搞瞎搞做了很多懷舊菜色，好比烤雞肉派、炸雞排佐濃奶油醬、黑眼豆煮甘藍、火腿排佐黑咖啡醬汁、新英格蘭蛤蜊巧達湯、舊金山海鮮雜燴之類的菜餚。我盡心盡職地在廚房工作，為湯姆和佛列德精打細算地花錢，而且通常行為得當，不想冒犯我這兩位非常善良的新老闆敏感的心靈。

可是事情早已不如人願，湯姆和佛列德已接手整幢樓房，花大錢修繕成他們夢想中的小館。他們在法國拍賣會上買了一座漂亮的鋅板吧檯，配備全新的設備，在樓上打造住家區、辦公空間和一間小型備料廚房。我敢說，肯定花不少錢。但是我想他們並未為一個突如其來的要求作好準備；抽油煙機排氣管道必須加長二百呎、跨越三個樓層，突出於屋頂。這麼一來，就需要一部大如小汽車的馬達來保持抽吸功能正常。除此之外，為了符合官方的音量標準，那部可惡的馬達還需加裝消音器和過濾材料。午餐生意清淡，劇院開演前時段的生意不錯，加上落幕後後馬馬虎虎的生意，並不足以支付房租、食材、酒、人事、水電等費用，還有在中城經營餐館所需的一切不足於外人道、看不見的開支。湯姆經常在門口走來走去，眼睛直盯著街上，看有沒有信步走進用餐的客人，但從來就沒有，而他這種作法對生意並無助益。我們充其量就是有某位上了年紀的吧檯常客，在第八大道上一家幫派經營、聲色犬馬、名叫「乾草市場」（Haymarket）的下流酒吧賭贏了，請他剛釣上手、髒兮兮、恐怕淫穢不堪的幼齒小狼狗來吃頓好的。

湯姆和佛列德已取得這幢樓的終生租賃權，他們住在頂樓，我相信他們全心全意打算在這兒度過餘生。見到他們的夢想日漸凋零，見到大限不遠，我真是心痛；一筆筆昂貴的維修費用、一晚晚乏善可陳的生意，加上一筆筆不可預見的開支，都無法如人所願地扭轉逆境。侍者的反應也不算反常，他們苦中作樂，拿現況大開玩笑。他們明知故問：這會兒再也沒有打點關係的免費餐點了，湯姆和佛列德的那些朋友都到哪兒去啦？

當我建議取消菜單上某道乏人問津的菜餚時，湯姆反對道：「可是洛琳・白考兒愛死了那道菜！」他堅持保留他的名人朋友最喜歡的菜色，日復一日等著他們再度光臨。可是我當時大可以指出，洛琳・白考兒並不是每天或每星期都來用餐，說實在的，她恐怕再也不會上門了。這地方大勢已去，彌漫著絕望的氣味，你走到離店門尚有半條街就聞得到——我們的左鄰右舍通通門可羅雀——在湯姆的臉上也看得到，偶爾有幾位名流零星出現，晃進門來，湯姆就好像惡虎撲羊似的，一躍而上。

我硬著頭皮繼續幹，除此以外也不知道該如何是好。我無法在這兒展現太多的個人色彩——反正我也沒那份才智能提出可行的替代方案，就乾脆忙著在第九大道買毒品，在酒吧買醉，咬著牙根看著餐廳日薄西山。我或許是個主廚，可是我根本沒學會主廚該有的本事，在湯姆的餐館裡也用不著這樣的本事。與我共事的都是我的朋友，因此日後我得運用的操弄人心、搜集情報和偵察情勢等手段，在這兒通通派不上用場。這地方生意不忙，所以主廚也還犯不著像機場塔台人員那樣眼觀八方、耳聽四方。餐廳的菜色也不是我設計的，我很快就（很不公道地）痛恨起湯姆那會兒已不再遠近馳名卻無法拔除的碎肉捲，對於自己拿主廚薪資，做的職務卻比較像是二廚，我也不怎麼開心。我在湯姆這裡學到的是一個慘痛的教訓，對我日後助益頗多。我學會承認失敗，我破天荒頭一次看到兩位受人喜歡、風趣又有人緣的老先生，不過是聽從朋友的建議，做了朋友口中他們倆擅長的事，結果卻變得不再那麼討人喜歡、不再那麼風趣也不再那麼有人緣。我敢說，友誼肯定已經破裂了。曾經忠實的朋友不再光臨，讓老人心酸心寒，深深感到被出賣。我猜想，到頭來我們通通令他們失望。我透過《郵報》（*Post*）的徵人啟事找到工作，一有機會就跳槽了。

瑞克小館（Rick's Café）的情況更加荒唐可笑，餐廳坐落在翠貝卡區一條人煙稀少的馬路上，是一家簡直愚蠢到離譜、以亨弗萊・褒嘉（Humphrey Bogart）為主題的館子。經營者是個幾近沒大腦的女人，丈夫開了家希臘食品店，她一時心血來潮，開了這家餐館。只消朝這爛地方看上一眼——前一家餐廳留下的虛假希臘風裝潢、裝在鏡框中的褒嘉和英格麗・褒曼（Ingrid Bergman）照片，加上沒有賣酒的許可（這一點一定會造成致命傷）——我應該要拔腿就跑的。凡有敗象一出現，我立刻看得出來，可是當時我急於離開湯姆餐廳，食品店老闆荷包滿滿，薪水又付現，在我騎驢找馬，另覓真正的主廚工作期間，在這地方輕鬆混一下，似也還好。

那裡可怕極了。我們的供應商全是看來絕非善類的希臘批發商，只買賣廉價貨色。我們的外場人員要麼走路一拐一拐，要不就講話吞吞吐吐，長得又醜，我們僅有的顧客是午間從市府各單位辦公室就近來用餐的員工，一個個不是小氣鬼，就是牛排要吃全熟的奧客。晚餐？我們簡直就像坐落在南極洲的浮冰上；附近一帶商店機構在六點便一律打烊，而我們這裡與流行時尚背道而馳，又還不能賣酒，沒有哪個神志清楚的人會特地跑來造訪我們這家小小的褒嘉主題館。我設法配合這一套無腦的《北非諜影》概念，其中帶有揉合法國與北非風情的主題，配上庫斯庫斯（couscous）烹調出（我自認）美味的北非香腸砂鍋，就好像我在法國吃過的一樣，我還推出一些南法風味的地中海菜色。這一切顯然都是毫無希望，就連我的老闆，那位希臘食品商也心知肚明，我想他是為了讓妻子少來煩他，才硬著頭皮把錢沖進馬桶裡。

我離開了以後，湯姆餐廳顯然每下愈況，迪米屈也來到我這個可怕的褒嘉主題館。這會兒，我走幾步路就買得到海洛因，因此還算滿意，而迪米屈雖然並未像我當初在普鎮向他擔保過的那樣名利雙收，卻也很快地就跟瑞克小館的一位女侍勾搭上了。說到底，我們的生活也還不壞。

我接連三次在最近三家餐館工作都不順利，所幸我還年輕，所以可以輕易就把成功率不盡人意怪罪到其他因素上，好比爛老闆、爛地點、顧客長得醜、裝潢難看……這些我都能忍受，我仍然懷有希望。

我的問題在於錢，我賺得太多，我並未作出明智之舉，少拿很多錢去那會兒為數已不少的美國廚藝界新星工作，反而照舊為一連串腦殘、怪胎、一息尚存的館子幹活，通常在我上任以前，這些地方早已問題叢生了。我並未跑到法國或加州，甚或沒有到紐約市上城某家三星級餐廳當四廚——這種歐風場所對一個人的履歷和品質都大有助益——反而追逐金錢。我沉迷於主廚的高薪不可自拔，海洛因癮越來越大。我淪落成巡迴修理匠，總是在首任主廚把局面搞到難以收拾，惡狼已來到門前之後，走馬上任。我像殯葬業者的成份大於像醫師；我想我連一位病人都未能救活。我來的時候，他們便已病入膏肓，我頂多就只能讓他們再苟延殘喘一陣子。

我當時剛實現了我的主廚夢不久，卻已沒入漫漫荒野中，靈魂一再迷失方向，靠著即將破碎的夢境而過活——我是個餓鬼，渴求著金錢和毒品。

# 現代啟示錄

APOCALYPSE NOW

我到達的時候，他們正在員工洗手間裡組裝要出售的機關槍。所有的二廚都弓著背坐在阿瑪利特自動步槍和M-16步槍前面，外頭的廚房裡幾乎沒有人，無人理會從印表機嘀嘀嗒嗒流出的點菜單。

我們就把碼頭區這家佔地二層的大型北義大利餐廳叫做「基諾」好了，它是一個大夥稱之為銀影（Silver Shadow）的傢伙最新也最愚蠢的一項事業。他之所以有此名，是因為有勞斯萊斯汽車，而且在他任何一家餐館的時間從不超過三、四分鐘。

當我頭一回走進大門時，那裡看來像《現代啟示錄》電影中都良橋（Do Luong Bridge）的場面，馬丁辛（Martin Sheen）在戰火中現身，罕醉克斯（Hendrix）的樂聲喧天價響，他問一位士兵：「指揮官在哪？」這位士兵答道：「不就是你嗎？」沒有人知道主管是誰，這裡是什麼狀況，什麼人點了菜，接下來會發生何事。那是個又大又貴又擠的收容所，幾乎整個被關在裡頭的院民把持。錢大把大把進來——天知道這裡的生意真夠忙的——也大把大把出去，可是去了哪兒呢？好像沒有人知道，銀影更是最不摸不著頭腦的那一位。

基諾和它在巴爾的摩的姐妹店，正是標準的「你可千萬別幹這種事」範例，呈現一位成功的餐廳業者因過度擴張而犯下的錯誤。銀影把利潤可觀的家族食品企業擴充為一家炙手可熱的餐廳，客層為上東城時髦餐館的消費族群，他後來又在隔壁開了另一家餐廳，請了一位愛白吃白喝、受歡迎的義大利賽車手充當門面。在兩家店都成功後，他又在格林威治村和其他地方開了好幾家高檔的館子。有一陣子情況看來，他一出手便萬無一失。他大批大批地聘用廚師，我的老友山姆當時已在他手下工作，他顯然開口問了山姆：「你認不認得有其他像你這樣的人選？」山姆回答：「當然有！」我（後來還有迪米屈）就如此這般，捲入到紐約有史來規模與慘重程度皆數一數二的企業倒閉事件。

銀影做事就是不按章法，紐約的基諾有兩間廚房、兩個用餐區、戶外咖啡座和三百個座位。餐館坐落在水畔碼頭，和在規模略小一點的巴爾的摩姐妹餐館「港邊」幾乎同時開業。在波士頓、紐奧良和其他地方開設分店的計畫正在進行中，時值大繁榮的八〇年代，意味著諸多現象：極度活躍且過度自信的雅痞企業家和投資者手中都擁有太多的錢、太多的古柯鹼，而在基諾，情況達到極致。銀影似乎每兩天就開創新的事業，他在基諾對面的小吃街開了一家義大利冰淇淋店和一家薄皮披薩店，迅即前往義大利，買了好幾倉庫的盤子、餐具、冰淇淋原料、傢俱，後來卻忘了把東西儲存在何處。主廚、經理、副主廚、合夥人像走馬燈般來來去去，沒有章法，沒有理由；線上總是有數位主廚待命，他們住在旅館中，拿全薪，等人告訴他們該到哪裡去。銀影聘用主廚就好像大部分人在超市買電視指南那樣——買完真正要買的東西以後，心血來潮在收銀台邊順手買下。

我呢，很合乎典型，也是銀影一時心血來潮而雇用的，他並且立刻派我去接手姑且稱之為「德克斯特」的一家相對不大的美式家常小館，位於上東城。

「他們那裡真的需要你，」銀影熱情地提高嗓門說：「他們真的期待見到你！」

於是我辭掉哥倫布大道一家給人釣凱子、把馬子的酒館的工作，奔往德克斯特。結果，他們根本就不知道我要去上班。更糟的是，德克斯特和銀影**另外一家**餐廳——隔壁的北義大利餐館——共用一間廚房，還有同一位主廚和班底；廚房不過是有不同的兩扇門通往不同的兩家餐廳而已。主廚是一位講話矯揉造作、長相怪異的白化症患者，顯然沒有我也可以勝任，他也即刻讓我明白這一點。他老大不情願地把我介紹給廚房團隊，我立即看出，這些工作人員都很敬重他，接著他將我拉到一旁，說：「我不管銀影他媽的是怎麼跟你說的，這是**我的**廚房……只要有我在這兒的一天，你就只能揀揀菠菜，換句話說，就是一輩子！」

我才不要在充滿敵意的廚房裡困坐愁城，在這怪胎手底下做事。銀影答應給我的是主廚職位，這意味著我該有自己的廚房。兩位主廚共用一個團隊的想法更是荒唐可笑，就算這個白化症患者願意也一樣。我也不願揀菠菜，即使一週掙得到一千美元也不幹。

我即刻走人，打公共電話給銀影。

「你怎麼可以對我做這種事？」我氣得質問他：「他們寧可往自己頭上抹大便也不肯讓我加入！你**已經有**一位主廚了！」

「沒事啦，」銀影答稱，好像剛剛才想起來那兩家餐館共用一間廚房，「巴爾的摩真的很需要你，去碼頭區的基諾見總經理，他會替你安插職位，給你一些特支費。」

我就這樣帶著過夜包，搭上高速火車前往巴爾的摩，因嗑了藥整個人頭暈腦脹，糊里糊塗，完全不知道自己要去那裡幹嘛。

巴爾的摩爛透了。

如果你還沒去過那裡，那是個相當古怪的城市。（我在那裡時候，這個城市正在從事大規模的重建改造，靠碼頭一整個地區被「修復」成紅磚與鵝卵石組成的遊樂園。）酒吧凌晨一點打烊，十二點半就開始閃燈通知顧客點酒的最後時刻已至。這裡的永久居民提到紐約和華府時，臉上有種奇怪的嚮往表情，彷彿不明白自己怎會落腳此地，而不是往北或往南多走幾哩路，到真正的都市去。巴爾的摩有種南方風味，幾乎是種鄉村的特質，一種山地土包子式的宿命色彩，這種特性放在巴爾的摩出身的導演約翰・華特斯（John Waters）的電影中，看來倒也有趣，置身其中可就不有趣了。最糟的是，我不曉得要上哪兒弄到毒品。

基諾巴爾的摩店坐落在巴爾的摩港邊水畔一幢新大樓的二樓。廚房比用餐區還大，這我很喜歡，可是餐廳大部分時候都門可羅雀，這我可不大喜歡。廚房團隊已經習慣姥姥不疼、舅舅不愛，大半時候都被領導人忽視的待遇，這種情形在餐飲帝國的邊陲基地並不罕見。按理該從紐約送來的補給，時有時無。上頭的指示更是朝令夕改、捉摸不定到了極致。我立刻獲知在我之前有位主廚剛離職，他擬好菜單，向剛從廚藝學校畢業的廚師示範如何煮義大利麵，隨即辭職。

第一晚，我睡在一位侍者家裡，此人出門度假去了。那是幢破舊的維多利亞式建築，一幢住有兩戶人家，那裡有張奇怪的床舖和一隻奇怪的貓咪。我輾轉反側，不時出手搥打賴在我腳邊的貓兒，就是睡不著。第二天，有人帶我前往只要有人從紐約前來視察即下榻的正式住處，那是一幢獨門獨戶的三層樓房，房子是新的，但蓋成復古的樣子，坐落在冒牌老城區的中心。房子相當富麗堂皇，地板全部舖著地毯，有四間臥室，還有寬闊的飯廳、客廳以及頂樓套房。

唯一的問題是，沒有傢俱。三樓正中央的地板上放了一個光禿禿的日式床墊，一架窮酸的黑白電視帶衣架式天線提供唯一的娛樂。寬敞的廚房裡只有幾塊已經鈣化的米糕。有座衣櫥裡孤零零地掛著一件廚師服，是能顯示有人住過這裡的僅有另一跡象——它好像手工藝品，證明在我之前曾有位古代的太空人來此一遊。

那工作的性質是沒事找事做，而我明白這一點。銀影打電話來吩咐我設計早午餐菜單和歡樂時光的自助餐。這任務太簡單了，因為酒吧只有三位左右的顧客，整晚在跟經理閒聊；早午餐呢，只有約五桌的客人，他們是週日的遊客，在逛街瀏覽櫥窗時誤入空蕩蕩的餐廳，待發現錯誤後又不好意思離開。這地方開張不過數月，卻已經散發出明顯的死亡氣味。大規模的死亡。餐廳有十二位廚師、全新的設備、烘焙店和製作義大利麵食的部門。銀影在這座向傲慢與古柯鹼致敬的巨無霸紀念碑上，已花費成百萬上千萬美元，你從廚師的臉上看得出來，他們都曉得——就像他們知道自己住在二流城市——自己不久以後就要失業了。軀體行將就木，但是大腦尚未接收到訊息。

我工作速度很快，花很多時間來回於此地和紐約之間，以便到下東城弄到我的快活神液仙丹。我的薪水從未按時發放過，我需要錢時就請總經理給我幾百美元，他似乎也樂意，反正錢就像水一般嘩嘩地從基諾的每一個洞孔流出去。餐廳沒有生意，因此不久就沒有什麼事可做。當我無法回到真正的都市時，便去查爾斯俱樂部（Club Charles）喝酒，這是家蹩腳的低級夜店，顧客群依稀有點龐克搖滾氣息。不然的話，我就回到我那視野美不勝收的房間，孤獨地看電視。

我一有機會便把巴爾的摩的這份差事讓給迪米屈，我這麼做或許不是很善良，可是那份工作的職務的確是主廚，薪水又好，還有，嘿，食宿全免哩！我又打電話給銀影，跟他說我無事可做，他回答：「紐約這裡需要你！馬上回來！他們真的期待見到你！」

我就這樣發現自己置身於滿是機關槍的洗手間裡。

基諾紐約店跟巴爾的摩店不一樣，生意依然繁忙，忙得不可開交，從任何角度看，都像個失去控制的瘋人院。當時，我已吸毒四年，在哥倫布大道那家低級酒館幹過兩年，加上事業起伏不定也對我產生種種影響，整個人早已疲憊不堪，若非如此，我肯定會和基諾同聲共氣。基諾讓我覺得到此為止，我受夠了。

我接下主廚工作，前任的主廚正是我在巴爾的摩看見的那件廚師服的主人。就任之後，我對店裡放蕩墮落又如此明目張膽地從事犯罪行為感到震驚，連我都會震驚欸。我初來乍到基諾紐約店的頭一天，便發現坐領極高薪水的備料部門領班居然連剝洋蔥都不會——這還是他肯委屈自己來上班的時候。我向紐約店的總經理問起這件事，後者以實事求是的口吻告訴我，那傢伙是老闆的古柯鹼藥頭，把他留在這裡，這麼一來如果老闆和管理高層的小瓶兒空了，補貨就很方便。

總務主任是個煩躁又不怎麼可靠的人，大部分時候好像吃多了安眠酮，整個人處在亢奮狀態，三不五時就一連多日不見蹤影，在外頭尋歡作樂。這個問題很麻煩，因為只有他持有辦公室鑰匙。當地方上的角頭來店裡——他們每週二都來——索取保護費時（這樣我們的送貨卡車輪胎就不會被割破），我們不得不撬開辦公室的門，好打開保險箱。當知道保險箱密碼的人都不在時，助理經理就乾脆向當班的酒保借貸數千美元；他手邊永遠有幾千塊，因為他賣古柯鹼給員工的生意可好著呢。

我迅速瀏覽我那為數眾多的手下的排班表和考勤卡，發現有幾點異常。好比說，煎炒師傅璜・羅德里奎斯用璜・馬提奈茲、璜・賈西亞和璜・斐瑞茲這幾個名字打卡，這些全是子虛烏有的人物，根本就不存在，而管理部門還一直好心的給付薪資。如果半數的廚師在該工作時的確待在廚房，這就算好事了。但他們卻不是在賣槍枝，就是躲在樓梯間抽大麻，或是在洗手間裡吸古柯鹼，工作就由當時碰巧在廚房裡的人完成。要送往巴爾的摩的食品由卡車載運到我們的儲藏間，轉進我們的存貨中，第二天再送出去。我們自製義大利麵食……有時候，我們也向我們其他的店買，向外頭的廠商買，經常三個貨源一次都用上。龐然大物般的蒸汽鍋煮著義大利藍紋乳酪蒜味奶油醬，這是要搭配我們很受歡迎的大蒜麵包用的。（一條棍子麵包配上黏呼呼的醬，要八美元。）一批批的觀光客、遊客、生意人、呆瓜、土包子和肚子餓的痞子色鬼，如潮水般蜂擁而來。

食物還不壞，天知道我們有足夠的廚師、大量的設備和足可容納設備的寬敞空間。工作多多少少還是做完了，是怎麼做完的，我也摸不著頭緒；這地方自有其動力機制，就好像一艘無舵的遠洋輪船，船長和船員都不在了，船卻一直航行，艱難地穿越浮冰海域。某個有大腦的傢伙設計整個廚房動線，爐灶上有設計得當的義大利麵食專用水槽，搭配著合用的籃子，便利煮麵的工作。盤飾材料和備料盛裝在有冷藏功能的保鮮容器中，如此一來每位廚師伸手便可取得材料，把整盤菜擺得巧奪天工。樓下有彎曲的長條吧檯包圍著用餐區，吧檯供應家常小吃、三明治、快烤的菜餚、乳酪和貝類海鮮。天氣溫暖時，戶外有長條露天燒烤爐，為咖啡館供餐。

我微調了菜單，每天跟銀影見上幾分鐘，只需要因應他不時心血來潮有關菜色的想法，就能令他滿足。義式煮牛肉？我會，沒問題！香草焗蛤蜊？有何不可？說到義大利菜單上的菜色，我不敢妄想具備什麼主廚的誠正作風或個人看法，因此比起我前任那位神祕的主廚，我相對合作多了——銀影對我似乎很滿意。其實，後來大夥開始壓低著嗓門，問我銀影覺得這個怎麼樣、那個怎麼樣，這時我明白過來，一天和他談上三、四分鐘，已使得我在這組織中其他每個人眼中，成了銀影跟前的大紅人，然而要是有人問我他的眼睛顏色深淺還是其他什麼問題，我都答不出來。這位仁兄手邊同時進行六件不同的事，根本身影模糊，老是在移動，總是在往門口方向走去，就彷彿監視攝影機拍下的搶銀行照片，畫面中的佩蒂．赫斯特（Patty Hearst）也是面容模糊。

我對義大利菜其實並不在行，大部分的食譜都仰仗迪米屈，而他在馬利歐做過的幾乎全是南義的紅番茄醬之類的菜色。不過，我只要對銀影當週特哈的隨便什麼天馬行空想法點頭，就過關了。在我終於受不了，弄走那位買賣古柯鹼的備料部門領班後，我對組織的真正價值逐漸顯現。

銀影和管理高層對我此舉刮目相看。事情再明白也不過：這傢伙反正無用，他一連兩個週六無緣無故曠職，說實話，他根本不會燒菜。我敢開除**他們的**古柯鹼供應商，也顯示出我很有種，他們還滿樂的。**他們**下不了手，因為那傢伙知道的太多，而我在處理這事的過程中，展現真正的才華和外交手腕：我輕而易舉就說服這位經濟寬裕的備料領班，來餐廳露面這件事會給他帶來不便，讓他無法專注於真正的志業，他要是回到以前的生活型態，開著昂貴的義大利車，穿梭於紐約各酒吧和夜店販毒，日子會快活多了。當我挑出璜一人用三個姓氏打卡的問題，解雇了兩、三位自以為是又懶散的服務人員，又從湯姆餐廳和「工作進展」找來幾位忠誠的廚師取代曠職者時，銀影看到我真正的使命——那就是充當劊子手。

對此我可不覺得快樂。

可是那會兒我已戒除海洛因……美沙酮讓我不會犯癮，我一晚上隨意進出酒吧多次，以便痛快地吸食古柯鹼。這讓我活像得了精神疾病，讓我情緒起伏不定、動不動大發雷霆，並讓我能夠辦好解雇員工這件正事，替我的主子省錢。每天早上我醒來時，都要懶洋洋地賴一會兒床，上班時餐館業駕務已自動全面運作，我就東看西瞧，看可以解雇什麼人。我真的沒有其他的職責，訂貨的事由總務人員負責，眾位廚師一如往例負責燒菜，報菜單、跑單的事有委員會負責（雖然我偶爾也做這事）。我擬定工作班表，雇人，炒人魷魚，由於我們有很多冗員，所以多半都是後者。

可是我做的一點也不開心。

我每天都不得不看著某個絕望的傢伙的眼睛，用西班牙語對他說「你不用來上班了」，這令我越來越痛苦。當他們詢問原因時，尤其難過。解雇白種小伙子還好，我可以一整天忙著把這些蠢蛋踢走。他們反正心知肚明　早就在等這一天到來，對自己並未更早被解聘反而感到驚奇。可是那些墨西哥人、厄瓜多爾人、薩爾瓦多人和拉丁美洲人，當他們明白下一週或下下週沒有薪水支票可拿，眼泛淚光地看著我時，當他們提出那可怕的問題：「主廚，為什麼？不需要我了嗎？」語氣彷彿唯恐自己聽錯，這時我真的無地自容，僅存的良知正一片片被撕碎。每天我賴床的時間越來越長，到班時間越來越晚，說不定，只是說不定，這一回被解雇的是我——我不必再做這件事，這可怕的一切就會畫下句點。

結果不然，情況變本加厲，銀影和他的爪牙對我削減成本感到滿意，力促我再接再厲。我終於得開始在一些忠實手下的班表上動手腳，給他們多排半班卻沒給加班費，我在他們的眼中，看到那可怕的被出賣的眼光——這些人追隨我而來，其中有些埃及廚師還是我從洗碗工一路訓練起家——這時我再也無法承受。有一天，我直接去找總經理，說：「我不幹了。」一切就到此為止。

我睡了三個星期，醒來時，決心再也不要當主廚。

我要當廚師，我得掙錢，但我再也不要當領導人，我再不要拿著寫字板，出賣老同志，解雇又一個活生生的人。

我走的時機絕不會太早，基諾到末了拖垮了整個銀影帝國，連家族食品生意也宣告破產。我最後一次聽說銀影的消息，他因為逃稅而在聯邦監獄坐牢。

我即將進入混亂潦倒的歲月。

# 潦倒歲月

THE WILDERNESS YEARS

我一戒除海洛因，情況就開始變得一塌糊塗，這是我生涯中一件深具反諷意味的事。在我去基諾以前，我毒癮大，但好歹是個高薪主廚，廚房班底、外場人員和業主都很喜歡我。我用美沙酮戒毒後，變成文明有禮社會不敢雇用的人。我是個得過且過、不可靠的古柯鹼毒蟲，是行跡鬼祟的小偷，做事不實在，只求省力氣，躲在名不見經傳的小店默默幹活。我多半當廚師，換了一個又一個地方，經常用假名。

我曾在麥迪遜大道北段一間低級旅館當差，那地方生意清淡到有客人上門時，侍者才會下樓來叫醒我。我是唯一的廚師，僅有的同伴是旅館的管理員和一位走路一拐一拐的洗碗工。我曾在阿姆斯特丹大道上一家午餐店打工，為民主黨政客和替他們提公事包的助理煎餅，做雞蛋快餐。我曾在哥倫布大道一間詭異的藝廊兼小酒館工作，那裡只有我和一位賣古柯鹼的酒保——這是典型將就行事但破壞力十足的共生組合。我曾在三十九街一間很不錯的二星餐廳擔任副主廚，依稀記得曾在那兒為保羅·波居斯烹調四道菜的一餐，我想他是用法語向我道謝。我的腦子那會兒已被古柯鹼搞壞了，有一回犯下大錯，竟對冷盤師傅表示，他要是不快點把菜做出來，我就要挖出他的眼睛，操死他，這可沒讓我博得那位吹毛求疵的老闆兼經理的歡心。我曾在第二大道上一間乏人問津的螃蟹館工作，蒸藍蟹，炸蟹餅。我在蘇活區做過早午餐；在第八街一間酒吧替一群醉漢隨便做做放在蒸汽保溫檯上的蹩腳餐食。

有一陣子，我又當了所謂的主廚，當時比利餐館急需用人，那是布里克街（Bleecker Street）上一家可堂食可外帶的雞肉菜餚專賣店。業主有意發展另一個餐飲帝國，在全球開設雞餚連鎖店，這家館子算是旗艦店。

我的事業走到谷底，才不在乎這家店的成敗，我需要錢。

我的老闆是位上了年紀的猶太人，剛出獄不久，他用么兒比利的名字為店名，那小子是個混吃等死的不中用傢伙。老闆早年在拉斯維加斯賭場當會計主管，後來被逮到替「紐約和辛辛那提的弟兄們」瞞報成百萬上千萬美元的所得，檢方表示，只要他合作，便從輕發落。他呢，值得嘉許，拒絕檢方，因而過去五年都在吃牢飯，出獄後，他孑然一身，在紐約的老友都是些「好漢」，幫助他開了這家餐館，還答應以後要開更多家，算是感謝他以往的效勞。

可惜，老頭坐牢時捉狂了，他以前容或有頭有臉，那會兒卻成了只會叫囂的神經病。

那館子並非標準的掛羊頭賣狗肉的生意，並沒有幫派份子找人頭出面當老闆作生意，自己在幕後操控斂財的那種事。在我看來，打從店一開張就常相左右的那些四海好傢伙，真心希望這可憐的老頭能成功致富。他們竭盡所能，時時助其一臂之力，忍受這顯然已得了失心瘋的合夥人時有的胡言亂語。

回想起來，這一次經歷對我相當有用，後來我寫小說時就以此為素材。我以前當然見過兄弟角頭橫行鄉里，可是我從來沒有在徹頭徹尾都由黑道把持的地方工作過，我在這裡和一些真正的四海好傢伙有了私交，我以前都是在報上看到其人尊姓大名，每一位的人面都廣到驚人。我的老闆在跟供應商談價錢時，很愛對著電話筒嚷嚷：「你知不知道我是誰？你知不知道我跟誰**是一夥的**？」

我們在比利餐館辦事的方法與眾不同。

首先，我手下的廚師全是道上兄弟，都待在中途之家，只有打工時方可外出，所以就利用這時間來上班。我早已習慣跟一群牛鬼蛇神共事，他們當中有不少人幹過違法的事情。可是在比利餐館，我的每一位廚師基本上仍是罪犯。我不能說這不是件皆大歡喜的事，因為我總算有一次能夠肯定廚師每天都會來上工，他們要是不來，就得回去坐牢。

此外，賒帳也是輕而易舉的事。以往的經驗讓我得知，新餐館要掛帳談何容易；有些公司連一星期的賒帳期限都要洽談許久，餐館得填信用掛帳申請書，等待良久，初期尚須貨到即付款。而在比利餐館，我剛掛上電話，貨就送來，賒賬期往往長達六十天。在我工作過的其他地方，生鮮農產和乾貨商就連給上兩星期的賒帳期都怨聲載道，這會兒卻突然都樂於讓我隨便賒多久都成。

我的老闆一天到晚打電話，研究馬匹優劣、血統，還有馬在泥土地或草地上奔馳的狀況等正事。十八歲的比利自己呢，開著他的跑車四處追女仔，開心的很。因此我每天大部分時間都與義大利裔「兄弟會」幾位和氣的紳士一起度過。他們很幫忙，告訴我該去哪裡買肉、買雞，怎麼和那些供應餐巾桌布、麵包、紙品等的廠商打交道。我常常在車上和人談事情。

有人告訴我「賣麵包的來了」，一輛別克新型轎車就停在店前。有個老傢伙戴著高爾夫球帽，帽沿壓得低低的，從駕駛座上向我招招手，然後下車。有個年紀更長的男人坐在後座，把身子往邊上挪一挪，示意叫我進去，坐在他旁邊談。我們就坐在停下不動的車裡，神祕兮兮地談麵包的事，接著他領我去看看車尾行李箱中的一些貨色。這樣談買賣，還真怪異。

不過，有些事情是不能碰的。我發覺清理垃圾便是早就經過一番奧妙安排的勞務工作，我四處打電話詢價，跟對方說明我是哪裡，卻一再聽到比國債還高的報價，直到我打給顯然是我該接洽生意的那家公司。「哦，比利呀！」電話裡的聲音說，「我一直在等你們的電話哩！」然後給我非常合理的報價。我打電話給一家肉品公司，問對方能不能賣給我一年數以萬計美元的漢堡肉餅，他們斷然表示「不能！」連報個價也沒有。我多年之後讀到卡斯戴拉諾（**Paul Castellano**）①的傳記《老闆的老闆》（*Boss of Bosses*）才明白過來，發覺那家肉品公司原來是另一個幫派經營的。

還有賣雞肉的傢伙，他也在車內跟我談事情，讓我看行李箱中的樣品。當我把他引見給我老闆時，老頭子對價錢大發牢騷，對這穿著帶血白色長外套的雞肉商埋怨雞肉太貴了，他大可「乾脆他媽的飛到維吉尼亞直接進貨」，還說：「你到底知不知道我跟誰一夥的？！」

賣雞肉的不為所動，朝地上吐了一泡口水，盯著我老闆的眼睛說：「去你媽的，你這王八蛋！你知道**我跟誰**是一夥的嗎？！你就他媽的飛到維吉尼亞，想買什麼就直接買什麼——可是你還是得付我錢！王八蛋，斐度（**Frank Perdue**）②他媽的也付我錢！你也要付！」

我老闆學乖了，閉上嘴——暫時。

然而他的行徑越來越古怪。當我們總算開張營業時，打從第一分鐘便忙得不可開交，點菜單如雪片般飛來，有打電話來訂菜的，臨櫃外帶的，還有在店裡吃的。我們準備不周，人手不足，所以大隊的義大利朋友，包括從各方前來造訪的貴賓，全都動手幫忙外送或在櫃上忙活。這些人全都有英語化的怪里怪氣姓氏（「東尼，這位是狄先生，還有這位朋友是布朗先生……這位是朗先生」）每一位都是身材臃腫的中年人，叼著雪茄，身旁有保鑣，手上佩戴著一萬美元的手錶。後來我在報上看到，這些人有的在城市外緣地區搞建築，有的是傳說中的殺手，有的是角頭，他們住在史代頓島（Staten Island）和長堤的高大混凝土建築和澤西圍牆聳立的華宅中。他們那會兒卻拿著裝著雞肉三明治的牛皮紙袋，爬三層樓到格林威治村沒電梯的公寓送貨；他們在櫃台後忙著替扁麵包抹美奶滋，在麵包上擺酪梨片，或在用餐區裡遞盤子送菜。我得說，我還滿喜歡他們這樣。

可是有一天莫名其妙，我老闆來了，吩咐我把凡是身上有刺青的員工一律開除，這下子我可進退兩難了。我手上每一位廚師都蹲過牢、紋過身，花樣五花八門，有驚叫的骷髏頭、針筒十字架上被荊棘綁縛的耶穌、幫派標誌、燃燒的骰子、納粹標誌、黑衫軍的兩道閃電形標誌，還有「天生輸家」、「一出生就死」、「天生地獄使者」、「愛」、「恨」、「媽媽」等字樣，以及聖母馬利亞、妻子、女友乃至搖滾明星奧斯彭（Ozzy Osbourne）的肖像。我設法勸他打消此意，解釋說我們不能少了這些傢伙，他們可是最吃苦耐勞、我們最不可獲缺的人手。好比那傢伙，這會兒正在逼仄悶熱、沒有冷藏設施的地下室裡把成百上千塊醃過的雞肉裝進垃圾桶，他已經一連二十二天日、夜都當班了，而他的身體簡直是天殺的刺青藝術殿堂。我要到哪兒去找沒紋過身的犯人呢？據我所知，水門案的小偷不幹這活兒。

情況只有變糟，沒有變好。老闆第二天來店裡，這一回一心挑剔金鍊珠寶，我的燒烤師傅當天就是這副街頭混混最愛的打扮。「你想那笨蛋是哪兒弄來那麼多金子？」他破口大罵，邊罵嘴裡的食物和唾液四濺，「販毒，那混蛋是個毒蟲！欺負老太太！我餐廳裡不要這種貨色！叫他走！」

這顯然是辦不到的事，由於老闆言行越來越怪異、捉摸不定，越來越愛叫罵，我就去請教一位沉默的合夥人。此人和其他合夥人已開始出席管理階層會議。「你有沒有聽說他想要我做什麼？」我問，他僅僅點點頭，翻了翻白眼，我想大概是表示同情吧。「什麼也別做，」他說，跟著以實在很陰沉的口氣，又說「Aspeta」，這在義語中是「等」的意思。

這語氣聽來一點也不悅耳，他對我微微笑了笑，我不由得開始想像我老闆某一天在開完他們都喜愛的汽車會議後，伏倒在儀表板上的畫面。幾天以後，事情到了緊要關頭，老闆在大庭廣眾下，當著餐室中用餐的人潮，叫嚷著要所有有刺青和戴金鍊的傢伙「現在就滾出去！」我叫他把該付給我的工錢給我——我不幹了，他不肯，沉默的合夥人走過來，從西裝口袋中掏出厚厚一疊鈔票，把我的工錢付給我，還多給了一百美元，他跟我道別時，又親切地對我笑了笑。

我不知道比利餐館後來怎麼樣，絕對沒有如同那瘋癲的老闆所設想的那樣，擴展成全球連鎖事業，甚至沒有第二家店。以後我又到那附近一帶，餐館原址所在變成一家畫框店。那老頭還有他為兒子勾畫的雞肉帝國夢想怎麼樣了呢？我只能猜測了。

我在第二大道靠北側一家墨西哥餐館工作了一陣子，那是乳臭未乾的小子愛去的那種地方，絕對少不了的瑪格麗特雞尾酒思樂冰機器整晚開著，店外溝渠裡積著直淹腳踝的嘔吐物。這地方被一群逞兇鬥狠的鼠輩所把持，儲藏間裡擺著一袋袋正在熟成的酪梨，這些老鼠每晚輕而易舉就可以吃到，一隻隻吃得肥胖又肆無忌憚。牠們在廚房裡爬過我們的腳面，你走向垃圾桶時，牠們從裡頭跳出來，最惡劣的是，牆上和天花板上積滿了牠們吃剩的渣滓，濕答答的隔音天花板每隔一陣子就粉碎，酪梨核、啃過的雞骨頭和吃了一半的馬鈴薯就像土石流一般，直灌我們的頭頂。

我個人的生活和事業都走到最谷底。我被那家墨西哥餐廳炒魷魚了，原因何在我也搞不清楚，反正理由從酗酒、吸毒、偷雞摸狗、懶惰，多的是，我也不知道到底是哪一項劣跡讓我丟了差事。可是我並不在乎，那些老鼠真讓我煩透了，尤其是在我吸了古柯鹼正亢奮時，而那佔去我大半的時間。

我一度在清一色是華人的廚房裡打工，每天跟我的廚師同事蹲在地上，一起吃有粥、肉湯和魚骨的簡單員工伙食，用筷子扒著飯菜，一邊跟人打賭今天送來的橢圓形番茄一箱會有多少個。我在貝類海鮮吧開蠔殼，看著醉醺醺的顧客大口吞嚥大蝦，連殼也懶得剝掉，他們醉到根本不在乎了。我逐漸認識一些演員、放高利貸的、地痞流氓、汽車賊、賣假證件的、幹電話詐騙的、色情明星，還有一個白天上殯葬學校的吸毒女侍。她有天晚上來海鮮吧找我，容光煥發，她對我說：「我們今天在學校處理了一個嬰兒……他……在我懷中……像還有呼吸似的，老兄。我抱起他的時候，你簡直能聽到他在嘆息！」她看來好生滿足，她對電力公司工人有不可自拔的迷戀，我猜跟工人的制服有關。每當有電力公司的人到她家那一帶修電或修瓦斯管道，她第二天來上班時，總是大讚那些人真好，讓家家戶戶有電有瓦斯可用。

我還跟一位眼露精光的愛爾蘭裔老兄慢慢熟了起來，此人五十開外，有時替印刷工會「喬」事情。有大事待辦時，他會到我們這裡招攬其他常客，大夥一道兒去某個倉庫或印刷廠，抓幾個人揍一頓。有天晚上他來的時候，右手傷得一塌糊塗，指關節向後移位幾乎直抵腕部，有根骨頭突出於肌膚之外，好不嚇人。

「老哥，」我說，「你得去醫院看看！」

他就只是笑了笑，請全店每位客人喝一杯，然後吃了一打生蠔和一些蝦，結果又喝酒又跳舞，混到店打烊，從頭到尾不斷揮著他那隻血跡斑斑的臂膀，好像那是個榮譽徽章。他的好友詹姆士身上套著十五年前在越南就穿著的那件軍用夾克，老愛在我的海鮮吧前面晃來晃去，講故事。詹姆士是西村名人，就大夥所知，他從來沒自己花錢買酒喝。他全靠別人的慷慨解囊過日子，每月開一次熱鬧的房租派對，以便支付他稱之為家的那個非法佔用、用簾子隔開的地下室小隔間的租金。詹姆士隨身攜帶著一個神祕的不鏽鋼公事箱，暗示裡頭裝著「偉大的美國小說」、「核子密碼」、「無限大的火力」，我懷疑不過就幾本《閣樓》（*Penthouse*）雜誌，說不定還有換洗的襪子，不過一聞到他身上的氣味，我就不怎麼肯定箱中有襪子了。他出身軍人家庭，聰明，個性體貼，顯然受過教育，他已被西村半數酒吧列為拒絕往來戶，但我打工的那地方只要客人能忍受他就無所謂。我佩服他的求存技能，他的長壽，還有他持久力。他當然不是靠外表在混，卻本能地知道該怎麼招搖撞騙，他並不用心機，而是若有什麼事為了活下去非做不可，他就做。

我看到自己越來越像他，我並不想這樣。好吧，我並不是靠向人討酒喝而維生，並未為了偶爾能白吃白喝而傾聽醉漢胡說八道，也不會開派對賺房租。我的確有份工作，有間公寓和看來仍然愛我的女友。可是我的生活並沒有發生什麼好事，我每一週都在等發薪水才能過活，我的公寓又暗又髒，像山洞，天花板油漆剝落。雖然我上班時不再因吸毒而狂「駭」，但是下班以後的生活依舊繞著把管制藥品弄到手和施打這玩意而打轉——儘管我已不打海洛因了。我算不上什麼廚師，我的烹飪教育，我早年對食物的頓悟，童年時在法國品嚐食物的滋味、口感和經驗，還有相當精英的中學與大學教育，在海鮮吧檯後面都派不上多少用場。

我非得改變不可，我必須振作起來。我如「漂泊的荷蘭人」般在廚界鬼混太久了，腦袋根本不去想前途一事，半死不活，在一次又一次感官快感中消耗生命。我讓親朋好友和我自己蒙羞，令眾人和自己失望，毒品和酒精已無法趕走失望的感覺。我連接電話的勇氣都沒有；我只聽答錄機，我要麼是害怕拾起話筒，要不就只是不願意，覺得來電者那哀傷懇求的聲音讓我心煩。如果對方講的是好消息，只會令我嫉妒、不開心；倘若是壞消息，我又是世上最沒有能力幫忙的人。不管我必須跟誰說什麼，都不很適當。我躲在隱密之處，一個又深又黑的洞裡，而就在我剝開蠔殼、蛤蜊，把香辣醬汁舀進小盅時，我逐漸明白，時候到了，時候真的到了，我必須設法爬出黑洞了。

譯註：

①卡斯戴拉諾（Paul Castellano）：縱橫一時的紐約黑幫首腦，一九八五年被捕交保獲釋期間，被同幫的對頭下令狙擊死亡。

②斐度（Frank Perdue）：已故美國雞肉大亨，本書寫作時仍在世。

# 我對肉的了解

WHAT I KNOW ABOUT MEAT

「潦倒歲月」的一段插曲。

日子過得不很順利，時值八月，前一年的耶誕樹還躺在一堆枯黃的松針裡，就在我家閒置多時的幽暗飯廳裡。我不敢厚著臉皮把它拿去垃圾箱丟掉，不想讓鄰居看到我墮落到什麼程度，又因多年放蕩無度而已經無可救藥到什麼地步。後來，我和妻子總算鼓起勇氣，把這找麻煩的玩意處理掉。我像支解屍體一般，把樹切成數段，塞進塑膠袋裡，趁著夜色，硬扛著走下數層樓梯，丟在一個大家都知道在賣古柯鹼的傢伙家門附近，我們心想，就讓他背黑鍋吧。

我的失業救濟金快用完了，我寄出去的履歷表所得到的回音，無一例外都是邀我去跟一群明擺著註定失敗的笨蛋面談，就連我這是非不分、葷素不拘的老油條，都無法忍受跟這夥人共事。有個傢伙打算開一家「瑪拉梅波絲餐廳」（Marla Maples Restaurant）①；他偷偷透露，瑪拉將在樓上的雞尾酒吧演唱，肯定會召來一大堆手筆闊綽的老饕。我去面談時，風水師正在裝修到一半的餐廳內感應宇宙氣場，很不看好此人的運勢，我故意搞砸了這次面談。

另一位知名的紐約餐飲業者找我參加一連串高度機密的會談，討論將他目前一家餐廳改頭換面之事，他打算把這家吵鬧、醜怪、可怕到令人難以相信的電視節目主題餐館，改成精緻的法式小館。我念在此人名聲響亮、薪資給得慷慨，還有可以供應精緻法國菜的份上，並未親眼看到現場就接下這份工作，這位仁兄對法國菜懂得可不少。可是我在那地方待一個晚上就受不了，成群的小鬼在特許商品區排隊購買午餐盒、小熊軟糖、T恤和短夾克時，不時尖叫，推擠跑單員。大如福斯小汽車的擴音機高聲播放著《綠色田野》（*Green Acres*）和《襯裙車站》

（*Petticoat Junction*）的主題曲，配著麥克風的侍者鼓勵顧客「說出那個電視節目的名稱」。食物就好像你料想當中烏干達航空的經濟艙會有的水準，好比料理包素漢堡、預先煎熟的培根、油膩的肉餅，外層煎過以後，放進蒸汽保溫箱裡，泡在油脂當中。凡此種種都在摧毀我的心靈，當晚收工時，我匆匆留了條子給老闆，上面寫了：「叫我在這鬼地方再多待十分鐘，我都辦不到。我才不管你是不是要把這裡變成『巴黎廳』——眼下這裡實在太可怕了！」

有兩、三位挨過七〇年代大風大浪的仁兄，想要請我打理上東城一家新的海鮮餐廳，可是當我打電話給一位在某家有信譽的海鮮批發公司工作的熟人，跟他講我打算接下這份工作時，他用力哼了一聲。

「那幾個傢伙他媽的每個月都賴帳，他們另外有家店是貨到即須付款，而且我聽說他們的薪水支票跟阿諾．史瓦辛格的奶頭一樣，會跳。」

我謝謝他告訴我這個消息，委婉表示不想再多談此事。

我沮喪的不得了，整天躺在床上，一肚子內疚、恐懼、慚愧和懊惱，動也不想動一下，菸灰缸裡的菸蒂多到滿出來，未付的帳單到處都是，髒衣服堆在角落裡。我夜不成眠，心悸得厲害，恐慌與自我厭惡的情緒也一陣陣湧來，強大到我只有從六樓的我家窗口往河濱大道一跳的念頭才能給我一點安慰，讓我慢慢自我催眠，認命墜入夢鄉。

後來，我總算得到一次聽來大有可為的面談機會。那是公園大道上一家牛排館，有很多商界的主顧，得到《扎加特指南》（*Zagat Guide*）難能可貴的二十四分評價，是漢普頓一帶頂尖的館子。他們供應頂級的乾式熟成牛排、份量不小的海鮮、超大杯的馬丁尼雞尾酒和純麥蘇格蘭威士忌，還有不可獲缺的雪茄廳。搭計程車前往下城時，我信心十足，心想：第一，在這地方工作不會丟臉；第二，把我名字倒過來寫，我都能輕鬆地掌管牛排館廚房。十五年以來，有關牛肉、豬肉和小牛肉，或燒或烤，我所學多到無一不知、無一不曉——這種簡單實在的菜色對我真是易如反掌，我不必費多少力氣就能做得出具我個人特色的招牌菜。首先，要讓特餐升級是輕而易舉的事，牛排館的特餐和海鮮菜色往最令人詬病，在這方面要加以改進，我有很大的施展空間，這一點我可以確定。

我按習慣，提早半個小時左右到達面談的地點。我又緊張又口渴，決定先喝一大杯啤酒放鬆一下。我在面試時往往想太多，分析過頭，答覆提問時就顯得自作聰明，沒有人想要具備這種個性的主廚。所以我想，喝上一大杯啤酒，我應該會變得遲鈍一點，放鬆一點。

我鑽進一間看來順眼的勞工階級酒吧，酒保是愛爾蘭裔，吧檯上有一盅盅不太新鮮的扭結餅，點唱機播送著梵·莫里森（Van Morrison）的歌聲。兩口酒一下肚，身旁這批大白天就飲酒的人群，還有店裡那股陳年的啤酒臭味，都讓我感到如魚得水、渾身自在了起來。我邊喝酒邊抽菸，隔著兩張凳子的吧檯上有一盤雞翅，看得我垂涎三尺。我提醒自己，面談以前不可吃東西，當潛在的新雇主盤問我那些不怎麼輝煌的事跡時，我可不想要他看到我的齒間嵌著一塊雞肉。面談時間快到了，我真巴不得放鴿子，留在這兒一整天，投幾個銅板到點唱機，點播「荒野之狼」（Steppenwolf）的〈魔毯之旅〉（Magic Carpet Ride），再來幾杯啤酒算了。我沉思著，要是這樣就能賺到錢，不必接管新廚房，讓自己心力交瘁，只要在愛爾蘭酒吧中混到天色漸晚，一週便掙上一千二百美元，那該有多好啊。可是我需要錢，我需要這份工作，我需要重返戰場。

當我走出酒吧，走進那悶熱的八月下午時，我果然如原先打算的那樣，整個人既放鬆又蓄勢待發。

這地方的四壁是常見的深色木頭，掛著馬匹、老紐約、蓄翹八字鬍球員的老照片，還有帶俱樂部風味的裝飾品。當時是午、晚餐之間的空檔，餐室內空空蕩蕩，只有一位頭髮灰白、鬍子修剪整齊的男士，其人穿著休閒服裝，由此顯示出他可是「老闆」；另外還有一個男的，穿著西裝，年紀較輕。他們正在跟一位候選人面談，面前堆了一大疊履歷表。

一位長了一對濃眉的侍者領班領著我到吧檯，我立即明白得在這裡等候叫號。吧檯前坐滿了表情嚴肅的主廚候選人，穿著便服，坐在那兒邊等邊喝汽水。大多數人都跟我一樣穿著寒酸，看來失魂落魄，一個個眼神呆滯地瞪著前方，大夥因多年來一直待在廚房的日光燈下，皮膚都灰灰黃黃的。我們誰也不理誰，設法作出一副我們才不需要這份工作的樣子，我心想，我的這些主廚同行都像上岸度假的潛艇指揮官，神經質地玩弄著調酒棒，撕扯紙巾，因為要面談而不肯抽菸。我向一位神色漠然的酒保報上姓名，他向我保證，老闆「很快」就會見我，然後我就等呀等的。我等了好一會兒，很火大，想我也是個行政主廚（儘管近來失勢），竟讓人關到這獸欄一樣的鬼地方，只能乾等，簡直就像……就像……侍者（waiter）。

我旁邊是一位法國人，臉上有黑眼圈，雙手灼燒嚴重，他正讀著足球賽結果。在吧檯另一端，其他主廚假裝是顧客，假裝自己並不是為了一份牛排館工作而乖乖等著面談的那種人，我從他們那可悲的模樣中得到力量。

有個老百姓進來，速戰速決地喝一杯為保養故每天中午必喝的雞尾酒，酒保問他一聲「您還好吧」，他便以在我聽來也太快活了吧的語氣，把他到阿魯巴島度假、到新墨西哥打高爾夫的事整個講了一遍，還比較了一下寶馬和賓士汽車的優劣點。然後，他接了一通手機，對著話筒講了一個葷笑話。我忍不住偷聽，這時突然很難堪地發覺，其他的主廚也通通都豎直耳朵，大夥臉上流露渴望的表情，或許跟我一樣，也在想像去度假、當有車階級，打高爾夫球時順便談談生意，是何等的滋味。我覺得自己心一沉，心情晦暗又惡劣。

總算叫到我的名字，我拉了拉整已穿了有十年的外套，一隻手整了整用整髮慕絲順過的頭髮，昂首闊步、信心十足地走到面談桌前。我和兩位主試者堅定有力地握握手，坐下，扮出一個擁廚藝學位、曾經是毒蟲的廚師該有的模樣，讓自己看來又酷又生氣勃勃。

起先，面談進行得很順利，老闆是位和氣的蘇格蘭人，講話有濃濃的口音，他把我的履歷表交給他的副官。後者是美國人，他在看到我工作過的幾個地方，臉上立刻露出會心微笑。

「嗯……『晚餐俱樂部』（Supper Club）……他們現在如何？你在馬文和艾略特那裡待過？」他滿臉都是笑地問。「那時候真是瘋狂啊，」他露出做夢般的表情，回憶道。這傢伙是在告訴我，想當年在七〇、八〇年代時，他也曾放浪形骸，也吸了不少古柯鹼。

我們繼續往下談，那美國人隨口問起我歷來幾段不同時期的工作，幸好沒有問到我捏造的部分、刻意略而不提的時期，還有我幫忙將之送上死路的那幾家倒閉已久的館子。

「你跟吉米工作過？」他邊問邊呵呵笑著搖了搖頭，「他仍然在廚房裡穿直排輪溜冰鞋嗎？」

我笑著點頭，回憶往事讓我整個人放鬆了不少。這位仁兄從業以來，顯然也曾在吉米那兒挨過苦頭，我們倆結盟了！

「好久沒見他了，」我答稱，儘快把自己和以前亦師亦友的上司巧妙地劃清界線，「哈哈……」

我繼續熱情地對老闆和這位美國經理微笑，仔細地傾聽老闆向我侃侃而談牛排館的歷史、經營理念和長期的抱負，臉上做出既嚴肅又愉快得恰到好處的神情。他們倆各提出了一些問題，我輕輕鬆鬆一一答覆。我從他們的表情中看得出來，事情十分順利。每個問題我都對答如流，每個答案我都曉得，不管他們對我拋出什麼，我通通有備無患。

「你看你可以投入多少時間？」

這問題我聽過。「需要多少就多少，頭幾個月我會在廚房裡搭帳篷……之後呢？我通常早上十點做到晚上十點……這是起碼。看需要，六天、七天都成。」

「你覺得你的強項和弱點是什麼？」

這個我以前就應付過，以諷刺中帶點自謙自貶的語氣，巧妙地道出我的優點。

「你為什麼離開目前的工作崗位？」

簡單到可以閉著眼回答。輕鬆擊出全壘打，我深知中傷辱罵上一位雇主對自己沒好處，於是口若懸河地講起「純正、不花稍的美式食物。」

「你能為餐廳帶來哪種正向的改變？」

我表現頗佳，每個回答都換來微笑與頷首，生搬硬套的答覆從我口中流出，聽來順暢又有趣。沒過多久，他們都開心大笑起來。我述說自己對未來的期望，不經意地提到雇主們愛聽的一些行話，好比「賣點」、「食物成本比例」、「勞力密集」與「以最少錢換最大效益」，添油加醋一番，小心翼翼，慢慢地，幾乎是不小心透露出，我是認真、經驗豐富的主廚，是個通情達理的人，脾氣好又可靠；是那種跟五十五歲的牛排館蘇格蘭老闆談得來、合得來的人；是務實又熟練的專業人士，不打高空，不虛幻，不做作。

我講完一句話，含笑著看著兩位男士，對面談順利感到欣然。老闆問我希望待遇多少時，我冒個險，表示要八萬五千美元外加全家健康保險——我畢竟是婚姻美滿的人哪——那傢伙眼睛眨也沒眨一下，就只是拿著削尖的鉛筆在我的履歷表的一角記下數字，說：「這辦得到。」我讓對話保持順暢，盡力避免說出那件明顯的事，那就是，放屁，我當然能幹這份工作！我可以訓練一隻雪納瑞犬替邊吃飯邊抽雪茄的顧客一天做出數百份炙烤牛排，用鋁箔紙把馬鈴薯包起來，做加了澱粉的蛤蜊巧達濃湯。這份差事對我**簡單**到荒謬的地步，簡直是白拿工錢。我當然沒這麼說，講出來可就不大好了。

職位快到手了，我感覺得出來。我機靈地自動道出，個人的烹調原則是善用好的材料，我有不少同行愛在盤子上搞些有的沒的，過度雕飾，太多盤飾，那些都是旁門左道。雇主一般都喜歡聽到這種責難的話，此話一出口，便給我打了一劑預防針，不致給人造成「我來這兒是高材低就」的印象。我向他們保證，哦，是呀，所有那些用擠壓瓶在盤上繪出波拉克（**Jackson Pollock**）風格的抽象畫、雕刻蔬果和在這裡那裡搞點花樣的作法，通通讓人無法品味上好食材的天然美味，不但耗時也費成本，就只能讓主廚自我陶醉、自我滿足。「好的食物，實在的烹調，不需要那些愚蠢的做法。」我重述，「如果食材是最上乘的，就該老老實實地加以烹製，不需要那些。」我的語氣暗示著，像裝飾生日蛋糕似的調理一塊肉，可不大有男子漢氣概，甚至有點娘。

一切都非常順利——直到事情猛然出現令人費解的怪異轉折。老闆身子往前傾，出乎意料地嚴肅了起來，壓低嗓門，提出那顯然最關鍵的問題。他提問時，那雙藍色的眼睛盯著我，彷彿想看穿我的腦袋，他濃重的口音加上路過的送貨卡車聲干擾，讓我聽不清楚他的話。我沒聽到，請他再說一次他的問題，倏地感到局面失去控制。這一回我聽得很仔細，突然覺得自己處於劣勢，我不想讓這位仁兄以為我聽力不好，或者更糟，以為我聽不懂他的口音。

「對不起，」我說，「您剛才是問？」

「我問，」老闆略有點不高興地說，「你對我（**me**）的了解有多少？」

這問題可難了，這位老兄到那會兒為止似乎都是公事公辦，他這下是希望我怎麼回答？他指望他未來的主廚如何回應「你對我的了解有多少」這種問題？

我想，他是要我拍馬屁嗎？他是否想聽到「哦，當然，我久仰您的大名！怎麼可能沒聽說過您呢？美國每個小學生都曉得您的英勇事蹟，您搭下等統艙從蘇格蘭遠渡重洋來此，決心要一步步往上爬，從無名小卒一路奮鬥有成，創辦這家頂尖的牛排館，這兒的食物好到神奇的境界。怎麼說呢……怎麼說呢……我其實將您一生事蹟都刺青在我的胸膛了！您……就跟您說吧，您的精神鼓舞了我！他媽的是我兒時有志效法的典範！」他是不是希望聽到這樣的話？

我看不是，不可能是的。我必須快點想出答案，這傢伙想聽什麼？也許他不過希望別人看重他這番事業，想聽到好比說「當然，我久仰您的大名，說您做事實在，敢做敢當，對員工督促甚嚴，對員工要求高……在您事業的早期，曾受那些滿嘴屁話、打著藝術旗幟的主廚所害，絕對不容舊事重演……您一路殲敵無數，踩著敵手的屍骨，攀登巔峰……」他想聽的是不是這個？

還是說，我心裡在盤算，他是不是想看看應徵者有沒有種？這樣的話，正確的回答大概是「嗯，沒錯，大夥都說你是個卑鄙、詭計多端、冷血的混帳傢伙，樹敵無數，膽大包天——不過，我也聽說您做人公正。」

說不定就是這個答案！

然而事實真相是，我在走進這扇門以前，根本沒聽過此人名號。一無所知。沒錯，他是拿到了《扎加特指南》的二十四分，可是我所知道的就僅只於此。我對這位老兄的了解就只有這麼多！當一切都進行得這麼順利時，這會兒撒謊……拍馬屁……這樣會鑄成大錯。

所以我決定實話實說試試看。

我以得意洋洋的語氣——事後回想方明白過來，我那副得意的樣子簡直就像個大白癡——完全誠實的答覆「你對我的了解有多少」這個問題。我反過去直視著老闆的目光，含著微笑，堅定有力，直言無諱，雖然一顆心砰砰跳得厲害，仍盡量以輕快的語氣回答。

「幾乎一無所知！」我說。

那不是他想聽到的回答。

老闆和經理都對我露出勉強、震驚的微笑，他們大概對我竟如此大膽印象深刻，可是程度還沒大到足以讓他們不立即察覺我**不會**是下一任主廚，永遠也不會是。我不知在哪個環節出了差錯。

哦，他們哈哈大笑，甚至覺得有點好玩，我想也太好玩了吧，他們整理那一疊履歷表，示意面談到此為止。好像不過數秒鐘的時間，我就被客氣地迅速送到門口，聽到那句聊表形式的搪塞用語，「我們還得跟其他候選人面談，才能做決定」。

我走了半條街，八月的熱浪和那兩個傢伙方才對我的一陣折騰，就讓我汗流浹背，這時我察覺到我犯了什麼錯。我失聲哀嘆，為自己竟如此愚蠢而激動流淚，好不惱火，我明白過來那個自負的蘇格蘭人**到底**提出了什麼問題。這位牛排館老闆的週末銷售報表上，肉類的銷量大概至少佔了九成，他並不是在問「對我的了解有多少」，而提出了一個成功的牛排館老闆會問的合理問題。

他問我：「**你對肉（meat）的了解有多少？**」

而我，就像個半瘋癲、有自殺傾向的白癡專家兼神風特攻隊飛行員，請他重複問題，充分考量了一番，然後得意地回答：「幾乎一無所知！」

那可不是我最輝煌的一刻。

譯註：

①瑪拉·梅波絲（Marla Maples）：美國女星兼社交名媛，九〇年代與房地產大亨川普（Donald Trump）結婚五年半，兩人聯手鬧了不少八卦報津津樂道的新聞。

# 黑皮諾：托斯卡尼插曲

PINO NOIR：TUSCAN INTERLUDE

在我漫長且不怎麼特殊的職業生涯中，說到壓力大、勞心勞力、奇異的插曲、出乎意料的轉折和「學習經驗」，我替紐約餐飲業黑暗王子皮諾·盧翁勾（Pino Luongo）工作的那短短一段托斯卡尼插曲，或許最鮮明也最令人筋疲力竭。皮諾經營的餐館有「瘋狂可可」（Coco Pazzo）、「老媽」（Le Madri）、「海洋札幌」（Sapporo de Mare）、「托斯卡尼人」（Il Toscanaccio）等等，他從以前到現在都是餐飲業中頗受爭議的一號人物，在替他做過事和與之共事的人當中，有不少人羨慕他、害怕他、瞧不起他、效法他或敬佩他。

我先將故事發生時間轉快數週，讓你對在皮諾底下幹活的情景有個大致的印象。我是皮諾擁有的傘狀組織「托斯企業」（Toscorp）旗下最新的行政主廚，穿著全新「布拉嘉」（Bragard）廚師服，上面還用恰到好處的托斯卡尼藍繡著我的名字，站在皮諾最新開張的「瘋狂可可劇場」（Coco Pazzo Teatro）的前庭雞尾酒吧裡，儘量作出主廚的派頭，這家餐廳坐落在西四十六街既夯又有格調的派拉蒙大飯店（Paramount Hotel）的底樓。有位記者是我在瓦薩爾學院時代認得的舊識，連同一大群高顴骨的模特兒，還有穿著設計師服飾、看來敏感的小伙子，一起走進來。他看到我，大吃一驚，握住我的手說：「東尼！我原本不知道你現在在替皮諾做事哩！」然後壓低嗓門，半開玩笑地又說：「我猜這表示幾個月以後，你要麼開了自己的餐館……要麼就被榨乾成塵土。」

我這個主廚既沒有什麼做義大利菜資歷，截至那當兒甚至瞧不起義大利菜，甚至寫過一本書，說一位義大利裔的美國青年廚師，巴不得遠離童年時期的紅番茄醬、大蒜和義大利乾酪，一心只想做法國菜，最後寧可背叛他的家族也不願意做炸烏賊。像我這樣的主廚，怎麼會變成皮諾最新的這家高檔托斯卡尼餐館的開業主廚呢？

我其實也不大清楚。

那家苟延殘喘的「五街一號」終於陣亡後，我舒適自在的過了一段的失業日子，成天躺在我灰塵滿佈的公寓中，看電視日間節目，偶爾中斷我這怡然而懶洋洋的狀態，去傳真一、兩份履歷。有一天，我的老哥兒們羅伯・路伊茲（Rob Ruiz）打電話來，他也是大腳的弟子。

「東尼！是我艾維斯啊！（大腳老愛叫他艾維斯）你在幹嘛？我在『老媽』……他們需要一位副主廚！你趕快來呀！」

「那是義大利餐廳欸。」我說。

「無所謂，來就對了。來見見主廚！他想見你。相信我——你會喜歡的！」

這麼著，我喜歡羅伯。他是根深柢固、徹頭徹尾又老派的混帳王八蛋，這傢伙知道紐約每家餐館在搞什麼名堂，可以拿起電話就打給城裡幾乎是隨便哪位供應商，替他的餐館弄到不要錢的、比較便宜、品質較好的貨色，而且很快就可以送到。他酒量奇大，人很風趣，一般來講，眼力好，很識貨。我們倆淵源已久，一路走來都很愉快。我說：「也好。」反正我的時間表排得很鬆，就只有五點重播的〈洛克福探案〉（Rockford Files）和七點的〈辛普森家族〉（Simpsons）而已。我勉強找到乾淨的衣服，把自己打點得還算能見人，便匆匆趕去卻爾西區（Chelsea）。這地方是按

依已見，「老媽」從以前到現在，一直是皮諾旗下多家餐館中最頂尖的一個。

照皮諾對「老媽家常菜」的熱愛所設計打造的，這種餐館風格指的是皮諾少年時期在托斯卡尼吃到、由婆婆媽媽烹製的家常菜色，再加上讓此人惡名在外的那種冷血的專業效率。主廚吉安尼．史卡賓（Gianni Scappin）是義大利人，他很討人喜歡，膚色白皙，總是把廚師上衣的扣子全扣，直至領口，頸間繫著一方領巾，用骨製或象牙的夾子別好。他在樓下的辦公室見我，我想是拜羅伯那舌粲蓮花、善於交際推銷的本領之賜，他還沒見過我就已經喜歡我了。吉安尼的要求聽來合理：一週當六個班、設計擬具一些午間特餐菜單、製作湯品，做一點備料工作、監督那些厄瓜多爾人、需要時幫忙廚站上的活兒——說不定得幹一點跑單的工作——一週有一天晚上在煎炒部門幹活。酬勞不錯，吉安尼也給我留下好印象。面談快結束時，出乎意料的事情來了，他隨口問我，有沒有興趣當預定數週後開張的「瘋狂可可劇場」的主廚。「我不想當，」他說：「我太忙了。」

我從而開始惡補有關於托斯卡尼的林林總總知識。

幾個小時以前，我還頭昏腦脹，無望地躺在我那凌亂的被窩裡，納悶著是要再小睡一陣，還是打電話叫外送披薩。這會兒，我卻成了紐約數一數二的義大利餐館的副主廚，而且還有人跟我保證，馬上就可以平步青雲，在皮諾最新一家名流出入的餐館擔任主廚。這家餐廳坐落的地點可酷了，是史塔克（Philippe Starck）設計、史拉格（Schrager）經營的旅館。事情的發展真叫人目瞪口呆。

而我真是目瞪口呆，還記得吧，我可不怎麼欣賞義大利菜。可是當我頭一天走進「老媽」，看到冷藏間空空如也，看到舉凡番茄醬汁、雞高湯、義大利麵食、麵包，簡單講就是所有的東西，通通是當場現作（番茄醬汁是用新鮮、去籽、去皮的番茄熬的），這時，我整個人嚇呆了。肉、魚和果菜陸續送到，眾家廚師如餓虎撲羊一般一擁而上，搶奪自己需要的東西，往往直接從貨車上拿下來，這樣才趕得上在午餐前作好準備。食物的品質好極了，點菜單紛紛進來，我得跑到切肉師傅那裡取來**現點才現切**的肉。有位小個子、一臉疙疙瘩瘩的厄瓜多爾麵食師傅，兩隻手指捲著手工管狀通心粉，切著細麵條，攤開要用來做義式餃的麵皮，捏出馬上要送上樓給客人吃的新鮮麵疙瘩。廚站裡，有一批實在令人肅然起敬的厄瓜多爾籍優秀廚師在幹活。他們有的在做佛卡夏扁麵包和加了白松露油的披薩，有的在替新鮮的條紋鱸魚抹上海鹽、在魚腹塞烹調香草然後烤到外皮酥脆，有的在把巴馬風乾火腿和煙燻五花肉片得如紙般飛薄，有的在準備各式各樣美味的義大利麵點，從兩架熱滾滾的煮麵機中撈出現點現煮的麵食，放進平底鍋裡，再加上早就備好的材料，完成一道餐點。這裡的備料種類繁多，處理得又精緻，我真搞不懂他們怎能分清楚什麼是什麼。

我以前從未真正**弄明白**如何煮義大利麵食。在這裡，乾麵先分小批煮到尚未全熟，然後不沖冷水，還溫熱著就攤在稍微抹了油的烤盤上，過幾分鐘再加醬汁完成一道菜。新鮮麵食和切得很細的麵條則是隨點隨煮。

麵食烹製得恰到好處，意思是，就拿尖管麵來說吧，在加了醬汁以後，會像小山一般在盤中**站**起來，而不是癱塌在盤子裡或泡在碗中的醬汁裡。

「你要吃的是麵食，」吉安尼說明，「而不只是醬汁。」我得承認，這令我茅塞頓開。一道樸實的番茄義大利麵，不過就是加了紅醬的麵條，這道簡直是我能想到的最樸實的食物，突然變成扣人心弦的人間美味。

所有的食物都很簡單，並不是說很容易做或很蠢。我的意思是，我有生以來頭一次看到，就只有三、四樣品質最佳、最新鮮的材料，以直截了當的手法組合之後，竟變出實在好吃有時甚且超凡入聖的美食。托斯卡尼麵包湯、白豆沙拉、炙烤烏賊、小章魚、醃泡在橄欖油和大蒜中的鮮嫩袖珍朝鮮薊、簡單煎過的小牛肝加炒到焦黃的洋蔥，凡此種種家常的農村菜一下子變得既新奇又發人省思。這一套乾淨俐落、樸素無華又老老實實的作風，是一種全新的方向，大不同於我前此不久愛用醬汁、擠壓瓶和異國風味材料的那套做法。

大概是因為有羅伯的緣故，我倒不至於怕得要命。他會利用零碎的時間用對講機跟我講個幾句，還會透過店內廣播系統發出些刺耳的呻吟聲、咋咋吃東西的聲音和好像嗆到水的聲音。而吉安尼則在皮諾帝國的運河水道間悠遊往來，一路看來暢行無阻；他顯然是名望頗佳的小隊長，在他保護之下，我感到安全。

我預定在數天後會見大老闆，以便他瞧一瞧這個姓氏聽來像法國佬的新主廚候選人。我明智地決定先做點功課，看了皮諾兩本了不起的著作。一本是《廚房裡的托斯卡尼人》（*A Tuscan in the Kitchen*），主要在敘述「老媽」開業的經過；另一本為《談魚》（*Fish Talking*），內容在歌頌他兒時在義大利吃過的一些油脂豐富的小型魚，如今已沒有什麼人吃這種魚了。兩本書我讀得興味盎然，尤其是《談魚》，他對「下雜魚」的激賞，和我早年的師友霍華・米契姆的觀點不謀而合。不論你對皮諾這個人有什麼看法，他誠然熱愛食物，這一點在他的著作中與餐館中都看得出來。皮諾在書中講到，有一回他站在「瘋狂可可」的開胃菜吧檯旁邊，請他的一些老顧客嚐嚐新鮮的鯷魚或沙丁魚，客人卻都不肯嚐試，讓他簡直都快心碎了。他不過想客人嚐一口他心目中的好東西都這麼困難，這令他好生難過，而我則因此對他產生好感。

我知道，如果有機會替這位仁兄燒菜，我要燒什麼。

我們在「老媽」會面，看看我的履歷表，幸好他沒看得太仔細。我想，皮諾這人在跟候選人面談時，很注重直接接觸的第一印象。面談進行順利，我應邀到「瘋狂六一」（Mad 61）試菜，那是皮諾旗下另一家店，坐落在上城巴尼百貨（Barney's Department Store）的地下樓，我到時想必得大展廚藝，使出渾身解數，讓他看看我一身的本領。

其他的主廚候選人，還有協助新店制定菜單的托斯企業原聘廚師陸續到場，一個個帶來的都是常見的「瞧我做的菜有好看」的菜色，好比帶有加州風的新派偽托斯卡尼菜生旗魚泥佐酪梨（！），各式各樣用昂貴食材加上圈模、擠壓瓶襄助的花稍菜色。我選擇最廉價、油脂最多、據我知最不受大眾青睞但我一向愛吃並猜想皮諾也會喜歡的食材：不起眼的鯥魚。我把魚架烤了，配上溫熱的馬鈴薯拌辣香腸沙拉，上面來點削成薄片的茴香、紅洋蔥、薄荷和羅勒。我還做了加了西西里橄欖、迷迭香和大蒜的煨羔羊肩，下面墊著羅勒馬鈴薯泥；保險起見，再做了以鹹鱈魚、蟹肉和龍蝦為餡的特大號義大利餃。皮諾看見鯥魚時，笑了笑，他這下明白我這人就算沒別的，起碼膽子可不小。

我得到這份工作。

談薪水沒花多時間，皮諾問我想要多少，我提了個比我自認該得的高了很多的金額，他砍了五千，那仍比以前——甚且當下——拿的薪資都高出一大截。我離開皮諾在第五十九街的辦公室後，渾身輕飄飄地走向「橡木廳」（Oak Room），請自己喝了杯馬丁尼，我的聲音還抖得說不出話來。當我好不容易總算可以跟我妻子通電話時，聽起來一定很像少女，上氣不接下氣地說，「爸，你一定猜不到，他向我求婚了！」

公告登上《紐約時報》，我被引見給公司的公關宣傳人員，他們要我提供個人簡歷，我在皮諾星球短歸短卻令人難忘的歷險記於焉展開。

接下來在開會時——這樣的會議有很多，設計新菜單真是痛苦又折磨人的事情——我得知我雖是行政主廚，我的大廚（一個長得像雪貂的義大利人）會補足我對托斯卡尼菜知識方面明顯的不足，並提供我所缺乏的那種廚站實地作業、攪拌燉飯式的基礎經驗。這構想似乎合情合理，我可以挑選我自己的副主廚（需要兩位）和廚師班底，不過我動作得快，因為「瘋狂可可劇場」十天後就要開幕了。那時，菜單、設備和二十五至三十位廚師都必須到位，凡此種種都得在名流雲集、媒體矚目的試賣營運日準備妥當。

那是我有生以來規模最大、最慌亂、最亂槍打鳥、橫衝直撞的招聘活動。

當務之急得先處理，我打電話給史蒂芬（Steven Tempel，我的常年副主廚，不過我要稍後再談他），興奮地叫他拋開手邊的一切，因為這可是大事一樁，是我們倆在事業方面的最大突破！趕快過來，我們急需更多人手！我帶著他參觀亂七八糟尚未完工的餐廳，跟他說，瞧瞧這地方。我指給他看哪裡要放箱層式烤箱和爐灶，哪裡有傾斜式烤爐、蒸汽鍋、煮麵機、冰淇淋機、切肉站、儲藏室和辦公室，通通是新的，而且品質都是最上乘的。我們有六萬美元的預算，要在接下來數天期間添置各種鍋具、攪拌機、攪拌牛油的機器、各種器皿和玩具！重型設備還沒算在內呢，那些都已添購就位。

史蒂芬還是老樣子，做事速戰速決，當上我的副主廚。還有位人很好又有才華的哥倫比亞裔美國人，姑且稱之為阿斐多吧，他從「晚餐俱樂部」跳槽過來，成為另一位副主廚。這會兒競賽已經展開，吉安尼在「老媽」看了一眼我的大廚，搖搖頭，警告我說，「注意那傢伙，他會從你背後捅你一刀。」邊說還邊做了捅刀子的手勢。

「怎麼了？他有什麼不對？他是西西里人嗎？」我知道吉安尼偏袒北義，開玩笑說。

「更糟，」吉安尼說，「他是那不勒斯人。」

我當時還沒搞明白，我周遭全是碧眼的北義人，他們覺得我雖然不是義大利人，還是比南義人可取一點。這些傢伙有的極為精明，詭計多端，絕對見風轉舵，趨炎附勢，善於看上頭的臉色行事，他們簡直就是過著麥第奇家族那種工於心計的生活。這些傢伙可真有兩把刷子！善於在基本上義大利式的大生意中，勾心鬥角，變換朋黨立場，精於我以為自己一向拿手的那種事。他們工夫老道，老闆需要覺得開心，他們就讓他開心，在這同時還能巧妙地削弱潛在的對手與不利己者。這些對我來講太難了——更何況我相形之下對義大利菜根本就無知。這是一片叢林，不論有多美，多富有異國情調，都絕**不是**我的叢林。

林林總總都給吉安尼說中，他的話我應該聽得更仔細一點才對。可是皮諾——恕我在此令他的敵人失望——**始終**待我不薄。他迷人、直截了當、慷慨又真誠。他從來沒有答應我一件事後來卻食言的，我**欣賞**那傢伙，假如我今天跟他不期而遇，我還是會這麼說。我欣賞他一談到抽油煙機、插座、賣點和義大利麵食史就時來勁的樣子，還有他記得自己每家餐館每位員工的名字，知道是哪家餐館二號冷凍櫃的壓縮機故障，就連他每一家餐廳的每一道菜有哪些材料，他都可以一一道來。，他控制全局（雖然容或殘酷無情），這麼多年來我替那麼多笨蛋打過工，這一點叫我不得不敬佩他。這位仁兄不過數年前還是餐廳收盤員，只會說幾個英文字，眼下卻掌管帝國，還不是個破落的帝國。不能否認的是，他手下有不少當官的和部屬既偏執又愛耍陰謀，周遭彌漫著恐懼、背叛、投機、猜疑和先搶先贏的氣氛，要想有卓越表現的壓力特別大，大夥都渴望博取他的歡心，因為那獎勵可能會非常大，可要是失敗了，懲罰卻是猝不及防，一掌見血。

我的頭一樁任務不只是要招聘二十五至三十位優秀的廚師，人數還得比我的大廚招到的**來得多**才行。我打算儘量多招效忠於我的人，越多越好，這些人不分男女都直接向我負責，我可以信任他們會在背後保護我。我的動作得比我的大廚快，以免我的團隊塞滿**他的**人馬，假如我的頭髮著火了，這些人可不會告訴我，更不會通知我有人正拿著刀子在旁邊等著我。

我和史蒂芬能想到有人材可挖的餐廳廚房，我們通通去**強取豪奪**了一番。我們將船屋洗劫一空，簡直是一個星期內就把他們整個班底都挖走，很多人被我們一勸，連招呼也沒打就辭職走人。我們還掠奪其他主廚的廚房，到處打聽消息，看哪兒有人心懷不滿、嫌工資太低、不開心、耳根子軟、雄心勃勃。我們辦了大規模人材募集會、三、四人輪番接力與應徵者面試，同時與大批看到報紙廣告前來應徵的人面談。這種大型活動來的應徵者素質令人失望，我們從成百上千人勉強挑了兩、三個，這些應徵者要麼不識字、個性孤僻，要麼是吸強力膠的煎炸廚師，要不就是從沒待過職業廚房的怪胎。另一方面，我的大廚也在進行類似的招募活動，而且成果好多了。他從「帕里歐」（Paglio）、「比薩斜塔」（Torre de Pisa）這兩家一流的義大利館子挖來了幾位實在傑出的厄瓜多爾麵食廚師、燒烤廚師和煎炒廚師，多半是他以前合作過的同事。我們用盡手段，賄賂、乞求、哄騙和引誘人放下手邊一切，立刻過來我們這裡工作，我們因而全都成為不少餐廳業者的大敵。我們當然知道這些廚師當中有很多後來會不合用，我們其實需要四十位以上的廚師，因為在頭幾週過後，我們得淘汰到不合格的人，並得留下足夠的能手，以免工作脫軌。這整個過程既瘋狂又刺激，而且讓我們造了不少孽，有損陰德——可是這畢竟是樁大事啊。

我沒有在餐廳停車場和煙霧繚繞的愛爾蘭酒吧跟潛在的應徵者密談時，沒到「老媽」幫忙吉安尼時，或者沒在檢查一車車運來的設備時，就在跟皮諾與托斯企業的行政主廚開會，後者名喚瑪妲·普里尼（Marta Pulini），為人既熱情又睿智，她個頭嬌小，才華出眾，五十開外，曾經有女伯爵頭銜。開會的地點不是「瘋狂六一」的廚房，就是第五十九街上托斯企業的辦公室。我們微調菜單，試菜，推敲菜單的式樣，討論定價。一開始的構想是，「瘋狂可可劇場」的菜色要「好玩」、「戲劇性」，而且不管菜出自何處，在菜單上都要大膽以英語描述。「劇場」用餐區的中央舞台已搭建完成，廚房做好的菜最後要在帶有未來主義風格的電磁爐上「完成」，必要時可分切或去骨，由訓練有素、身著名家設計棉質服飾的服務人員端上餐桌。

在「可可」總算開幕之前和之後的每一週，托斯企業的會議室都會定期召開主廚會議。如果是我最後一個到場，談話就會突然從義語變成英語。「可可」開張的數天以前，有一次主廚會議開到一半——大夥大概正在討論是「德布拉加」（De Bragga）還是「採購大師」（Master Purveyors）的乾式熟成一〇九號肋排較好，或者在探究大夥能不能統一採用某種橄欖油以爭取較低的進價（結果不能）——皮諾冷不防從門口探頭進來，一臉不祥地說，「安東尼，我跟你談一分鐘話好嗎？」

感覺得出來會議室裡的氣氛當場變輕鬆，不少廚師額頭冒出冷汗，其他則廚師發覺自己可真險，還好不是自己在無預警的情況下，被叫進內間密室和最高領導人私下進行嚴肅談話。我站起來，一頭的霧水，離開會議室去和皮諾會談。

他帶我走進他的辦公室，關上門，坐進他那看來很舒服的沙發上，往後一靠，翹起二郎腿。

「安東尼，你有沒有什麼……**敵人**？」他問。

「啊？」我呆若木雞，瞠目結舌，完全搞不清楚他到底在說什麼。

「我接到一通電話，」他緩緩地說，「有人……有人……不喜歡你，這人看到《紐約時報》上的通告……你是不是在偷別人的副主廚？」

「我……我……沒有！……我也說不上來。」我好不容易才開口說，嚇到聲音變得緊繃。

「他們說……此人說你在偷別人的副主廚，說你……有大麻癮。是誰……」他有點好奇地沉吟道，「是誰這麼討厭你？」

我完全不知所措，矢口否認偷了任何的人副主廚，然而，只要是我能染指的廚師和洗碗工，我天殺的當然全偷遍了。後來，事隔好一陣子以後，我才想起來，有一回在招聘會上，我聽一個來應徵外場工作的人說，她男友是一家我熟悉的餐廳的副主廚。那兒的主廚在我看來十足是個混蛋，我八成跟她說不妨請她男友打個電話給我，也說不定我的代表人（史蒂芬）和這個人有過不很恰當的片面談話。我後來發現，這個副主廚利用我們可能對他有興趣，向他當時的主廚獅子大開口，要求大幅加薪。可是在那當兒，我在皮諾那燈光暗淡的私人辦公室中，滿腦子就只有一個念頭，我的大好機會這下子溜走了，而我甚至還沒開始幹呢。

我整個人失了方寸，但是還是真誠地勉力向皮諾保險，在大麻和吸毒這方面，絕對不會有問題，這事我們以後連談都用不著談。他揮揮手，表示這方面沒事了，而比較在意究竟是誰這麼討厭我，竟會查出他的私人號碼，花費時間和精力打電話給他說我壞話，想要破壞我的大好機會。我就是想不出有誰。

皮諾突然親切地笑笑，他看起來……呃……很開心。

「安東尼，你知道，」他說，「我有很多很多敵人，有時候，有敵人是好事——即便你不知道敵人是誰。這表示說，你很……重要。你一定很重要……重要到有人與你為敵。」我走出門時，他拍拍我的背。他迷倒了我，這次經驗也嚇得我差一點魂飛魄散。

「瘋狂可可劇場」開幕第一週，我體重掉了十一磅，而我身上本來就沒有什麼肉可掉。我骨瘦如柴，像瘦皮猴，只剩皮包骨，青筋畢露，在餐廳裡跑上跑下，穿梭在不同樓層的備料廚房和單點廚房之間——活像過動的森林管理員，老是在設法撲滅林間小火以免釀成大災——如是兩週以後，我看來就像在越共的牢籠中關了至少十年，成天吸食精純的快克一樣。我手下有二十五位廚師，外加洗碗工、雜工、客座專家、兼差的麵食師傅、經理、助理經理、侍者、跑堂和其他人等，我得對付他們、應付他們，排班表和找遞補人選。《紐約時報》的食評家已經來過，我們安排一個曉得她長相的人成天守在門邊，有備無患。名流、老友甚至皮諾本人隨時都可能造訪，廚師們完全按照口頭報菜名的系統幹活——沒有書面的點菜單複本——單是管理團隊便已是全天候工作。我的第二位副主廚阿斐多承受著壓力，行將崩潰。

「他們不尊重我。」他對我埋怨那些厄瓜多爾廚師，「去跟他們講！告訴他們，我要是想要的話，就有權力**炒他們魷魚**。」我想要找的可不是這樣的副主廚，如果廚師對他態度不佳，由我來開口表示這傢伙有權開除他們，可不會讓他們尊重他。而阿斐多呢，在我們這麼多人當中，就只有他老戴著一頂又大又邋遢的廚師帽（由於個頭矮小，這讓他看來更加可笑），再加上他是很愛面子的哥倫比亞人，這兩樣因素都不怎麼有利。那些厄瓜多爾人討厭他，逮到機會就想譏諷他，當他開始大聲地自言自語，說別幹什麼副主廚了，乾脆調他回去做二廚算了，這時我趕緊重排他的班表，結果他涕泗縱橫，越級去找那個油滑的總經理，乞求回到原本的職位。這人如此忘恩負義的出賣我，我簡直驚呆了，明知自己終將因之喪命，還是吞下這毒藥，勉強恢復他的原職。他原是我的好友，也是位好廚師，但我再也不會雇用他。由此可見，壓力可以對我們倆造成什麼影響，而我們當時也的確因而變了樣子。

餐廳本身非常漂亮，葛爾柏（Randy Gerber）的威士忌酒吧就在隔壁，餐室側門通到派拉蒙大飯店外太空風格的大堂，餐廳牆面的壁飾帶有莫蘭迪（Morandi）風格，托斯卡尼式的暖色襯著金黃色的原木，侍者的穿著就像梵諦岡的警衛。不過我這臨時王國最令人驚嘆之處，還是得深入到派拉蒙大飯店的地底，沿著彎彎曲曲、地下墓穴般的工作通道可以走到我們樓下的備料廚房。一個人如果從旅館那堆滿床單推車、丟棄的床墊和收碗盤的大盆子的地下室，跟著一股潮濕的冷風磕磕蹚蹚地走到源頭，迎面而來會是一副實在令叫人肅然起敬的情景：停業多年、早已被人遺忘的「鑽石馬蹄」（Diamond Horseshoe），也就是羅斯（Billy Rose）那富有傳奇色彩的紐約夜總會。那兒空間巨大，佔地寬闊無隔間，有如地下的盧克索神殿（Temple of Luxor），拱頂上仍裝飾著文藝復興風格的水晶大吊燈和巧奪天工的石膏浮雕圖案。原本那座台口舖花崗岩的舞台仍屹立在原地，當年名噪一時、個個豐滿的羅斯歌舞女郎中曾在這台上跳大腿舞；那馬蹄形的吧檯已不復得見，留下巨大的空位，地板也脫落了。洞穴般的大廳周邊留有私人包廂、卡座的遺跡，戴蒙（Legs Diamond）、榮庸（Damon Runyon）、羅斯坦（Arnold

Rothstein）和幫派份子、歌舞女郎、妓女和名流——就是溫契爾時代（the Winchell era）①整個舊百匯煙花界的男男女女——當年就在這兒聚會、談買賣、下賭注、聽當時的頂尖歌星獻唱、放浪形骸。那地方是如此寬敞，加上你得鑽進一道破破爛爛的牆才能進到這間大廳，凡此種種都讓訪客感到自己彷彿破天荒頭一遭看到古老的特洛伊城。

然而，在樓上的現實世界中，事情很快變得不妙。

我實話實說，我呢，做這份工作是小材大用，因此我很快就身陷水深火熱當中。形勢在沒有預警的情況下，隨時可能變化。有一天我去東城參加主廚委員會議，回到餐廳後發現整份菜單被改回成義大利文！連電腦上的菜名也改了，所以那天晚上我跑單時，發現自己這下窘了，我必須報出義大利文的菜名，自己在腦袋裡成譯成英語，然後轉成西班牙語對我的厄瓜多爾班底報菜名。我不得不趕快運用一些小花招幫助記憶，好比：「我想跳黏巴達——只為大比目魚而跳。」這樣我就能記住大比目魚的義文是**lambatini**，還有「我操你的肝」，以便記住肝的義文是**fegato**。

我每天工作十七個小時，一週七天都工作，周遭都是外場的大將，他們多半已在公司效力多年，費盡心力維護皮諾的一切。他們個個雄心勃勃，生怕失敗，假如你失手掉了一把叉子，他們會快活地拿著刀子往你脖子上一抹。總經理是個油頭粉面的金髮高個北義大利人，油嘴滑舌，口是心非，活像個啦啦隊長似的，就愛督促他手下那些倍受脅迫的侍者「笑一笑」、「開心一點」，邊說邊平心靜氣地盤算要馬上炒他們魷魚。這傢伙每天都請我去威士忌酒吧坐坐，表面上是要談談經營策略，請我喝一杯，然後一再重述我們是了不起的「團隊」、「我們要團結合作」對抗「其他人」，同時卻又絕對在背後中傷我是個嗜酒如命的鄉巴佬。我懷疑我每次跟他去酒吧都給了他方便——使他得以打著公事的幌子來滿足很大的酒癮。

我很快就發覺，這一切令我困坐愁城。我太累，太困惑，精神又太空虛，因而寸步難移。總是有事情得辦，沒有一件叫人開心。跟著，突如其來頒布了撙節措施，我必須開始裁員，在廚站幹活，另外仍得履行原本其他的職責（而這些我早已難以應付）。可憐的史蒂芬和我不得不炒人魷魚，不過數週以前，我們才把人家從報酬優渥的職位挖過來。由於被裁人數眾多，往往史蒂芬在一個房間請某人走路，我則在另一個房間摧殘另一個人的生活。每開除一個人，每有一件事情或意外，都得記載在相應的表格上，交給那位實在了無生氣的人力資源部主管，她成天喋喋不休講著那套「新時代」陳腔爛調，什麼自我實現、自工作中獲得滿足和公平雇用與適當停工之類，可是同時之間她其實明白，整個生意全靠著這批低薪、工作超時、肚子都吃不飽（每天午、晚餐有十分鐘時間吃根雞腿、義大利麵沙拉）、合法身份可疑的厄瓜多爾人撐著。聽著這一套愚蠢又虛偽的廢話，好像我們是在替良心冰淇淋企業「班和傑瑞」（Ben and Jerry）工作，而不是講求現實政治、宛若季辛吉的皮諾打工，我不由得會幻想自己拿著胡椒研磨器砸爛她那張蠢臉，算是給她點素材寫寫。

終局將至時，有一次，史蒂芬和阿斐多這兩個都快山窮水盡的傢伙，找我到附近的「破達菲」（Scruffy Duffy's）酒吧安安靜靜地談談。

「老兄，他們要幹掉你，」他們說，「你得想辦法，你快慘啦，他們要對付你。」

那當兒，我早已筋疲力竭。

「哥兒們，我知道，相信我……我知道。但我已盡力，不打算再多做什麼了，我已經是卯足了勁，盡力而為，我**知道**我遲早會被幹掉的，幹掉就幹掉吧。我現在不想做的事，以後也不打算做，抱歉了。」

當「瘋狂六一」在出乎意料的情況下突然關門大吉時，我就知道我在這兒的日子不久了，而「瘋狂六一」關門應是波諾和巴尼百貨的業主普雷斯曼家族（**Pressmans**）彼此較勁搞得很難看的結果。我在演練理論的成份大於真正感興趣的情況下，問那位卑鄙的總經理和我的大廚，對此處情勢的發展有什麼看法，這會兒會有五十位左右長期效力的忠實員工逍遙自在、無拘無束，都想在公司內部另尋差事，我當然曉得答案，我只不過想看看他們會不會當著我的面撒謊，他們可沒讓我失望。

我們一幫人有一天晚上一起出去喝一杯，連我一共八個人，每個人都知道我尚未得知的事：就是公司將叫我下台，跟原是我的大廚的那個令人作嘔、有虐待狂的卑鄙小人共事。（我看到他老愛拍打那些厄瓜多爾人的肩膀，後者往往弄不清楚他是不是在開玩笑，我馬上就提出懸賞，誰要還手，我一次給他五美元。）

第二天晚上快收班時，總經理在酒吧點了一杯馬丁尼等著我過去，我知道大限已至。一開始，他咬文嚼字，用盡花言巧語，叨唸著公司要重新部署人馬，虛情假意地誇將我的工作表現等等。我很快打斷他的話，我稍早傷了我的大拇指，雖然包了蝴蝶形的ＯＫ繃和三層繃帶，還是血流不止；他在那兒說話時，血一直往我褲腳上滴，然後滴滴答答地落到地板上。

「廢話少說，該說什就直說，」我說，「是要叫我走路還是怎樣？」

「不，不……當然不是，」他露出一口粲然白牙說，「我們想要你留下來——當大廚。」

我拒絕，收拾我的東西，立刻打道回府，在家裡幾乎是一口氣連睡三天半。

對於在「瘋狂可可劇場」工作的日子，我並不怎麼懷念，但我的確想念那兒的食物：灑了糖、淋了義大利香脂醋的草莓，加上一點薄荷；佩蒂．傑克遜（**Patti Jackson**）美味的西瓜冰淇淋百匯；妙不可言的羅比歐拉（**robiola**）乳酪加白松露披薩，餅皮是佛卡夏麵包；加了海鹽和橄欖油的薄脆餅（**carta di musica**）；家常自製的義大利麵食和新鮮現作的番茄醬汁。

當我回想起我和皮諾與其他幾位他手下的主廚，同桌而坐品嚐菜餚的時光，心底仍有一股暖流，我們每人吃上一口，就把盤子傳給左側的人。我懷念聽他侃侃而談初來美國的歲月，當年的苦與樂。我喜歡他對食物的狂熱，他小時候在義大利吃到的東西，好比烏賊、章魚、鯖魚和沙丁魚——童年的時光和地方，距離他現在的生活，何其遙遠。眼下，他擁有考究合身的西裝、手機、由私人司機駕駛的名車，身側常有人隨侍，也不乏仰其鼻息者。雖然有些曾遭皮諾折騰的主廚對他頗有微詞，而他們說的也顯然是真話，我卻欠他很大一份情。他教會我愛上義大利菜，讓我對義大利菜略知一二。再則，他教會我煮義大利麵，以地道正確的方法煮麵，如何運用三、四樣材料，以高尚、純正又不假仙的手法燒菜。他也教會我要更小心提防左右，機會來時要盡量把握。我學到了許多食譜和技法，至今依然受用。

我還欠他一些別的，對此我心懷感激，我也要謝謝我當時手底下的大廚。我在「瘋狂可可劇場」和「老媽」工作的短短日子裡，收集了一大堆電話號碼，其中有一些是廚藝高明的厄瓜多爾人。

後來，我就任新職，挖了他旗下若干位頂尖廚師，他們直到今天都是我的摯友和好同事。

譯註：

①戴蒙（Legs Diamond）：二十世紀初的紐約愛爾蘭裔黑幫份子。
榮庸（Damon Runyon）：二十世紀初的報人兼作家。
羅斯坦（Arnold Rothstein）：知名賭徒，和戴蒙是一夥。
溫契爾時代（The Winchell Era）：溫契爾時代中的溫契爾指的是華德・溫契爾（Walter Winchell），一九三〇年代紐約著名專欄作家，可說是八卦專欄的老祖宗。

# 甜點

## DESSERT

# 生命中的一天

A DAY IN THE LIFE

多虧了我在大腳那兒受到的訓練，我一大早差五分六點時就會自動醒來，天還沒亮，我在黑暗中再躺一會兒，抽根菸，腦海中盤算著今天的特餐和備料清單。星期五了，週末的貨今天會送來，有二十五箱的沙拉用什錦生菜、十八箱愛達荷七十顆裝馬鈴薯、四副四分之一隻的羔羊（前半截屠體的再一半）、兩箱牛腰內肉，還有成百上千磅的肉、骨頭、蔬果、海鮮、乾貨和乳製品。我知道有什麼東西要送來，也知道大致上送貨來的先後次序，所以我已經在腦海中做好分類——要先做什麼？由誰來做？又有什麼可以晚一點再處理。

我趁刷牙時打開蓮蓬頭，吞了今天頭兩片阿斯匹靈，回想著我的冷藏室裡還有哪些積存數日的貨色，我得把哪些拿出來做成特別菜色賣掉。我聽到咖啡磨豆機響起，南西起床了，我只剩幾分鐘時間可以不受打擾，專心思考食物的部署問題，然後我就得表現得像普通人幾分鐘了。

我和妻子一同看地方新聞與氣象報告，職業病使然，特別注意今天有無重要的體育賽事、交通狀況，還有最重要的，週末氣象預報。天氣晴朗又涼爽，沒有大比賽？那就表示今晚生意會門庭若市，意味著我得將近午夜時分才能爬回家。這會兒，我一邊心不在焉地看著電視，一邊聽南西講話，腦中同時在微調今天的特餐菜餚：要是菜色太複雜，或一道特別菜得用上好幾口鍋子，燒烤站會應付不過來，因此我需要簡單、快速又很容易出菜的菜色，而且得是週末土包子顧客喜歡的東西。今晚和週六晚上光顧的客人跟平日來餐廳吃飯的主顧不同，這一點必須列入考慮。舉個例子，野兔肉鑲肥肝就不適合週末供應；大多數老百姓沒聽過的魚類也賣不動。週末要的是大夥耳熟能詳的東西，好比蝦、龍蝦、丁骨牛排、蟹肉、鮪魚和旗魚。幸好我還有些青鮒，這玩意人見人愛。

我往北朝百老匯方向走，鑽進計程車時，心裡想著的海鮮主菜特餐是義式茄汁架烤鮪魚佐烤馬鈴薯與架烤蘆筍。我那工作超重的燒烤師傅可以把預先烤熟的馬鈴薯和川燙過的蘆筍，放在燒得火紅的鐵板上加熱，把鮪魚放到烤架上很快烤一下，他只需要當場熱一下醬汁，海鮮特餐就完大功告成了。特別開胃菜是辣香腸、韭蔥、番茄和白酒蒸鳥蛤，只要一口鍋子便能變出美味；後方的爐子上快活地蒸煮著鳥蛤時，我的冷盤師傅可以把沙拉、肉醬、義大利方餃和油封鴨裝盤。肉類主菜特餐就比較棘手，我上週做過始終受歡迎的丁骨牛排，一連兩週都推出同樣的菜色，有損餐館的法國風味，那些昂貴的大塊牛肉又花掉我一半的食材成本。鮪魚已經佔掉燒烤架，因此得由煎炒站負責做肉類特餐。今晚在煎炒站當班的，是我的副主廚，他原就有一大堆的備料工作得應付，手忙腳亂地從塞得滿滿的小冰箱取出所有的配菜和備料，這些還都只能應付常備菜單所需。他隨時都得準備好烹製客人點的白酒煮淡菜、血腸佐焦糖蘋果、納伐蘭式燉羔羊肉（配料多得嚇死人，有袖珍胡蘿蔔、珍珠洋蔥、尼斯橄欖、油封蒜、番茄泥、蠶豆和新鮮香草末）、胡椒腓力牛肉、胡椒牛排、韃靼牛肉、洋香菜小牛肝、吐魯斯白豆砂鍋、鴨胸佐蜂蜜溫椁醬汁、受歡迎到可笑地步的豬腰內肉、豬腳，還有今晚的特餐，管它會是什麼。

還有選擇的餘地：有兩條鹿腿和若干整隻的雉雞會送來，我選雉雞。這道菜是用烤的，這代表可以事先烤到半熟，如此我的副主廚就只需要剔去骨頭，送進烤箱烤熟，再熱配菜和醬汁，就可以上菜。輕鬆便可完成的特餐算是備胎，應該多少有點幫助。

我人還沒到「中央市場」（Les Halles），便已把事情都編排得井井有條。一如往常，我第一個到——不過偶爾我的烘焙師傅會早到，讓我大吃一驚——餐廳這時一片漆黑。吧檯後面的音響大聲播放著騷沙音樂，這是夜班清潔工要聽的。我查閱今晚的訂位記錄，看到已有八十位左右，我又查了前一晚的數字（侍者領班已將訂位人數和直接上門的人數相加），發覺我們燒了二百八十餐，很不賴，對於我的食物成本來說，是個好兆頭。賣越多的牛排薯條，數字就越好看。我翻閱經理的日誌，這本筆記本供晚班經理和日班經理溝通而用，上面記載顧客投訴、待修設備、員工不良行為和重要的來電。我在日誌上看到，我的燒烤師傅罵一個侍者是「龜孫子」，而且以「帶有脅迫意味的方式」用拳頭敲砧板一下，當時離午夜打烊還有三分鐘，五位客人搖搖晃晃進門來，點了五客牛肋排，七分熟（烹調時間四十五分鐘）。我一邊喝著從隔壁熟食店買來的帶點硬紙杯味的咖啡，一邊穿過廚房，特別看了一下夜班清潔工清理得乾不乾淨，看來不錯。海米在樓梯對我咧嘴而笑，他拖著滿滿一包的濕餐巾、桌布，說：「主廚，您好！」他渾身髒兮兮的，他因為清理被食物弄得污跡斑斑的廚房髒地板，又得搬運上百磅的垃圾到屋外馬路上，白色的衣服都快變成黑色了。我跟他走下去，穿越仍然濕漉漉的地窖到辦公室，一屁股坐在我的桌前，點燃今天的第十根菸，翻抽屜找肉類盤存／訂貨表格。頭一樁得做的事就是查出來我手邊有多少切好、組裝好的肉，倘若存貨不多，我得叫切肉師傅早點來，倘若存貨還足夠今晚用，我還是得及早下明天的訂單。「中央市場」的切肉師傅忙得很，他不只為公園大道的本店切肉，還得替我們在華府、邁阿密和東京的分店切肉。

我踢掉鞋子，換上格子褲、主廚外套、荷蘭木屐式便鞋和圍裙。我找到我的刀具組，往裡頭塞了厚厚一疊抹布，在外套上横著夾上一枝筆（這樣我彎腰時筆才不會掉落）。我從桌上拾起一串鑰匙，將乾貨儲藏室、冷藏室、冷藏櫃、糕餅箱和冷凍庫的鎖一一打開。我拉開切肉室的塑膠簾，這個地方裝了冷藏設備，很清涼，切肉師傅就在這兒切肉，我順手從工作檯上一把抄起助理切肉師的手提音響。刀子、抹布、收音機、寫字板和鑰匙都有了，我爬上樓梯回到廚房。

我收集了不少七〇年代紐約龐克搖滾經典歌曲的錄音帶，有「死亡少年」（Dead Boys）、「理查黑兒」（Richard Hell）、「虛空」（Voidoids）、「碎心者」（Heartbreakers）、「雷蒙」（Ramones）、「電視」（Television）等等，我的墨西哥燒烤廚師也滿喜歡的，年紀輕輕的他喜歡搖頭晃腦的重搖滾，好比「羅布活死人」（Rob Zombie）、「瑪麗蓮曼森」（Marilyn Manson）、「討伐體制」（Rage Against the Machine）等，所以我的音樂選集不致冒犯他。他來的時候，我正在清理空煎炒站的冰箱。卡洛斯一眉戴著眉環，身材如米開朗基羅的雕像，自認是煮湯大師。他一開口就問我有沒有進紅笛鯛魚骨，不管什麼湯，只要能加茴香酒的，卡洛斯就喜歡，所以今天的魚湯佐紅椒大蒜醬，是他很愛做的湯。歐馬第二個到班，這位冷盤師傅一隻臂膀上刺著濃密的鐵絲網花紋。皇后區其他居民緊接而來，他們是一副道上兄弟調調的備料領班賽昆多、洗碗工拉蒙和糕點師傅珍寧。總經理卡美莉亞最後一個到，她是走路來上班，我們用法語說「早安」、「你好嗎」，互相問了好。

不久，每個人都在幹活了：卡洛斯烤熬高湯用的骨頭，我呢，熱醬汁，把臀肉牛排、腓力米濃牛排、豬腰內肉、鴨胸和肝按每份份量一一分裝。在中午十二點以前，我得切好牛臀肉和腓力並裹上胡椒，剝去小牛肝的薄膜並切片，弄白豆砂鍋，做焦糖蘋果，燙袖珍胡蘿蔔，煮油封大蒜，把乳酪屑、洋蔥湯、海鹽、碎胡椒、麵包屑、烹飪油等一一裝至容器內。我得利用現有材料想出義大利麵特餐的內容，替卡洛斯做義式茄汁，還得煮佐雉雞的醬汁，最煩人的是，我得新做一批納伐蘭式燉羔羊肉，這得花上一大半的上午，佔去大部分的爐頭。在這一堆事當中，我還得抽空替卡美莉亞寫特餐菜單，以便輸入電腦並定好價錢（九點半的時候，她會開始透用對講機催我，用她濃重的法國口音問我「踩蛋」好了沒有。）

送貨員不斷請我簽字，打斷我的工作，我沒有夠多的時間來好好檢查他們送來的貨。我巴不得能挨過去查看每條魚的鰓，撥弄一下每一種蔬菜，可惜不行——我沒有時間。幸好我的供應商都知道我是個情緒不穩到危險地步、滿口髒話的渾球，要是他們送來的貨我不喜歡，他們知道我稍後會打電話過去大呼小叫，叫他們馬上過來，「把這狗屎玩意帶走！」一般說來，我都拿到很不錯的貨色，我的供應商若讓我開心，對他們有好處。不過反常的是，蔬果農產遲遲未到。我緊張地看著廚房鐘，所剩時間不多了。我在十一點得主持「試菜」，讓外場人員試吃今天的特餐，並得詳盡加以解說，這樣他們才不至於把雉雞形容成「有點像雞肉」。切肉師來了，他看來像是和衣睡了一夜。我緊跟著他的屁股，衝到樓下去取我今天要的肉：堆積如山的牛奶箱裡裝滿包裹著保鮮膜的牛肋排、肋眼牛排、臀肉牛排、羔羊排、燉煮用羔羊肉、香料香腸、吐魯斯香腸、里昂臘腸、豬五花肉、腹肉牛排、零碎肉塊、做韃靼牛排用的肉、包了培根和大蒜的豬腰內肉、肝醬、肉醬、肉凍和雞肉。我簽了字，把這一落箱子推到角落，讓賽昆多替我存放起來。我人還在樓下，開始裝我自己的牛奶箱，盡量少用幾個箱子來把今日所需東西都塞進去，這樣我就可以不必在樓梯上下來回跑太多趟。我預感今天中午生意會很忙，而今晚我會像彈簧小丑似的在樓梯上上下下，所以這會兒能少跑幾趟不無小補。我在箱中裝了豬肉、肝、臀肉牛排、腓力牛排、鴨胸、一袋豌豆，還有做醬汁的烹調藥草與醋。我給了洗碗工拉蒙一張單子，吩咐他再替我搬些東西上去，好比待熬煮濃縮的醬汁、乳酪屑之類，都是些他容易辨認、用不著找人翻譯或幫忙搜尋的東西。

我的廚站（煎炒）僅有一座六爐嘴的嘉蘭牌（Garland）爐灶，旁邊還有一座爐台，上面放了做醬汁和洋蔥湯的雙層鍋，爐上還有幾鍋高湯，分別是小牛、雞、羔羊和豬肉口味，這些都要用小火慢熬到晚上。在供餐時段當中，我有一口爐嘴要專用來燒一鍋熱水，好讓歐馬煮義大利餃，如此一來，我有五口爐嘴可用。我右前方那口，多半時候也得讓給歐馬用，以便他煎炒捲葉沙拉要用的培根、烙煎腹肉牛排沙拉要用的小塊牛肉、用鴨脂煎油封鴨要用的馬鈴薯丁，還要煮鳥蛤。這樣，我就只有四口爐嘴全歸我用來做各式菜色，隨便哪一道菜都可能一份就得用上兩口爐嘴。不久以後，就會有一堆煎炒鍋像一節節的火車似地排排站，等著加熱，我得隨時注意該先做那一鍋。比方說，如果一張六人桌點了兩客鴨胸、一客豬腰內肉、一客白豆砂鍋、一客血腸和一客義大利麵，那麼單是那桌就用上九個煎炒鍋。

在熬煮做鴨醬汁所需的濃縮糖醋汁時，手提音響播放著「死亡少年」的〈音速濃縮〉

（Sonic Reducer），我得側身騰出空間給珍寧，她正在熱氣氤氳的煮麵鍋上融化巧克力。我並不覺得氣惱，因為她曉得如何儘量不干擾到我做事，而且我還滿喜歡她的。她是皇后區人，以前當過女侍，雖然剛出校門，卻很吃苦耐勞。在我就任以前，她便得忍耐一個橫眉豎眼、動輒發怒的法國副主廚、一群性好漁色的墨西哥同事，還有似乎專愛找她麻煩的經理。她從未請過病假，從未遲到，而且邊做邊學，學得很像樣。每週六她都把自己的庫存物品列清單，由於我討厭黏糊糊、甜兮兮又有很多水果味的東西，她這麼做可幫了我一個大忙。前頭說過，我欣賞在忙碌廚房裡幹活的強悍女性，各位在讀到本書許多章節時，或也想像得到，在我們這蓄意裝傻又與世隔絕、煉獄一般的小角落中，她們不得不忍受很多狀況，在這男性荷爾蒙如此旺盛的世界中，能夠生存下來且卓然有成的女性真有如鳳毛麟角。珍寧適應得很好，她已經成功激怒整個外場，因為她聲稱連我們隨咖啡附送的瑪德蓮小蛋糕都一一清點，列好存貨清單。我對她的表現很滿意，我一般不怎麼看得起糕點師傅，她例外。

我旁邊的冷菜師傅歐馬自動自發，我連看也不必看，就知道他在廚站上幹嘛：把菜裝進瓦罐中，做沙拉醬，給準備做成油封鴨的鴨腿抹上海鹽，小火慢煨白豆砂鍋要用的五花肉，用打蛋器打羅揚風味義大利餃（ravioli de Royan）要用蘑菇沙芭雍醬。他那廂的狀況難得需要我操心。我聞到茴香酒的氣味，所以我不必看也曉得卡洛斯在做什麼，魚湯嘛。

賽昆多在樓下前貨物出入口收送來的貨，我每隔數分鐘便聽見門鈴聲，又有幾噸的東西送來。他已將把我的冷藏室大門敞得開開的，就像個等著做心臟手術的病人，新貨得搬到裡面，淘汰舊的、難看的，還有藏在醬汁與高湯後面、有時放在黑暗角落中被人遺忘或忽略的「科學實驗品」。這傢伙長得一臉橫肉，其他的墨西哥人說他身邊帶著槍，堅稱他吸食「稀釋劑」和「顏料」，說他在牢裡蹲過好一陣子。他就算殺了甘迺迪，我也不在乎，這小子是我有過的最厲害的備料師傅。我真搞不懂他怎麼找得到時間和力氣來又收貨又做那些繁瑣的備料工作，好比清理烏賊、洗淡菜和菠菜、切番茄丁、切韭蔥絲、片魚柳、給豬腳去骨並包起來、碾碎胡椒等等，另一方面還能抽空將洋香菜剁成又美又細薄如絲縷的碎末（用的還是大號的屠刀）。

最後一位到班的是我們的炸薯條師傅，在「中央市場」，這是份全職工作，我們的薯條遠近馳名，而且理當有名。米蓋長相儼如阿茲特克國王的直系後代子孫，他一整天不幹別的，就是削馬鈴薯，切馬鈴薯，預炸馬鈴薯，然後在供餐時段將薯條扔進華氏三百七十五度的花生油中，接著拌上鹽，然後用手把熱騰騰的炸薯條裝盤，這活兒我幹過幾次，你手上得有厚厚的繭才做得來。

我在十一點召集服務人員試菜，新來的侍者沒聽過風乾火腿，我的心陡地一沉。我一一說出今日特餐的名稱，慢慢地講，每個音節都儘量清楚發音，好讓那些反應較慢、頭腦較笨的人聽得懂。湯品是魚湯佐紅椒大蒜醬，也就是大蒜甜椒美奶滋，這是講給菜鳥聽的。麵食是細扁麵拌烤蔬菜、大蒜、袖珍朝鮮薊、羅勒和特級橄欖油。今天的烤全魚用的是黑鱸魚——不是條紋鱸魚哦，這是講給較不機靈的學生聽的——外敷布列塔尼鹽殼。今日鮮魚是義式茄汁架烤鮪魚、蘆筍和烤馬鈴薯，有沒有人需要我再一次說明義式茄汁是什麼？肉類特餐是烤雉雞佐波特酒醬汁和煨紅包心菜。還有一客兩人份的腰肉牛排（faux filet，那是沙朗外圍尾端的一大塊肉，由侍者在桌邊切片，一客五十大洋）。特別甜點是焦糖洋梨塔（tarte Tatin）。今天的外場陣容還不算太糟，有「郝醫師」、「業餘內衣名模摩根」、「老兵肯恩」（你在街上就聽得到他大聲狂笑，倘若要選拔哪位侍者最有可能基於暴怒而理成光頭，爬到大樓頂，舉槍掃射陌生人，他會是大夥的首選）；還有一位新進人員，就是沒聽過風乾火腿的那個。我連他的名字都懶得記，我猜他不會在我們這兒久待。有兩位收盤員，一位是沉默寡言的葡萄牙工作狂，另一位是孟加拉懶惰蟲；按慣例，這兩位正好截長補短。

我今天的跑堂是穆罕莫德，廚房裡給他起了西班牙語的外號，叫「屁股」，他是我們這裡最能幹的一位，幸好今天有他當班，因為看來今天會很很忙。另一位跑堂，姑且稱之為歐斯曼吧，當生意忙得不可開交時，他往往就會失控，他每發到S這字母的音，好比說 musssselss（淡菜）、meat sspesssiall（特餐）、cavlesss（小牛肉）等等時，嘶嘶作響的很討厭，尤其是當你忙得焦頭爛額時，更是聽了難過。「屁股」立刻開始摘茴芹的嫩葉，擺配菜，把義大利乾酪屑、北非辣醬、迷迭香和百里香、格狀薯片一一盛進小瓦盅裡，並且從餐具盒裡挑出我最喜歡的醬汁杓。

我忙活歸忙活，還是想辦法在外頭街上開了兩次祕密會議，我的線民向我報告前一晚（我走了以後）的情形，我在調查在經理日誌上看到的燒烤師傅狀況，結果不是什麼大不了的事。我在酒窖附近還跟另一位短短晤談，他告訴我邁阿密分店最新的八卦，還有我們在四十七街的姐妹餐廳「瑪黑」（Le Marais）近來的動向，以及高層主管和經營權短期內可能發生的變動，再一次，內容都是我已經知道或早已料中的事。我喜歡我的老闆，我想他們也喜歡我，所以我其實只是好奇心作祟，並不是因為在妄想什麼才一直在蒐集、分析從遠地分店和會議室傳來的情報。此外，我也喜歡從不同的來源聽到同一件事的不同說法，這會讓你看事情有更多的角度，有時還能透露出某一來源將什麼事情略而不提，或加以扭曲以製造某種印象，這會令我納悶：為什麼？我一星期中有幾次，會跟特定的人貌似推心置腹地聊一聊，好玩嘛。過後，當話又傳回到我耳邊時，便能看出資料傳播的有趣路線地圖，好像照了X光，顯示出誰向誰打了小報告。這套把戲有各種有趣的玩法，好比說，盤算好預定的目標，然後對人盡皆知的某個大嘴巴提供錯誤的資訊。我所聽到的消息多半都毫無用處、不確實也不怎麼有意思。可是我喜歡保持消息靈通，說不定日後會派上用場。

中午十二點，顧客成群湧來，馬上就衝著我來，叫我有苦說不出：一客豬腰內肉、二客血腸、一份客牛肝和一客雉雞，全是同一桌客人點的。血腸要花最多的時間，因此立刻就得進烤箱。首先，我拿雞尾酒叉在腸衣上戳幾個洞，以免血腸在烤箱中爆炸，然後抓了一把焦糖蘋果塊，扔進煎炒鍋中，加進一點全脂牛油，待會再做。我在鍋中熱了煎豬肉所需的牛油和蔬菜油，另外先給厚厚一片小牛肝灑了鹽和胡椒，接著丟進一鍋麵粉中，在另一口煎炒鍋中加熱要用來煎肝的牛油和蔬菜油。趁著熱油的時候，我將半隻去骨的雉雞放在鐵板上，準備放進烤箱，轉過身子將波特酒醬汁加進小醬汁鍋中，讓汁煮到濃縮。鍋子熱了，我烙煎豬肉，煎炒小牛肝，豬肉放在另一塊鐵板上，直接進烤箱。我把葡萄酒和高湯加進熱鍋中熗煮，加進豬肉醬汁、一點油封大蒜，然後把鍋子移到一邊，稍後再來煮並「上」牛油。小牛肝已半熟，我將它移至另一塊鐵板上，我炒了一點紅蔥頭末，用紅酒醋熗鍋，加了一點小牛骨濃汁，調味後移到旁邊。有人點了淡菜，緊跟著是一客鴨胸，我拿起一口鍋子放在爐上準備做鴨胸，把淡菜、番茄泥、大蒜、紅蔥頭、白葡萄酒和調味料放進冷鍋中，淡菜要不了多久就熟了，最後加點牛油和洋香菜便大功告成。

更多點菜單進來，這會兒真的是忙到水深火熱了：又一客雉雞，更多份豬肉，再一客小牛肝，還有，哎呀！一份燉羔羊肉，雖然是一鍋搞定的菜，我卻得在矮冰箱裡扔掏個半天，才能找齊所有的配料。廚站忙得不可開交時要保持進度超前，關鍵在於「屁股」一報出菜名，便即刻動手，備好鍋子，該烙煎的快烙，迅速將東西放進烤箱，即起即行，這樣一來，待會兒公告板上貼滿點菜單複本時，我不必再查對單子，就知道自己手頭上在做什麼，緊接著又要做什麼。

「十二桌好了！」卡洛斯說，他已做好一大堆牛排、肉片和幾客鮪魚。他想知道我這裡是不是快好了。「十二桌上菜！」我說。米蓋開始往油鍋中倒薯條，我請歐馬給我配血腸的薯泥，把蘋果放在爐上炒了一下，煮小牛肝醬汁並加進牛油，將豬腰內肉取出烤箱並剪掉綁肉的線，熱配雉雞的馬鈴薯和蔬菜，把雉雞醬汁擠進兩口鍋子間，放在後爐嘴上加熱，將淡菜離火，倒進備好的碗內，一邊用西班牙語對米蓋喊「配淡菜的薯條」，一邊轉身低頭查看我的鴨胸。醬汁鍋中有鴨醬汁和溫梣，眼下沒有空間了，我得直接就這麼加熱了。點菜單真雪片般飛來，印表嗒嗒嗒一刻不停地印著單子。單子還在機器上頭打印時，我就不時瞄上兩眼，好像跑壘員在留心盜壘信號，想知道我接下來會需要什麼。對講機響起，我不耐煩地拿起話筒。

「主廚一線有電話。」領檯員說。

我按了一下一閃一閃的綠燈，是推銷員，想賣燻魚給我。我以和藹又輕快的語氣回話，拿出大腳式作風，將他引入陷阱，在他劈里啪啦講完他一共有哪些精緻美食，我佯裝反應有點慢又困惑，說：「讓我來把事情搞清楚，你想要賣食物給我，是吧？」「是啊！」這位推銷員說，聽來信心大增，因為我有興趣而且顯然不怎麼聰明。「一般說來，你的思是，」我繼續往下講，「你有，怎麼說，一大堆的餐廳客戶——其實，你的意思大概是，怎麼說呢，你做的這門生意是專為餐廳服務……尤其是主廚吧？」「哦，是啊！」這個腦殘的推銷員說，開始列舉一些日常往來、大有來頭的客戶，說出買他家上等的燻鱘魚、鮭魚、鱒魚和魚卵的主廚大名。我聽夠了，不客氣地打斷他。「那麼……你幹嘛在他媽的午餐尖峰時段他媽的打電話來？！」我對著話筒嚷道，猛然掛了電話。

我及時趕上鴨胸烤好，再給它翻個面，讓皮朝下，取出烤箱。有人點了胡椒腓力牛排——午餐例行菜單上並沒有這道菜——可是「屁股」說，點菜的是位熟客，而且我也有材料，所以就開始烙牛排。又一客義大利麵，我將特級橄欖油倒進鍋中，炒了一點如紙般飛薄的蒜片和一點碎的乾辣椒，加進朝鮮薊、烤蔬菜和橄欖。我也說不上來是何緣故，可是每當我做義大利麵時，總會哼起東尼・班奈特（Tony Bennett）或狄恩・馬丁（Dean Martin）的歌曲，今天哼的是

〈難道不是當頭棒喝〉（Ain't That a Kick in the Head）。我喜歡做義大利麵，說不定是因為在我心靈中某個幽暗的地方，一直想要當義裔美國人；也說不定是在把羅勒下鍋以後，再噴一點特級橄欖油讓醬汁濃稠的情景令我亢奮使然，我說不上來。更多的豬腰內肉，跑堂朝著樓下喊珍寧上來，她正在地下室的糕點部做水果蛋糕的麵糊，她趕緊跑上來給甜點裝盤……

截至目前，我們的情況還不錯，我趕得上燒烤部的速度，這一部門出菜較快（除非同一桌有人點肋眼牛排、兩人份的腰肉牛排或烤全魚，這些會讓出菜速度變慢）。歐馬也來得及出開胃菜，我感覺真的不錯，進入忘我的境界。不論客人點了什麼菜，又點了多少，我的雙手總落在該落的地方，我的行動依然敏捷，我的廚站看來也仍然乾淨又井然有序，我的心情很好，把菜送到出菜口時還轉個盤子，耍點花樣，並和卡洛斯開個玩笑，還找得出時間罵罵「郝醫師」，也不先問一聲就開了胡椒腓力牛排的單子。

「阿郝，你這染梅毒、沒大腦沒主見、愛吃美奶滋、一心想當二流福音藝人的混帳東西，你敢再不先問一聲就給我開特別的點菜單，我跟卡洛斯就會在你脖子上戳兩個洞，再把屌插進洞裡頭！」。

阿郝縮了一下身子，神經質地笑笑，急匆匆跑回外場，嘴裡嘟嘟囔囔道著歉。

「主廚，」歐馬一臉愧疚的樣子，說：「沒有番茄了。」

我的下巴快掉下來，眼前一片白。

我訂了番茄。我以為番茄已經送來了，這時想起，我是分三家公司訂的番茄。我打對講機給賽昆多，叫他火速給我過來。我也很氣歐馬，怎麼等到番茄用完了才跟我說沒貨了。

「他媽的是怎麼回事？」我問賽昆多，活像個到操場放封的囚犯似的，沒精打采地站在門口。「『包多』（Baldor）沒來。」他說，我一聽火氣上來，暴跳如雷。「包多」雖說是家很不錯的蔬果供應商，可是近日來已兩次遲送貨，我已經打過電話，老實不客氣地罵了對方一頓，更糟的是，這害我不得不跟另一家較差的公司訂貨，直到「包多」明白事理，開始早點送貨。眼下已無番茄，也沒有貨要送來，尖鋒時刻又逐漸逼近，我氣壞了。我打電話給「包多」，劈頭就罵：「你們那裡上班的都是些什麼貨色啊？是吸強力膠的，還是吸快克的？你們沒接到我的訂單？什麼話？我他媽的親自打電話訂的貨……跟我講話的是一個人類！甚至不是答錄機！你卻跟我說沒接到我的訂單？我他媽的跟三家蔬果供應商往來！三家！每次都是你們他媽的整我！」我掛上電話，將幾口鍋子移開爐火，又加了一些淡菜，把醬汁淋在鴨肉上，撥弄一下雛雞，看了看寫字板。我吩咐「屁股」到對街的「公園小館」（Park Bistro），向主廚借點番茄，說到一半卻在寫字板夾著的核對表上看到，我真的沒向「包多」訂貨，是跟另一家公司訂的番茄。我沒空為我犯的錯誤感到不安——事過境遷才會。我在對無辜的「包多」大吼小叫後，氣也消了，因此當我打電話給該責怪的公司時，已拿不出嚴厲的口氣。結果事情是，我訂的貨送錯地方，送給另一家名叫「萊拉」（Layla）的餐館，而非「中央市場」。我在心裡提醒自己，以後提到我的餐廳時，要用美語腔調發音①。這家公司的調度員為弄錯地方致歉，保證在一個小時內就把貨送到，並賠我一百美元。

更多的鴨肉，更多的雉雞，一大堆的淡菜，沒完沒了的豬腰內肉……午餐的尖峰時段總算慢慢過去了。我在樓梯間好好地抽根菸，卡洛斯則繼續埋首煎烤牛排、肉排和薄肉片，我的廚站沒事。我的特產供應商「達泰良」（D'Artagnan）來了，送來的貨有肥肝、鴨腿，還有意想不到的好貨——一頭二百磅重的放養豬，一整頭，這是我的老闆之一荷西（José de Meirelles）訂的，要交給肉品師傅做肉醬和豬頭肉。我呢，我舉得起體重二百磅、活生生會呼吸的人——也只有幾秒鐘——可是要拉著豬蹄，把二百磅難看又沉重的死豬從餐廳拖下樓梯到切肉部去，得四位壯漢才有辦法。切肉師傅、肉品師傅、洗碗工和我合力對付這畜牲，把牠拖到樓下，每下一階，豬頭就彈跳一次，還真恐怖。我嘟嘟囔囔自言自語，這下子我可明白處理屍體是什麼滋味了。我不羨慕黑幫份子——這差事太苦啦！

總經理和領檯員坐下來用午餐，兩份烏賊，不加油、蒜，一份不加醬汁的魚特餐、一份根芹菜拌蛋黃醬。我的新任法國副主廚法蘭克來了，我給他一張單子，列出晚間特餐、備料、待辦事項和需要留心的事項。待會兒他就要接管煎炒站，讓我鬆一口氣，我真是感激不盡……我的膝蓋在痛，腳比平常疼得更厲害。

老闆荷西過來，想帶我去農民市集（Greenmarket）。我趕快收拾尚未了的活兒，確認法蘭克一切都明白了，然後步行至市集，行經十一個街區左右。我們在蔬果攤上東摸西摸，又是聞又是捏，好生挑揀了一番，一個小時後帶著洋梨、檸檬馬鞭草、一些袖珍茴香、手指馬鈴薯和一些帶著葉子的蕪菁回到餐廳，我得利用這些東西變出特餐來。「中央市場」流傳一個笑話說，只要荷西一進門，食物成本就會上升兩個百分點。要不是我大聲抱怨，這位老兄會請我把諾曼第牛油和肥肝加進所有的醬汁裡，在每道菜裡添點新鮮松露當配料——可是，他熱愛食物，能有這樣的老闆是好事。每當荷西聽說黑松露即將上市，第一批軟殼蟹已上市——即便一打要六十美元（！）——還是有任何當令、優質、經典法式、野味十足或很難張羅的食材時，臉上便會浮現如夢似幻的神情。他不計代價，都要做頭一個賣這些菜的人。這個策略似乎奏效，我們的生意容或主要靠賣牛排薯條在支撐，但是當熟客發現一盤價值十五美元的珍奇食材，他們只要花二十美元就吃得到時，總是又驚又喜，這種額外的小優惠有助培養忠實的客群。在荷西手底下工作，意味著時常會意外收到有人送來非常容易腐壞和非常昂貴的食材，我得想方設法把這些東西賣掉，然而有哪位主廚不愛手上有一大堆還滴著英吉利海峽海水的生猛多佛舌鰨呢？好吧，我的燒烤師傅不會很興奮，是他得按部就班，把這些魚去皮去骨然後拼回成原樣——這也只能算他倒楣。

從市集回來後，晚班人員在更衣室著裝，我有不多不少剛好足夠的時間來整合週六的訂貨單，我很喜歡做這件事。我和我年輕的黑道朋友賽昆多把冷藏間和冰箱整個檢查了一遍，我腋下夾著兩個寫字板：一個用來夾訂貨單（一張紙記星期六的，另一張記星期一的），另一個則用來夾備料單——也就是明天待辦事項清單。

我按照公司來區分，星期一的鮮肉訂單給「德布拉嘉」（De Bragga），培根訂單給「夏魏」（Schaller and Webber），蔬果訂單給「芮李」（Riviera）——我這會兒還不好意思跟「包多」聯絡。我看到我需要四十磅的白水淡菜、三十磅的烏賊、八條全魚，還需要做星期六、日海鮮特餐的魚。我打電話到「野食」魚店（Wild Edibles）給克里斯・杰拉吉（Chris Gerage），他也在皮諾旗下當過主廚，我們倆商量明天該做什麼好。我選了野生的條紋鱸魚、帝王鮭，還有做特色開胃菜的小章魚。乾貨嘛，週末想也不必想——星期六不送貨——不過我反正要開始準備星期一的訂單。我需要在星期一以前跟「達泰良」訂肥肝、鴨骨，或許來鴨胸，或許手筆大一點，訂一些新鮮的黑菌和鬱金菌做特餐——荷西一定會很樂——既然近來野豬肉替我賺了不少錢，說不定我可以靠著野豬肉來彌補蕈菇造成的損失。我在「達泰良」的清單上加了兩條野豬腿。賽昆多完全曉得我會按什麼次序，問他什麼——他已為我作好準備。

我們一一核對無甚出奇的各項細目，我講的西班牙語雖蹩腳，但還派得上用場：

「什錦生菜？」

「二十份。」他答道。

「白洋蔥。」

「一份。」

「紅蔥頭。」

「三份。」

不勝枚舉……

乳製品訂單得早下，不然他們會打電話給我，很煩人。所以我馬上打電話訂星期一的乳製品：兩份全脂牛奶、四大塊五十五磅的無鹽牛油、一箱特等濃鮮奶油、一箱大號雞蛋。另一家叫「大胃王」（Gourmand）的特產供應商需要提早訂貨，他們從華府送貨，所以我得儘快擬好訂單：塔伯白菜豆——這是我們用來做白豆砂鍋的一種高價白豆（吸收湯汁的情況好極了），還有做糕餅用的酥皮、做鴨醬汁的普羅旺斯蜂蜜、做尼斯沙拉的橄欖油浸白鯷魚、蝸牛、嫩菜豆……我已經在考慮下星期做法式清燉蔬菜牛肉鍋，需要很多昂貴的灰鹽當調味料。

日班的洗碗工拉蒙跟我說明天要請假一天去探望住院的親戚，不過晚班的小黑米連上兩班，替他代班。我很感激，因為最讓我煩心的事莫過於得臨時重排班表，我一向欣然見到我手下的員工做好內部協調，打點好一切。要打電話到我那批黑手黨手下家裡，簡直就不可能。他們多半聲稱家裡沒裝電話，即使裝了電話，接電話的人總是對一個問東問西的陌生北美佬充滿戒心，不大可能承認斐瑞茲先生、羅德里奎茲、賈西亞、桑卻士、里維拉的確住在這個地址。

身經百戰的資深侍者都來上班後，外場人員在五點半試吃晚餐菜色。他們像餓狼一般撲向員工伙食和供試嘗的菜，侍者吃東西的樣子可不怎麼好看，看到他們有什麼就搶食什麼，你會以為這些傢伙一文不名。侍者在廚房試吃晚餐菜色，因為從午餐到晚餐用餐區一直都有顧客。我說明當晚特餐內容，端出一道道菜時，周圍都是人，活像擁擠的地鐵車廂。他們用力撕扯那四盤菜，手抓雉雞，扯個四分五裂，奪食鮪魚時，叉子都快戳到別人，直接用手把鳥蛤送至自己油汪汪的大嘴，瞬間便把珍寧中看中吃的焦糖洋梨塔變得黑嘛嘛又髒兮兮的一片。我又吞了幾片阿斯匹靈。

五點四十五分，樓下擠滿了幹了一輩子侍者的晚班團隊，他們坐在牛奶箱上，折餐巾，抽菸，閒聊八卦，昨晚是誰喝醉了？是誰被通宵營業的黑幫夜總會撵出去，醒來發覺自己睡在家門邊的樹叢裡？有誰覺得今晚餐廳客滿，擠在吧檯邊的客人開始喊著快給他們位子時，新來的領班會失去控制、大發雷霆？哪一隊會贏得世界盃？誰覺得女星海瑟・葛拉罕（Heather Graham）真是正妹一名？誰**本週**會倒大楣，還有那兩個孟加拉收盤員那一回是怎麼會在用餐區大打出手，一個還拿著牛排刀捅了另一個？

晚餐時刻，跟平時一樣超額訂位——黃金時段有兩大桌各十二人訂位，我留在廚房負責跑單，期望到了十點，生意也許——只是也許哦——不會那麼忙，我還可以喝上兩杯雞尾酒，在十一點以前回家。可是我心中明白的很，這兩大桌人八成會多佔起碼一個小時的位子，我得待在這兒直到打烊。

還不到八點半，公告板就貼滿了，主菜點菜單被抽風機吹得不停飄動。在我右側的窗口下方，已盛盤的開胃菜排成一列，等著送到各桌；窗台上擺滿煎炒菜餚，油炸站前方的工作桌上放著一盤盤熟度不同的牛排。還是「屁股」在幹活，他也是連當兩班。他忙著雙手並用，把菜端出去，一次端上四、五盤。不過，我依然得不時逼迫收盤員或暫時沒事的侍者，把他們從咖啡和麵包站前聚集的侍者群中拉出來，或者叫把髒杯盤送回來的侍者，去送甜點。我可不想看到水果蛋糕上的冰淇淋融化，也不願見到巧克力慕斯上的發泡鮮奶油塌下來。菜漸漸變涼了，我因為得在洗碗機和抽油煙機轟然作響的噪音、冰淇淋機嘎嘎作響的聲音，還有餐室傳來越來越喧鬧的人聲中，扯著嗓門報菜單，這會兒已經聲音沙啞了。我向一位有交情的侍者作了個手勢，他知道我要什麼，馬上替我端來一大杯「工業」，也就是用生啤酒杯裝的瑪格麗特雞尾酒。這酒能讓我那活躍腎上腺素下降，我先前已喝了三杯雙份濃縮咖啡、兩杯啤酒、三杯蔓越莓果汁，吞了八片阿斯匹靈，還喝下兩杯麻黃素飲料，又匆忙吃了一塊香料香腸，我把香腸塞進麵包裡，分兩口吞下肚，這時來上這麼一杯，落喉之際真是舒暢可口。這會兒，我的肚子翻騰不已，充滿強行壓抑的挫折感、緊張的神經、咖啡因和酒精。晚班的冷菜師傅安杰忙不過來，這傢伙看來好像只有十二歲，胸口卻紋著插著匕首的骷髏頭圖案（將來會是個打老婆的男人，我心想）；他同時得做三客義大利餃、兩客油封鴨、五客青蔬沙拉、兩客蝸牛、兩客吉康菜藍紋乳酪沙拉、兩客烏蛤、一客燻鮭魚佐蕎麥小煎餅、兩客肥肝和一客肝醬——煎炒站和燒烤站更喊著急需要蔬菜邊菜和薯泥。我把糕點四廚推過去幫忙安杰，可是那廚站地方太小，他們老是彼此碰撞。

老資格的侍者提姆正在「屁股」後面摸擬猥褻動作，「屁股」一臉的不悅。提姆在那兒推呀衝的，擋住了走道，影響了交通，我不得不和顏悅色地請他不要在供餐時段性騷擾我的跑堂……拜託，下班以後再來吧。有盤菜被退回來多烙一會兒，伊席多羅為此很不開心；那菜明明就燒得無可挑剔。我往幽暗的餐室看了一眼，什麼也看不到，只看到在吧檯邊等候入座的顧客側影，雖然廚房裡吵雜不堪，我還是聽得到周遭窸窸窣窣的聲響、吃客為了壓過音樂聲而提高嗓門說話的聲音，還有侍者大聲介紹特餐菜色的聲音，他們接著還得爭先恐後地搶著將點菜單打進為數不多的電腦中或列印帳單。「十四桌的，快做！十四！……六桌、七桌、十四桌和一桌，快！」我嚷道：「伊席多羅！把握時間！」「十四，好了！」燒烤師傅伊席多羅邊說邊把回鍋再烙的肉啪的一聲甩在盤上。「屁股」伸手從我身邊端菜，他好像摘花似的，看似隨意地挑了幾盤。我沒喝水又直接吞了幾片阿斯匹靈，躲到樓梯間哈上幾口、抽根菸。

一條烤全魚被退回來。「客人要求去骨，」一位侍者歉然表示，「我跟他們說，烤全魚是帶骨的。」他埋怨，心知自己會被罵到臭頭。伊席多羅氣得咆哮，開始處理被退貨的魚，用手抓起去骨魚柳，放回盤子上。印表機這會兒分秒不停地在印點菜單，我左手抓住單據，分門別類，白色的給燒烤站，黃色的給煎炒站，粉紅色的給我自己，咖啡單則給收盤員。我用右手擦拭盤沿，把格狀炸薯片和迷迭香枝插進薯泥中，將單據從已點類移到待上類，把已點的開胃菜單子移到已上菜的欄位。這會兒我嘴裡早已嚷嚷個不停，設法把持住自己，保持住穩定的步調。我面前的雷達幕充斥著不斷入侵的妖魔鬼怪，我儘快一一擊倒。只要一個錯誤，好比同桌有一份餐點菜上得太早，整桌菜就得重來，或者客人的特別要求加總起來很彆扭，搞得某個廚站耽誤了關鍵的幾秒鐘，還是說忘了做烤全魚或腰肉牛排？那麼整個工作流程都會停頓，就好像奇異公司生產線上有人掉了扳手那樣，徹底崩解，這正是所有的主廚最害怕的事情。倘若有這種事發生，整個晚上的步調都會崩潰，大夥都會完蛋，彷彿跌進又深又黑的洞裡，很難爬得出來。

「六桌十萬火急啦！」我嚷道，擺在出菜口的血腸正迅速變涼，等著鮪魚特餐做好才能一起上菜。

「兩分鐘！」伊席多羅說。

「油封鴨他媽的怎麼還沒來？」我朝著可憐的安杰喊道，他七手八腳煎著佐配燻鮭魚的蕎麥小煎餅，在明火烤爐下方烤著義大利餃，把肝醬擺盤，同時還做五客吉康菜沙拉。出菜口有份蝸牛爆了，滾燙的大蒜牛油和蝸牛內臟濺得我一身都是。「媽的！」我邊用抹布擦了擦眼睛，邊說，「來人哪，蝸牛！」

法蘭克做得很好，非常好，始終保持速度。他在侯布雄（**Robuchon**）手底下見習過，做出來的菜比起咱們「中央市場」這種樸實的工人菜，品相較高雅而細緻，所以我意外但欣然發覺，他能開心地燒出簡樸的小酒館菜色，又快又效率，實在是優秀的廚師。他不會過度依賴明火烤爐，這一點讓我欣賞（很多他的法國前輩只肯把肉烤到一、兩分熟，切片以後再放回明火烤爐，將肉上色——這做法我很看不順眼）；他儘量不用微波爐，拉丁美洲裔的廚師很瞧不起用微波爐做菜這件事，稱之為「法式烹飪法」。另外，我只看過他把牛排扔進油炸鍋一次。總之，他到目前為止表現得很好。

「盤子！」伊席多羅喊道。洗碗工在洗鍋槽前埋頭苦幹，預洗槽裡尚未刮除殘羹剩餚的髒盤子堆積如山，刀叉也被隨便地扔進槽裡，好不危險。我咆哮如雷，一把抓住一位孟加拉收盤員，把他推到那一片杯盤狼藉的剩菜碎骨頭前面。「清乾淨！」我指了指那一堆髒盤子，惡狠狠地說。「主廚，我在忙。」這個收盤員抱怨說，可是就我所見，他好幾小時來一直在無所事事地四處晃盪，偶爾端杯咖啡給客人。「你就算在拯救世界，我也他媽的不在乎。」我說，「馬上給我清理盤子，不然小心我撕爛你的命根子，扔到對街的公園小館去。」

葡萄牙收盤員大衛在我身後做濃縮咖啡和卡布奇諾，不過他動作相當靈活輕巧，既沒碰撞到我，也沒灑了咖啡。我們已習慣彼此在這逼仄的空間中的一舉一動，知道何時該閃到一邊，何時該側身讓位給送進來的碗盤、送出去的菜，還有又從樓下扛來一百磅剛切好薯條的油炸師傅。他端著又一拖盤的咖啡和小點心從我背後擠出去時，我只偶爾感覺到他輕輕拍了我的肩頭一下，有時會低聲說「注意背後」或「往下一點」。我們有如舞王舞后，搭配得天衣無縫。

印表機列印的速度總算慢了下來，吧檯前人潮漸稀，看得出來最後一批客人逐漸就座了：餐室裡逐漸有了空隙，揭去桌巾的餐廳等著客人入座。我們已烹製出二百八十人的晚餐，我將報單的工作交給「屁股」，拖著腳步下樓作最後巡視。我看了看冷藏間外頭盛在塑膠桶中冷卻的高湯；包在紗布中的豬腳，明天有人得辛苦將之去骨；泡在水中的白豆，這個得燙煮；抹了鹽的鴨腿，這個需用鴨脂和香草油封；我多看了兩眼稍早跟荷西在市場買的蔬果。

最後，我到乾貨室巡查，發覺我很快又會需要花生油、胡椒粒和雪莉酒醋。我已在著手草擬明天的待辦事項和訂貨單，提醒自己已預定了條紋鱸魚和小章魚。荷西看到紫黑色的無花果就亢奮——他在市場上看到了一些——我得吩咐珍寧構思用無花果做特別甜點。明天早上我得進行每週一次的清點存貨，這表示店裡尚有的魚、肉和乳酪統統得秤重，所有的瓶瓶罐罐、盒子、箱子全部得清點。明天是發薪日，我得搞清楚我一共十四位不怎麼懂電腦的廚師、雜工和洗碗工上下班打卡的情形——卡洛斯上星期替我代班，多當了一班；伊席多羅有天晚上遞補歐馬，加了半個班，安杰去度假時則由歐馬代班，他有兩次連上兩班。還有，糟了，上回在「畢爾德之家」（Beard House）活動上也有人加班，另一回又是什麼促銷宴會來著？是「諾活（NoHo）之味」？「勃根第之夜」？還是炎夏消暑？我還得把我們店裡送到其他分店的食物作個記錄，有送至華府的燻鮭魚、送到邁阿密的嫩四季豆、送到東京的乾香腸和巴黎火腿。我得記下我交給前面肉案的東西，我的另一位老闆菲立普（Philippe LaJaunie）要我開張特餐建議單給東京的主廚。我脫掉臭不可聞的白色廚師服，一邊像個兩千歲的老頭似的哀哀呻吟，一邊掙扎著穿上我的牛仔褲和罩衫。

我正要出門時，伊席多羅說有事想跟我談談，我當場心涼了一半，有廚師表示要跟你談談的時候，往往不是什麼好事：要麼跟另一位廚師有狀況，小糾紛，要麼就是薪資問題或想請假。伊席多羅這一回呢，是要求加薪。我上星期給卡洛斯加了薪，所以接下來數週會有一票貪心的二廚朝我撲來要求調薪。另一件必須記住的事：法蘭克十六號要休假，所以我得打電話給史蒂芬。我總算穿過在領檯櫃前等候帶位的最後一批客人之間，走出餐廳的大門，因腎上腺素仍活躍，整個腦袋還在嗡嗡響，我舉手招計程車。

我想著要回家，但我知道我只會乾躺在床上，磨牙，抽菸。我請司機載我到五十街和百老匯大道的轉角，我在那兒下樓走到地鐵商場的西伯利亞酒吧，那是坐落在地下的一家髒兮兮的小店，飲料用塑膠杯盛裝，點唱機合我的口味。酒吧裡有幾位希爾頓飯店的廚師，還有兩位在街上一家夜店跳脫衣舞的舞孃，兩人皆是皮肉鬆弛，一臉滄桑。酒吧老闆崔西在店裡，這表示今晚不必付酒錢了。現在是凌晨一點，而我明天七點半得上班，可是點唱機播放著「痙攣」樂團（The Cramps）的歌曲，崔西立刻撥弄一下點唱機，這樣就有二十首免費的點歌點數——而那第一杯啤酒的滋味真是棒透了。希爾頓的廚師在爭辯備料上的事情，有一位埋怨另一位偷拿他廚站的鹽，另一位則不明白這有什麼大不了的——所以我要參與這場對話了。「痙攣」唱完後，換成「地下絲絨」樂團（The Velvet Underground）唱〈淺藍色的眼睛〉（Pale Blue Eyes），崔西建議我來一杯他藏在冷凍庫裡的喬治亞伏特加……

譯註：

①Layla的發音和「中央市場」（Les Halles）的法語發音有點像。

# 副主廚

SOUS-CHEF

在理想的狀況下，我的副主廚就像我的妻子。

讓我更進一步說：在理想的狀況下，我的副主廚跟我比我的妻子還親密。我並沒有對內人不敬的意思，我愛慕南西，我們倆青梅竹馬，從高中就在一起。只是我跟我的副主廚相處的時間遠遠多於跟她。南西老愛提醒我，法官絕不會相信這是事實。

史蒂芬從一九九三年直到不久以前一直是我的副主廚（最近他終於也當了主廚），他可說是我邪惡的雙生兄弟，我的分身，我的祕密情報局長。他是「鬼頭天兵」之類的人物，除了履行副主廚的一般職責，好比我不在時管理廚房、在廚站施展好廚藝和替我擋背後的冷箭外，他那可以把事辦成的高超本領對我來說真是無價之寶。

冷藏室的鑰匙不見了？只管去問史蒂芬，他要不了幾分鐘就把門給卸下來了。在假日生意忙得不可開交的節骨眼上，食物調理機需要換零件？史蒂芬會溜出門，才一會兒就帶著零件回來——被人稍微使用過——上頭還帶著另一家餐廳的紅蔥頭哩。想知道辦公室裡那些人在想什麼？問史蒂芬。他早就買通眾家祕書，定期查閱辦公室內部往來的電子郵件。需要保釋金嗎？刀傷需要可待因止痛藥？一把真便宜的新彎式鋸齒刀？找他就對了。當我想知道某位同事腦子在想什麼，心裡又要什麼，我就去問史蒂芬。他會帶他們出去灌醉，他們便會對他掏心挖肺，而第二天中午就會得到完整的報告。

一切我不能做——或不能被人看見在做的事——通通由他做，而且做得很好。事實上，雖然他如今是一家大企業的高薪行政主廚，他每週仍然替我當一晚的燒烤師傅，我猜是為了保持手感吧。因此，在我的管理範疇中仍有行動部門，祕密的行動部門。

擁有一位廚藝既高明又有犯罪頭腦的副主廚，實在是上天賜給我的寶貴禮物。在我們共有的輝煌時光中，我就像個黑幫老大或中情局局長一樣，遠遠對史蒂芬使一個眼神，抬抬眉毛，說不定下巴動一動，動的幅度幾乎看不出來，那件事——不管是什麼事——就辦成了。刺探打聽、即時蒐集資料、報仇、放假情報和偵訊……全是我們的專長。

我在「晚餐俱樂部」認識史蒂芬，那是一九九三年，我重回大腳陣營。我在大腳的西村餐廳工作，工作輕鬆自在，但事業一團糟。我到加勒比海度假數週，放鬆一下，我回去上班時，發現運不濟的吉米・席爾斯（Jimmy Sears）在大腳的廚房裡。前此不久，大腳在「高譚」（Gotham）吃晚餐，對於烹飪有了某種頓悟，他突然想要延聘一位真正的主廚，席爾斯在漢普頓的餐廳當時已關門大吉，他在曼哈頓到處打地舖，躲避各方債主和前任女友，大體上，他當時境況十分艱難，對大腳來說，卻正是聘請他的大好時機。

吉米是一流的廚師，他和華爾許（Brendan Walsh）一同出身自「亞利桑那二〇六」（Arizona 206），他在大腳旗下工作的短短期間中做的菜太好吃了，好到我當完班後會留下來，坐在吧檯前**自掏腰包**點晚餐吃。看到吉米在廚房裡的表現真的啟發了我，我成天做那種亂七八糟的菜色太久了，再度嚐到如假包換的小牛骨濃汁，吃到令人激動的新菜色，見到新穎的擺盤，在在讓我想起自己當年何以會愛上吃東西這件事。我在吉米手上賣力工作，在做出幾千份餐點後，跟他一起去滑了幾次雪，我們變成哥兒們，決定一旦吉米和大腳的關係結束時（遲早一定會結束），我會緊盯著才華橫溢的席爾斯先生，等他跳槽時，說不定會追隨他而去。

他們之間的衝突沒多久就發生了，幾個月後，吉米在沙龍流放的日子結束，他拿到「晚餐俱樂部」行政主廚職位，那是坐落在西四十七街上一家大型餐廳兼夜總會加狄斯可舞場。他開始招聘廚師，他最早打電話的人選當中有我。

在「晚餐俱樂部」當行政主廚可是份令人豔羨的差事。嘿，在「晚餐俱樂部」**不論做什麼**都是好差事，好到不行。主要的用餐區有兩百個左右的座位，四周設有私人卡座和包廂，還有舞池和舞台，舞台上有十二人樂隊演奏四〇年代的搖擺樂。樓上有夾層，是從俱樂部前身的百老匯劇院所保留下來，這裡可容納一百五十人左右，另設有一個酒吧，邊上也在二樓處有一塊較小的空間，是一個叫做「藍廳」小貴賓室，附有舞台，這裡可坐八十人。這整個地方都很時髦，在三〇、四〇年代時有「豪華夜總會」之稱，指的是一個龐大、炫麗奪目又高級的場所，在這裡你很容易就能想像到年輕的畢・蘭卡斯特（Burt Lancaster，剛離開夜總會），回來時看到年輕的寇克・道格拉斯（Kirk Douglas，俱樂部老闆）正在私人包廂中清點當晚的收入。每晚五至十一時是晚餐和搖擺樂演出的時段，緊接著，煙霧機會開始噴出巧克力味的煙霧，雷射光柱閃耀，七彩鏡球也開始旋轉，ＤＪ接管舞台，「晚餐俱樂部」（暫時）搖身一變為城裡最炙手可熱的舞場。

每天晚上隨著不同的主題活動有不同的客層：「變裝妖姬之夜」場內儘是身材高大的人妖和準備動變性手術者，踩著高跟鞋，隨著「浩室」（house）和鐵克諾（techno）音樂起舞；

「靈魂廚房」（Soul Kitchen）則以狄斯可尚未流行前的七〇年代「放克」（funk）樂為主，大銀幕上還無聲播映著早期的黑人電影，並且特價供應四十盎司牛排和雞翅膀；「一大步」（Giant Step）則播放酸爵士樂和融合爵士樂；「牛奶咖啡（Café Con Leche）之夜」有新式騷沙音樂和拉丁放克樂；放克大師菲雷克斯（Funkmaster Flex）吸引「嘻哈」樂迷；諾爾・艾許曼（Noel Ashman）招徠歐裔混混和拉過皮、穿著考究的人……實在很難看得出來，形形色色、五花八門的夜生活瘋狂景象每晚上演，人們大排長龍，隊伍一直拐到第八大道的轉角，等著通過我們的金屬檢測器和十三位擔們保全的彪形大漢，以便進來拆爛我們的洗手間，把我們的三個酒吧擠得水洩不通，抽大麻，吸古柯鹼，在我們這洞穴一般的歡樂宮每一個角落和縫隙裡像兔子般交歡。

吉米帶我進來做冷盤師傅，薪水未免太高，一晚上掙一百二十大洋，只要做沙拉，給甜點擠發泡鮮奶油。可是吉米當時還不是擅於在組織中從事幕後策畫的人物，我卻是。吉米大多數時間都花在穿著直排輪溜冰鞋滿城走蹓躂閒聊；他還有第二份工作，替瑪麗亞・凱莉（Mariah Carey）和湯米・莫托拉（Tommy Mottola）作菜；他在祕密籌劃一項交易，讓他能光榮重返漢普頓區；另外，他也當然忙著拈花惹草。所以，當他晃蕩進到「晚餐俱樂部」時，像訂貨啦，排班啦，更替存貨和組織菜單啦這些小事，都已事過境遷。我很快便發現，與其等吉米出現來替我們做這些事，不如自個兒來反而省事，沒多久以後，廚房裡各種基本事務便由我來管理，好比確定我們有足夠的食物、備料、人手和資訊，來應付這裡大量的宴會、自助餐、開胃小菜和例行菜單上的菜色。一如以往，吉米做的菜美味極了，可是吉米本人似乎很很少露面。過了幾個月，我成了事實上的副主廚或廚房經理——大家一有什麼事不對勁就會來找我——當我又去加勒比海短暫度假歸來後，雖然吉米仍是名義上的主廚，可是他同時之間又祕密擔任漢普頓區「郭克客棧」（Quogue）的主廚，史蒂芬・鄧普則來到「晚餐俱樂部」的廚房。

我想這大概是歷史性的一刻。

他來這裡應徵煎炒廚師職務，他那還更墮落的朋友「有名沒姓的亞當」追隨左右。席爾斯因實施「夏季班表」，到班時數更少，而我在他悄悄溜到漢普頓之前，只有幾星期的時間來觀察這兩個傢伙的工作表現；我懇請、哀求吉米不要讓我夾在這兩個吸毒、偷竊、放火、嫖妓、酗酒、胡作非為的惡棍中間，吉米把我的懇求當成耳邊風。

史蒂芬和亞當二人同時在廚房時，我每分每秒都得盯著他們，他們不但過動，而且破壞力特強，好像兩隻邪惡的電池廣告機器兔子，不是吵吵鬧鬧，互扔食物，就是偷溜出廚房幹各式各樣犯罪勾當。他們聲音大，手腳不乾淨，而且好奇到不行——史蒂芬一見到書桌，就忍不住要裡裡外外翻個一遍；他們愛惡作劇，跟臭味相投的同事結為狐群狗黨。史蒂芬來了幾星期後，便把整個俱樂部上上下下所有人全都搞定：辦公室助手告訴他每個人的薪水是多少，保安人員在門口沒收的毒品會分他一點，技術人員讓他玩電腦，這樣一來，當好比說有客人點旗魚時，廚房接到的單據副本上會多印一行字：「用力操我吧」。維修人員和他分失物招領處的物品，平分促銷活動剩餘的樣本，比方說一袋袋的化妝品、CD、T恤、運動夾克、手錶等。史蒂芬甚至拿到維修部主管給他的一把鑰匙，可以打開俱樂部未利用到的三樓一間廢棄不用的辦公室，那裡原是清潔工的儲藏室，在管理階層被蒙在鼓裡的情況下，鋪了地毯，添了傢俱和裝潢，被改裝成安樂窩，還裝了一支電話哩。這裡很適合舉行小聚會，從事毒品交易，建立自己的帝國。房間裡張貼著拉丁美女用蔬菜DIY自爽的海報，房裡有偷來的零頭地毯，傢俱是從隔壁的愛迪生旅館（Edison Hotel）弄來的。由於這房間位在長長的、堆滿垃圾的後樓梯上面，前面是一間臭氣沖天的更衣室，還有一條積存多餘碗盤、沒有電燈的幽暗走道，管理階層從來就沒上來到這裡——一個年輕小伙子不論在這兒幹什麼見不得光的勾當，不論有多吵、多不守規矩又多罪惡，心裡都可以確定，不可能會有人來打擾到他。

當管理階層總算聽到風聲，發覺吉米其實光拿薪水卻沒在俱樂部上班時，他們升我為主廚。可惜，史蒂芬已在我的帝國當中建造了他自己的無形帝國。

這讓事情變得麻煩。

然而，這小子的廚藝還真不賴。

在這家俱樂部當廚師，你得有力氣、技術和耐力，還得有隨機應變、迅速作菜的本領，尤其是在常有人舉辦晚宴的冬季期間，那時我們經常得準備成百上千人出席的宴席。我辦公室的佈告板上貼滿宴會訂席單；先是有三百人要坐下來用餐，緊接著有一共七百人的四場自助餐會和一場雞尾酒——經常是同一天。後勤作業包括為這麼多客人採買食材，準備食物和搬運食物，大夥忙得人仰馬翻，簡直一週七天，天天都在進行諾曼第登陸。有史蒂芬這樣一個有魄力、有能力的小混蛋在左右，我真是有如吃了定心丸。這傢伙可以一整夜吸古柯鹼、灌長島冰茶，惹上最可怕的麻煩，然而第二天早上卻仍照常上班，做出一千客餐點。我八成花了太多時間在調查史蒂芬和亞當二人幫的罪惡勾當，總是把他們兩人中的一人叫進我的辦公室曉以大義或盤問一番（我至少已經開除他們倆三次了），可是這兩個傢伙——特別是史蒂芬——總是能使出奸計，讓我善心大發又接納他們，還讓我覺得他們倆簡直是無價之寶。

有一陣子，史蒂芬好像領悟到什麼（領悟的程度已是其人之極限）。有天晚上，我和南西在西漢普頓一家酒吧與他不期而遇，他兼差給席爾斯打工（正是他典型的作風），我看到他的時候，他已經口齒不清，因吸了古柯鹼，下巴抽搐，眼球活像關在籠中的蜘蛛猴似的，在眼窩裡頭亂竄亂轉，他一隻胳臂攬住我的肩膀，宣佈說他要開始**準時**上班了，他要開始對自己的行為**負責**了，他將展開人生**新的一頁**了。

我記得南西看著我，彷彿在說：「哼，是哦……」

當然，他是心有餘力不足，許下辦不到的承諾。在過去這五、六年和史蒂芬一起共度的人生中，駭人聽聞的惡行劣徑真是一宗接著一宗來，不過他**確實**開始準時上班了。他不再為了尋歡作樂，兩、三天不見人影；竭盡所能不讓我的餐廳和廚房蒙羞。

最重要的是，不知怎的，史蒂芬突然成為言出必行、說到做到的那種人，對副主廚的職位來說，這是最基本，也最重要的一點。有史蒂芬在，我再也用不著一大早上班便問：「你料理那件事沒有？」所有的事情都料理得好好的。

我喜歡這一點。我升他當我的副主廚。

讓我們回首前塵，根據不可靠、不完整的記錄來重組史蒂芬・鄧普起伏不定的生涯：他在長島長大，就讀於詹森與威爾斯廚藝學校（Johnson and Wales Culinary School），說來也不令人意外，他在校時惹上麻煩（好像是對人動粗之類），差一點被退學。他在校時曾在普羅維登斯（Providence）的一家簡餐館打工（史蒂芬這人毛病一堆，可是他愛錢，而且不害怕工作），在長島的「大貝瑞」（Big Barry's）幹過活兒，後來在各處做了一票不花大腦的工作，最後搬到北加州，結果在一家名叫「咱家」（La Casa Nostra）的小店裡做了一陣子，在那兒遇到那個無法控制、說不上是白癡還是天才的烘焙大師，也就是有名沒姓的亞當（沒人知道他姓什麼，對政府來說，其人根本不存在）。他們倆像水門案的兩個狼狽為奸的涉案人，根本就不應該讓他們處在同一個屋簷下。當這兩人同在某處時，就會發生一些超愚蠢的狀況，做出一大堆烏煙瘴氣的事情。他們喜愛回憶在加州那段牧歌式的生活：用生的尖管麵為工具吸古柯鹼、在脫衣舞酒吧外的停車場噴射式的嘔吐、如何把他們的老闆逼到破產，如何威脅利誘、拍馬逢迎、偷雞摸狗，所到之處留下滿目瘡痍和一片體液。史蒂芬八成是為了趕在司法機構找上門之前，回到紐約，在馬修・肯尼（Mathew Kenney）的「馬修」（Mathew's）餐廳替他做了短短一陣子（「那個王八蛋」，史蒂芬如是說），在「卡芒」（Carmine's）、「廣場大飯店」（Plaza Hotel）和其他幾家不錯的餐館各做過一段時間。這一路以來，他學會不少在廚站烹飪的訣竅，還有形形色色不怎麼正當的絕招，直到今日都還是用得上。他對餐飲這一行業內部作業的裡裡外外、大大小小，所知甚詳。他能夠修理壞掉的壓縮機、修復電器、開鎖、沒電的地方可以臨時替你弄來電力、清通阻塞的隔油池、找斷路器、修理冰箱門。他對於工作場所的人際和機械的任何活動，都明察秋察，這傢伙事事都留意，這大概是因為他之前許多年都一直在尋找作奸犯科的機會吧。沒有什麼逃得出他的眼睛。如果有人在耍花樣，史蒂芬可是知道得一清二楚，那花樣他八成早就玩過了。

我和史蒂芬在「晚餐俱樂部」拼命應付宴會旺季期間，下班後常一起去喝一杯，坐著邊喝邊檢討當晚狀況，計畫第二天的行動，思索著我們過著的這種生活中的種種奧祕。我越來越依賴他，我靠著他得知周遭情勢實況、擺平事情、幫忙我完成繁重瑣碎的例行公務，日復一日供應不同的菜單、成千上萬份餐點、開胃菜、單點菜色，協助我管理廚師團隊，每有大活動時，團隊陣容會膨脹到二位數的員額，回歸正常時則又縮編為八位左右的固定核心班底。

每天採買價值一萬美元的肉這件事，就像坐雲霄飛車一般，給我一種奇異又可怕的快感；每天在廚房裡搬動快堆到天花板的易腐敗鮮魚和農產這樁簡單的行動，也令我迷惑，那是我很樂於面對的挑戰。我喜歡又成為將軍的那種感覺：看哪裡有需要就把兵力調到那裡，派遣飛行廚師小隊前往自助餐廚站撲滅森林大火，安排勘察行動，派觀察員，用無線電對講機和俱樂部各角落通訊聯絡：

「六號自助餐需要更多腓力，」對講機傳來這個訊息，「四號自助餐台還要鮭魚！」「這裡是門口保安，清點人數已達三百，且不斷在增加！他們真的要進來了！」好玩的是，我們和紐約市警局街頭犯罪大隊設在附近的一個便衣小組，用的是一樣的波段。他們一直想要我們換頻率，但我們沒辦法，因為我們每個頻率都用：一個由經理人員使用，一個由廚房用，還有一個給保全用。條子威嚇叫罵都沒用，後來他們學乖了；他們聽我們的對話，熟悉了我們的行話和方位後，開始跟我們玩遊戲，要麼呼叫「一號自助餐台還要烤牛肉！」，而其實沒這回事，要不就謊報有什麼大條的不得了的緊急狀況，結果保全急忙衝進「夾層樓洗手間」時，才發現裡頭根本沒人在打鬥。那種生活真是放浪又瘋狂。女性一絲不掛地在廚房洗鍋槽邊沖洗身上的冰淇淋（電台主持人霍華．史登〔Howard Stern〕那次）不是什麼不尋常的事；品嚐摩洛哥菜的惡徒壞蛋大打出手（摩洛哥皇家空軍晚會）；泰德．甘迺迪（Ted Kennedy）在廚房通道上追憶羅伯．甘迺迪遇刺前情景，令人聽了毛骨悚然；我們廚房團隊帶著醉意，惡狠狠地逼迫迷路的男星麥克．邁爾斯（Mike Myers）表演他在《反斗智多星》（*Wyne's World*）電影中精彩的那一段；女星蘿西．斐瑞茲（Rosie Perez）跑來煎炒站攪和，有如廚房一員那般從容自在，坐在砧板上說：「小哥兒們，有什麼好吃啊？」；在舞台上表演穿陰蒂環（又是史登搞的花樣）；瑪丹娜的歌迷想從飯店偷偷溜進廚房（瑪丹娜自備做凱撒沙拉的雞蛋）；演唱會、泳裝模特兒、死忠的嘻哈樂迷、小狼狗型的猛男。今天是一百位賓客的婚禮，每位客人花一千大洋來吃龍蝦松露餃、一人一瓶凍在冰塊桶裡的伏特加，每桌有一個小號結婚蛋糕。明天呢，整個俱樂部搭起的帳篷，擠滿了北非來的伊斯蘭僧侶和舞者，一千人共享庫斯庫斯和鴿肉派。

多虧大腳的訓練，我從來就沒有食物不夠的時候，總是準備充足，從未延誤，史蒂芬的襄助厥功甚偉。後來有件事情，讓我對他真是刮目相看，有天晚上，他用刀砍桶裡的冷凍小牛骨濃汁，想把它敲出來，結果砍到自己的手。血噴得到處都是，他拿圍裙包住手，聽我的指示：「你這小渾球，快給我滾去聖文生醫院，那裡的急診室動作比較快，把傷口縫上，他媽的兩小時後給我回來！今晚會忙到見鬼，廚站上不能沒有你！」他九十分鐘後就回來，單靠一隻手，在煎炒站上做出一百五十份左右單點晚餐，真是能幹。他表現得如此忠誠，我很欣慰，對我來說，忍著痛楚繼續工作，是我相當看重的事。

我不很清楚「晚餐俱樂部」後來發生了什麼事。和我共事愉快的總經理突然走了，夜總會業務結束，可能是街坊鄰居埋怨噪音太大、店外人潮無法控制和經營權易手的緣故。新的管理團隊是侍者出身、待過華道夫大飯店（Waldorf Hotel）的兩個油滑傢伙，一個是西班牙人，一個一問三不知，兩人喜歡假裝是法國人。我應徵報上的招聘主廚啟事，很快就閃人了。

我帶走了史蒂芬。

我往「五街一號」（One Five）只瞧了一眼，就知道這地方沒救了。傑瑞．克雷契默（Jerry Kretchmer）雖有才華橫溢的亞佛雷．波戴爾（Alfred Portale）緊隨左右，卻還是在這個地點鎩羽。新的業主是兩位媽媽型的和氣中年女士，幾乎完全沒有餐飲業經驗。可是我愛上那廚房，又寬敞，設備又齊全，還有濃濃的歷史感。我就讀於美國廚藝學院時，甚至在那兒打過一天工，那一回是在配合「紐約一日」業界實習活動。用餐區用的裝潢是從「諾曼第」號洋輪打撈而來的物品，這艘輪船在紐約港離奇沉沒。我感受到無法抗拒的衝擊力道。我前任的主廚是個自大狂妄的笨蛋，已經把兩位老闆的錢花得差不多了，這裡一晚上有六十位左右客人，他卻堅持廚房裡需有十三人，所以我估計要改變現況，老老實實地為兩位好心的女士做點事，替她們省幾塊錢，應該不難。

自從在「晚餐俱樂部」有了史蒂芬替我當地下首腦以後，招聘人手就一直是件樂事。我自覺像李・馬文（Lee Marvin），史蒂芬就像歐尼斯・鮑寧（Ernest Borgnine），兩人就像演電影《決死突擊隊》（*The Dirty Dozen*），從軍法監獄的人渣中招兵買馬，組成戰鬥小組。我和史蒂芬會約碰面，我會問：「可以找誰？」我們會討論有什麼人受妄想症之苦，仍在自言自語（「但是他還能在廚站上幹活嗎？」）；什麼人可以被挖角過來（「他還開心嗎？有多開心？他拿多少薪水？」）；我們從前在「晚餐俱樂部」承辦晚會時用過的兼差人員和自由接案的打工族，有什麼人還對我們忠誠；什麼人在替「貝納當」餐廳當班之餘還有幾晚可以替我們打工；什麼人靠得住，能準時上班，口風緊，做事又穩紮穩打——即便這人每天早上醒來，赤條條地躺在冰冷的浴室地板，身上儘是嘔吐物，也無所謂。史蒂芬會搜遍瘋人出沒的場所、其他主廚的廚房，翻閱他腦袋中那本神奇的名片簿。我們倆又一次展開祕密獵人頭行動，常常把對手廚房的人馬整個挖過來。我愛極了那些首次面談，看到舊雨新知，一票牛鬼蛇神，有神經兮兮的燒烤師傅、嗜酒如命的冷盤師傅、出口成「髒」的醬汁師傅、厄瓜多爾麵食師傅、瘋狂的糕點師傅、以為席維斯・史特龍時時在監視自己的廚師（「史特龍知道《巔峰戰士》〔*Cliffhanger*〕是我寫的——他知道我曉得太多內情，」有位廚師說，其人在「好萊塢星球」

餐廳〔Planet Hollywood〕翻漢堡牛肉餅的同時，顯然跟史特龍有心電感應）。「我需要兩瓶海尼根，七點鐘！」我在大腳時期的老友「華人大衛」說，他夜復一夜從上了鍊條的冰櫃向外掏瓶裝啤酒，手都被刮爛了。「每天晚上！七點鐘！兩瓶海尼根！不要百威！海尼根！」他拿到這份工作。「主廚，我就來！」麵食高手曼紐爾在中城一個繁忙的廚房透過電話說：「我挺你！」他在戲院快開場前最忙碌的時段，圍裙一扔，跟主廚說滾你的蛋，隨即衝過來。我一直喜歡這小子。他說，每逢星期天要休假，以便上教堂。沒問題。願老天爺保祐我，我甚至雇了亞當……一而再，再而三。

「我再也不會明知自己搞砸了，卻偷溜回家，」我在賽後檢討會上對史蒂芬說，我們常開這種會。「狀況變差了？絕不會是因為我沒盡力，我再也不會耍賴，不會在下班回家時感到內心有愧。我才不管我們的怪胎老闆值不值得我們賣力幹活，我……我們要全力以赴。我們每天晚上都要打一場奠邊府戰役①。就算輸了，我也不在乎——老兄，咱們可是行家啊，我們他媽的是A咖，是專門解決麻煩的高級顧問，一股清流……誰都不能說咱們臨陣脫逃，讓他們失望，對事情放任不管……」

「五街一號」翻身不成，所謂娛興表演無濟於事。我們推出的音樂節目可悲到連喬・法蘭克林（Joe Franklin）②都會臉紅，有獨臂鋼琴手啦，八十多歲的酒店歌手啦，志氣比天高的百老匯年輕歌女啦，其人鼻腔甚重的抖音能把玻璃杯都震碎，還有可憐根本不會唱歌的瑞士山歌歌手……顧客信步走進我們富麗堂皇的旋轉門，看一眼這些傢伙扯著嗓子高唱〈紐約紐約〉（New

York, New York），咬字還帶著南斯拉夫口音，隨即轉身奪門而出。就像所有遇到難關的餐廳，下賤的公關宣傳人員（「我已經請動布塔福科〔Joey Buttafuoco〕③了，今晚一定要好好招待他。」），還有腐敗的八卦專欄作家（「我丈夫今晚閒著沒事，你們能不能照料他？」），把我們整得七葷八素。我們如此慷慨大方，媒體給我們的報導通常像這樣：「巴比特（John Wayne Bobbit）④和布塔福科在五街一號公然親熱」——沒有一項是能吸引顧客蜂擁而來的報導。

但是我和史蒂芬很快樂，我們有我們想要的廚師，我們做出美味佳餚。

當我被皮諾聘去擔任「瘋狂可可劇場」主廚時，也就是我短短的那段托斯卡尼插曲期間，我把史蒂芬也帶了過去。之後，我們去了「蘇利文」（Sullivan's）。我們就像四處巡迴演出的樂團，每轉移陣地到另一個廚房，就把前一個廚房最棒的廚師帶走。我說過，史蒂芬是我最合得來的那種副主廚，他熱愛烹飪，也喜愛廚師。他就愛這種生活，並不嚮往更好的、不同的生活——因為他知道自己在這一行如魚得水。不論何時，他和幾乎是每個人都相處融洽，不管他說了什麼、做了什麼，完全陌生的人往往都會原諒他極度惡劣又過份的行徑。他是擅長拍馬逢迎的混蛋——毫不做作，而且你根本沒有辦法讓他感到難為情、慚愧或受到侮辱，他知道自己有多壞。「中央市場」的墨西哥二廚愛透了他，他那胡說八道、狗屁不通的廚房西班牙語，逗得他們開心的不得了，還有他的種種習慣，諸如拉高嗓門、荒腔走板地大唱艾爾頓·強和瑪丹娜的歌曲；厚顏無恥地在廚房裡四處亂竄，活像抽筋的霹靂舞者；把ＯＫ繃貼在他敏感的乳頭上（他堅稱可防止擦傷）；在廚站上拿玉米澱粉抹他的卵蛋；誰要對他最新的唇皰疹、屁股上的瘡或剛冒出來的面皰有興趣，他就給誰看。他真誠喜愛烹飪的技術層面，工作速度快又乾淨俐落，裝盤漂亮。他喜歡在別的廚師把工作搞到亂無章法時，跑過去幫忙，用他那口可怕的西班牙語斥責對方。他在份內的工作不忙時，很喜愛洗碗盤，他不會嫌活兒粗賤或累人，什麼都有興趣做，都願意幫忙。他為人特別細心周到——你若提到自己愛吃橡皮軟糖，史蒂芬第二天就會帶一包給你。如果他到漢堡攤買一份加了美奶滋、芥末和番茄醬的油汪汪漢堡飽當早餐，他會多帶兩、三份，好讓大夥都能嚐個幾口。在我認識的廚師中，只有他真的喜歡替外場人員燒菜，堅持要為他們做真正可口的食物。他跟侍者、經理人員開玩笑，愛跟女性打情罵俏，不分對方的年齡、地位或背景，驚人的是，她們似乎滿喜歡他這一套。墨西哥廚師跟我幹了一年活了，我從未聽到他們開口用英語或西班牙講一個字，可是認識史蒂芬不過數小時，就快活地跟他嘰嘰喳喳說個不停。「Chuletita loca，」他們這樣叫他，意指「瘋狂的小豬排。」

他胯部刺了戴著廚師帽的卡通貓圖案，你要是表示有興趣看一眼，他二話不說，馬上脫下褲子給你瞧。天氣炎熱的時節，他工作時穿拖鞋，不穿襪子，好像在岸邊拾貝的人一樣把褲子捲起來（在廚房中這樣做可是很大膽的，倘若有刀掉下來或鴨油濺出去，你的廚師生涯可能會就此告終）。他帶著那種不畏強權的普羅階級式自尊，總穿著一件洗碗工穿的那種帶按扣的短袖襯衫，而不肯穿傳統的廚師服。他拒絕繫圍裙，他喜歡把吃的東西切成小塊，混在一起食用，肉啊，澱粉啊和蔬菜，通通攪成一團看來難吃但顯然可以吃的玩意，而且他總在試吃新的味道組合。在供餐尖峰時刻，史蒂芬工作遊刃有餘，不知怎的，還能做小巧的炸薯片和魚子醬小點心請其他廚師吃吃看，份量充足，總是人人有份。

酒保、侍者、經理、廚師、洗碗工、雜工，通通對他**無話不說**。不知怎的，他也不必費心費事，就能讓徹底陌生的人對他傾訴最可恥、最不可告人的祕密。他們什麼都願意為他做，開開心心地接受他的捉弄、他的毛手毛腳、他那老想把豌豆拋進人家耳朵裡頭的無聊行徑，還有他總愛赤裸告白前一晚性冒險經過的習慣。

我認識到在捉弄別人這件事上，休想與史蒂芬一較高下，他會千方百計反回去整你。你要是把馬鈴薯放進他鞋裡，他呢，就把你下班要穿回的衣服放到冷凍庫。你要是在他背後黏貼紙，他就會卸下你的儲物櫃門，在裡頭擺滿色情雜誌。

有一回他生日，我安排好給他送去兩片免費試用的成人紙尿褲，第二天，所有的廚師都等著看他的反應。他誠心誠意地謝謝我，「你知道嗎？那玩意真的太正點了！我穿著紙尿褲坐在沙發上，邊吃墨西哥脆玉米片邊看電視，好棒呀，我甚至用不著站起來去上廁所！真是太棒了！知道嗎，感覺起來還滿乾淨的！」

我們在「蘇利文」餐廳那位信仰虔誠、生活檢點的厄瓜多爾麵食師傅曼紐爾，曾有好一陣子每天凌晨四點接到史蒂芬電話——史蒂芬邊跟女友嘿咻，邊說：「曼紐爾……哼哼……嗯嗯……我是史蒂芬……哼哼……猜我在幹嘛？」

曼紐爾呢，就跟史蒂芬生命中的任何人一樣，奉陪到底。

「唉，主廚呀……主廚……」第二天，他會邊搖頭邊說：「豬排昨晚又打電話給我了。」

我到現在都搞不懂。

史蒂芬常幹的那些事，換成是我做的，我就得上法院應付一大堆性騷擾官司，我講的還不是重罪哦，而只是粗野的行為、低級品味、語多不雅、露鳥和那些共謀行徑。可是我想不出有什麼人不喜歡史蒂芬——「蘇利文」的老闆是例外（但那事說來話長），又有誰不覺得他可愛，有誰不會對他推心置腹，一有麻煩和困擾就去找他……這傢伙上班時鞋子沾著精液（「半路上去看了偷窺秀解放一下，」他漫不經心地說明：「嘿，我當時哈到忍不住欸！」），有時表現得活像豬公，口無遮攔地和周遭眾人大談自己的消化系統、皮膚問題和房事，對這樣的人來講，這可真是不得了的成就。

這一位呢……親愛的讀者，這一位就是我最親密、最信賴的摯友和同事。

譯註：

①奠邊府戰役發生在一九五四年，是在二次大戰後越南抗法戰爭中一次決定性的戰役，法軍戰敗，法國政府後來簽訂《日內瓦協定》，並從中南半島撤軍。

②喬・法蘭克林（Joe Franklin）：紐約老牌廣播電視主持人，有「懷舊之王」之稱，他從前主持節目時，特別愛找老派又老牌的藝人演出。

③布塔福科（Joey Buttafuoco）：九〇年代初轟動美國的八卦新聞男主角，他與未成年少女有婚外情，後者槍擊他元配的臉部，造成後者一耳耳聾，顏面局部麻痺。

④巴比特（John Wayne Bobbit）：九〇年代初美國另一八卦新聞男主角，因為對妻子不忠且時常施暴，生殖器被她切掉，經緊急動手術後接回，他後來為籌措官司費用，主演成人電影。

# 廚房用語水平

THE LEVEL OF DISCOURSE

前幾天晚上，廚房裡出現暫時風平浪靜的時刻，這樣的時刻總是太短，只有十分鐘左右，這時外場正忙著收拾桌子，雖然酒吧人山人海，擠滿等候入座的客人，門外也大排長龍，廚房裡卻很安靜。收盤員在廚房門外忙著換桌巾、擺餐具，廚師、跑堂和副主廚大口灌著瓶裝水，擦拭工作台，嘴裡一邊在閒扯淡。

我站在通往地下室備料廚房的門口，神經質地抽著菸，我們正置身在那種詭異的暴風雨前的寧靜，十分鐘後，下一波的飢民皆已就座，麵包和水都已上桌，隨之而來便是一陣整死人的慌亂。點菜單如潮水般襲來，各個廚站一個接一個輪番動作，整個廚房沸騰了起來。沙拉師傅第一個動起來，接著是煎炒，最後是燒烤站，直到所有人都一下子動起來——我們這一大票人擠在廚房中，汗流浹背，邊罵邊拼命幹活，努力把點菜單一一完成，可別亂成一團。我們僅剩一點點的寧靜時光，我坐立不安，抽著菸，有一句沒一句聽著手下的人聊天。

聊天的人你來我往，那語調和話題我都很熟悉，過去這二十年左右以來，我清醒的時候，耳邊多半有這樣的背景音樂，說來也怪，聽著十分舒服。我突然領悟到，我的天……我聽著這樣的對話已經二十五年啦！

誰更娘炮？誰喜歡走後門？在眼下這個時刻，究竟誰是「相公」、「兔子」、「臭玻璃」①，是「作雞的」或「作鴨的」？明白吧，說來說去全繞著命根子打轉。這是個「操我的卵蛋」的時刻，「去你媽的屌」的時刻，操你的屁股吧，你這王八羔子，你這「傻屌」，愛哭的小娘們。你的「那一支」呢②？看來活像半截的細香腸，非常、非常、非常的小巧……像條「蟲」。

我看著我的法國副主廚、美國糕餅師傅，還有墨西哥燒烤、沙拉和薯條廚師，和孟加拉跑堂、多明尼加洗碗工你一言我一語地鬥嘴開玩笑，意識到這才是真正的國際烹飪語言。這是場漫長的對罵遊戲，二十五年來從未中斷過，用的語言有四、五種。

廚師語作為一種藝術形式，就跟徘句或歌舞伎一樣有既定的規則，在嚴格的傳統架構下運用。基於歷史的必然性，所有的談話皆**務必**與非自願的肛交、陰莖大小、生理缺陷、討厭的癖性或缺點有關。

規則會搞得人一頭霧水。好比說，**Cabrón**③這個字，大致上可翻譯為「你的太太／女友正在跟別的男人嘿咻，你卻孬種到坐視不管」，但是看說話時的口氣和腔調，也有「好哥兒們」的意思。「操」則主要用來當逗點使用。「吸我的屌」意指「等一下唄」或「能不能稍待一會兒」。「你他媽的卵蛋多使把勁，趕快把備料給辦完，不然小心我回來操你屁股」意指，「好同志，不好意思，不過我很擔心你的準備情形，怕你趕不上即將到來的尖峰時段。我的兄弟，你的備料工作都妥當了嗎？」

**Pinche wey**（廚房小工）有「龜孫子」之意，但也可以指「你這可愛的小傢伙」和「兄弟」。可是如果你在我的廚房中講了「兄弟」二字，或者更糟，講了「我的朋友」，大夥可是會以為你心存不軌。眾所周知，「我的朋友」意指最惡劣、最不堪的「混帳東西」。你要是對某位廚師客氣起來，他會以為自己明天要被炒魷魚了。一如大多數二廚，我手下這些瘋狂的傢伙沿續著此一流傳數世紀的口頭傳統，我們所有人都在設法找到有趣又新穎的講法來談論命根子。

你說，這叫做恐同症？下意識？對於性傾向和工作場所多元而繽紛的種族色彩麻木不仁？欸……你說的八成是對的。舉例來說，像這樣的一個「更衣間」環境，對女性而言是不是比較難受？沒錯。可悲的是，是會令大多數女性難受。不過，這個體系所尋求的，所要求的，是那種撐得住廚站的工作、不會被折磨得不成人形也不會把事情往心裡頭擺的人。如果有人直接問候你的祖宗八代，對你的出生環境、性能力、外表語出不遜，把你的父母跟牲畜混為一談，凡此種種會令你氣惱的話，那麼你並不適合職業廚師這個圈子。

可是，如果你的確「愛吸屌」，的確「愛吹蕭」，那也無妨，死不了啦。說實話，才沒有人在意。我們太忙、太親近，相處時間太多，好像一個功能失調的大家庭，性啦，性傾向啦，種族或祖籍哪裡啦，通通沒有工夫管。你在這食物鏈中的位置何在，最首要就是看你的技藝如何，另外就是看你對批評和感覺得到的侮辱有多敏感，還有你能否以其人之道還治其人之身。你大可捂住耳朵，假裝人家並沒有叫你「支那佬」、「黑鬼」、「紅番」、「肥佬」或「屁股」……可是他們明明就在這麼叫。不論你喜不喜歡，不論是不是你自個兒選的，那就是你的名字，是你在行內混的名號。我曾被叫過「瘦皮猴」、「屍體」大概還有「酒鬼」，現實就是如此。我用對講機呼叫備料廚房，說我還要牛油或醬料，那個負責輪替存貨、替我剁漂亮洋香菜末的小太保，會（趁我聽不到時）回一句「幹！」，然後把我要的東西一樣不漏地給我。所以，我先下手為強：「小王八蛋，他媽的給我和醬料，現在就要……還有……幹！」而我也真喜歡那小流氓——這小子頭戴髮帶，身著垮褲，上衣只扣最上面的扣子，最底下那個不扣，腳上穿著保暖靴，一半波多黎各人，一半是瘋狂的黑幫小混混，身上刺有監獄式的粗糙紋身，腕帶上總插著把蝴蝶刀。我多次考慮要收養這小子，我就想要有這樣一個兒子。

我呢，身為一個教育程度還不錯的豬玀，我手下這票多半沒受什麼教育、出口成髒的傢伙滿嘴的胡說八道，為什麼會帶給我這麼多不怎麼正經八百的樂趣呢？為什麼經過多年來的耳濡目染，我自己的語言技巧也變得粗暴又無禮，以致在耶誕節的家族聚會上，我得費盡辛苦才不至於脫口而出「龜孫子，把他媽的火雞傳過來」？

我不知道。

然而我真的愛透了。

我沉迷其中。就像我生命中其他的聲音一樣：洗碗機時而嘶嘶時而叮噹作響，還有沖刷的聲音；魚片放入熱鍋中傳出滋啦一聲；燒得火紅的鐵板扔進滿滿的洗鍋槽中那響亮而尖銳的聲響——簡直像痛得直叫；肉鎚敲打腰肉牛排的聲音；一盤做好的菜放到出菜口的碰撞聲。我手下這一票滿口髒話的員工又是聳恿激將，又是詛咒、辱罵和奚落的話語，在我聽來有如詩歌，有時很優美，依據經典主題作細微的變奏，有如「垮掉世代」年代的爵士樂即興重複樂段：柯川（**John Coltrane**）一再吹奏〈我最鍾愛的事物〉（**My Favorite Things**），可是每一回都有新意，都不一樣。原來，「吸我的屌」有一百萬種說法，我的廚房裡大部分人可以用西班牙語、法語、義大利語、阿拉伯語、孟加拉語和英語說。一如所有精彩的表演，關鍵在於時機、聲調和表達方式的拿捏——有點像烹飪。

還有這一行的術語和行話，行行業業都有。你已經知道我們這一行當中一些術語了。「八六」是最廣為人知的，一道菜被「八六」，意指賣光了。不過你也可以用以指某人剛被炒魷魚了或即將被炒，如果用來指酒吧客人，意指此人已不再受歡迎。

我們不說一桌六人或一桌八人，而說六人座（six-top）或八人座（eight-top）。一桌有兩人就叫做「一對」（deuce）。

「除草了」（weeded），意指「跟不上」、「落後」、「麻煩大了」或「挫賽了」，和「被打敗了」、「被埋了」或「中鏢了」的意思很接近，也可能是後三種說法所導致的結果。

服務班底（waitron）或服務單位（waitron unit）是七〇年代留下的老派術語，不分性別，意指外場人員。在員工用餐時間，這些人也有「外場的」、「家人」或簡單「人渣」二字的別稱。員工伙食則變成「豬食」或「稀粥」，尤其是在吃最常有的雞肉、義大利麵加沙拉之時。

再來是設備。自從有了「廚藝」牌（Cuisinart）食物調理機後，任何品牌的調理機都可稱作「奎茲」（the Queez）；方形或橢圓形的金屬醬汁容器看尺寸大小，分別叫做「六號鍋」或「八號鍋」，長且淺的那種則叫做「旅館鍋」。說來不令人意外，有開孔或狹縫的漏杓，是「母」的，沒有孔的，則是「公」的。

「到位」（Meez）就是「準備就緒」（mise-en-place），你的工具設備、你的備料、你收集的材料，某種程上還包括你的心理狀態，一應俱全。「當場現做」（a la minute）指的是從頭到尾都是現點現做。對廚師喊「點了！」（Order!），意思是「做好初步準備」，好比把肉煎上色、材料烹至半熟、準備進行最後程序。「開火！」（**Fire!**）意即「即將完工」，準備好「上菜」。做好的菜放在「窗口」，也就是「出菜口」，亦可稱為「關口」、「滑坡」或「架子」。「滑坡」指的是吊掛著點菜單或「票」的欄架，所以你可以說：「我有什麼單子掛著？」別人可能會回答說：「你有兩個牛排」，給五桌的一對，三個舌鰨已經開火。廚師可能會跟你要「全天」（**an all-day**），亦即已點和已上的某一道菜的總數，另外還要你說明「溫度」，亦即肉需幾分熟。「飛啊」的意思是「快一點！」

「擦」的意思一聽即明白，就是在最後一刻把盤子清乾淨。「大痲」、「渣滓」或「照往例」是洋香菜末。任何收乾濃縮過的液體都可稱作「汁」（**jiz**），好比小牛骨濃汁。把牛油加進「汁」時，叫做「上牛油」。一塊肉要燒至全熟，翻譯成「把它燒焦！」、「宰了它！」或「殺了它！」廚師覺得因為久候一塊牛排煎至全熟而耽誤到同一桌其他菜的作業時，可以建議把它扔進「點唱機」，亦即讓它進「微波」（微波爐）享受一點「雷達愛」。

我們難得戴上的手術用乳膠手套，叫「肛門檢查手套」，我們如果戴上這種手套，通常會順便裝腔作勢一番，會折折手指，面露陰險的笑容，嘴裡還會說「向左轉，咳嗽」或「抓你的腳踝，色老頭來囉」。紙做的廚師帽是「咖啡濾紙」或「小丑帽」；大夥一律都穿的格子褲，就叫「格子」；我們的上衣和圍裙，則叫「白色的」。

老闆來的時候，大夥會說「貓王來了」或「噓，大禍臨頭了！」所有人都有常見的綽號，廚師、侍者、收盤員、跑堂，通通不例外。綽號往往尖酸刻薄，帶有嘲諷意味，好比說，長相特別抱歉的跑堂可能被叫做「屁股」，特別瘦小的廚師外號叫「強人」，動作奇慢者渾名「閃電」，而「大傻」的名號則被保留給，呃，隨便哪個大傻瓜。侍者只要有一頭金髮，外表收拾得乾淨整潔，就會有「歐比」、「李奇·康寧漢」或「混蛋郝醫生」之稱④。收盤員長得短小精幹是嗎？在我聽來，像「笨驢」。我的那些墨西哥兄弟提到他們整體時，喜歡自稱「老墨」、「老M」（發音如老「墨ㄝ」）或「黑手黨」。從廚藝學校來「學習經驗」而不領工資的實習生——可自動翻譯成「事情多卻沒錢可拿的人」——很被就會被貼上「FNG」（Fucking New Guy，他媽的新來的傢伙）的標籤，或「梅爾」，意指「爛肉」。「阿兵哥」意指「軍中伙伕」，還有經典且高雅的「鞋」，是「鞋匠」的簡稱，這個歷久彌新的綽號，是用來罵廚師手藝差，煮出來的東西活像「餿水」。

還有一些表示親暱的常見詞彙，廚師日常交談時動不動就掛在嘴邊絕無不妥，包括王八羔子（表示讚美）、吹蕭的、狗娘養的、大便、討厭鬼、小人、蠢材、狗雜種、龜兒子、白癡、傻蛋、畜牲、兇手、騙子、哭哭啼啼還尿床的小鬼、米田共、糞土、爛屌、孬種、笨豬、傻屄、雞腦袋、神經病、豬頭、屁蛋、色老頭、小白臉、俏妞、大屌、渾球、髒鬼、吸精的……不一而足。怪的是，「屁眼」一詞太嚴重，只有在真的火大的時候才用；任何直接牽涉到別人的妻子／母親／女友／男友或家人的詞語則絕對忌諱使用（「操他媽的」是例外）。你搞不好看到你的燒烤師傅的妻子，在西街為了賺兩文錢而給過路駕駛人吹簫，可是你永遠也不會提起這事！

有不少廚房行話是從軍中用語轉借而來的，我們不講「運」東西，而講「扛」。「完成準備」，我們會講「打點妥當」⑤。如果有某個部門忙到離譜，廚師忍耐著「硬嚥」下這苦，「打破頭和血吞」，遭到「重創」——當情況變得很糟糕時，這位廚師就是「被操了」或「被打槍了」……此時此刻，希望會有好哥兒們出來伸出援手，「掩護你的屁股」（covers your ass），「搶救你的培根」（saves your bacon）。

阿斯匹靈又稱「脆糖」，因為我們把它當糖果吃。指套叫做保險套，發音得帶點西班牙口音才夠味。已經出菜的點菜單會串在一根釘狀物上，我們稱之為「大釘」。任何圓形的金屬容器只要是用來隔水加熱，一律稱之為「澡盆」（bain），來自於「隔水加熱」（bain-marie，雙層蒸鍋）一詞，有時就索性叫做「瓦罐」。我們過著的生活是「狗娘都不如的日子」，乾脆自怨自艾的喊一聲「悲慘的豬玀啊」或「苦啊」算了。

「滑坡」上掛滿點菜單時，被稱之為「板子」，有「佈告板已滿」的意思。跑堂或侍者正要端走的菜，叫做「在我手上」，好比說，「他媽的牛排到哪兒去了？」，答覆是：「主廚，在我手上。」跑單員急著要某一道菜時，會說「熱堅果」，比方「六桌的舌鰨跟熱堅果一樣十萬火急」。這種情形往往發生在客人為「非常重要的蠢材」或「狗娘養的大混蛋」的狀況下，意指對方為老闆的朋友，或者根本就是老闆本人，所以，千萬要趕快上菜。

如果把我們學會的東西用在緊急如戰場的情況中，我們可能會說：「孬哥兒們，七號六人座有熱堅果！說要出菜都已經十分鐘了，笨蛋！什麼？你的備料沒好，你這個兇手！馬上把那坨屎給我拿到出菜口，你這混帳王八蛋燒烤師——萬不得已的話，丟進點唱機裡算了。單上其他的菜都在我手上了！出菜前別忘了擦，加點草，來點那紅色的汁，我這裡掛了一堆大便，你卻他媽的給我跟不上！」

「正在做啦，」回答或許會是這樣：「我都快被埋了。為什麼煎炒站沒像我這麼挫賽？我整晚一臉的屎！八桌怎麼樣了？開火了沒？八桌了可以開嗎？」

這個呢，說不定會引發下面這一番話：「八桌在我手上，大傻！八桌他媽的走了！八桌在窗口傻等狗雜種好小子來取貨，都他媽的快掛了！白癡——你後面的單都死翹翹了——你他媽的在搞什麼名堂？你麻煩大了！嘿，快啊！快過來救這個王八蛋！」

譯註：

①這幾句譯文中在引號中的詞語，在原文中為不同語言對男同性戀者的蔑稱。

②原文以不同語言書寫，指的都是「陽具」或「睪丸」的俗稱。

③cabrón在西班牙語中原意為「公山羊」，但也有罵人「渾球」之意。

④這三者是美國影集中的角色名字，通通是光明正直的標準「正派」人物。

⑤原文為squared away，意為「迎風揚帆」，有已準備就緒之意。

# 其他人

OTHER BODIES

跑堂是主廚的御林軍，他們是穿著像侍者的混種角色，領的是外場編制內的薪水，可是（在理想狀況下）效忠的對象是主廚和廚房。他們通常要麼當過收盤員，要不就是受到排擠的侍者，他們必須早早選擇站在哪一邊，尤其是在奉命執行的任務可能與老同事的目標有所牴觸時。

我喜歡身體健壯、積極進取的跑堂。特別是在戲院開演前的尖峰時段，當整個餐廳的客人必須在三十到四十分鐘之間用餐完畢時，我的跑堂一般會心急如焚，害怕誤事，行動變得很粗魯，弄得不斷有人會來請我吩咐他們像飛彈一般橫衝直撞，來往於廚房和外場之間時，不要推擠侍者。當跑堂必須具備非比尋常的技巧，語言技巧並不重要，我要的是專注力與速度，能夠在忙亂的狀態中迅速判斷情勢，從一大堆等著要上的雜亂點菜單中挑出接下來該上的一張，一次可以端好幾個盤子而不掉一個，牢記哪盤菜該給桌上哪位客人還有肉的熟度，並且能夠巧妙地安排哪桌菜需先上。跑堂通常可以全額分到侍者的小費——更好的是，他們不必跟老百姓打交道就能分到。他們的職責是按正確的次序把菜從廚房傳給客人，然後立刻回廚房。他們的職務也包括主廚吩咐他們做的事——不論是什麼事。其他較說不清楚的職責或許有蒐集情報，儼如砲兵前方的觀察員，向主廚／跑單員回報點點滴滴切實的資料，比方「一號桌怎麼回事？菜可以上了嗎？特餐狀況如何？」等問題的答案。替主廚端酒來也可能是例行工作，要不就是替主廚送外套去洗，跑腿去商店買急用的東西，保持出菜口和服務區的清潔，替菜餚做最後裝飾，偶爾甚至要兼做跑單的工作。我手下的大多數跑堂容或不諳英語，卻都認得我菜單上的每一道菜，而且知道怎麼唸。

跑堂應該能從一堆熟度不同的牛排中，認出有那一盤是三分熟的；能跟主廚一樣看得懂「佈告牌」，並能保持職業美式橄欖球後衛在開賽前那種如籠中獸一般狂躁的心態。我希望我的跑堂在尖峰時刻到來以前，能像即將拿下山頭的海軍陸戰隊員那樣激動到呼吸急促。就我所知，當需要下判斷或定策略時，我就是巴頓將軍（George S. Patton）。他們的任務呢？就是把菜端上桌，然後馬上回來。我會把我的美味佳餚擱在保溫燈下等死嗎？我可不要我的跑堂順便掃除桌上的麵包屑或清菸灰缸。

如果我那些身體健壯的跑堂能兼任風紀股長，那敢情好。他們就算得使出強制手段，也能巧妙地跟闖入者周旋，不讓後者侵入我的領域，打擾到烹調與上菜的嚴肅工作。有老闆的「朋友」、推銷員或愛聊天的侍者擋住廚房走道是嗎？我那精壯結實的跑堂經過這傢伙身邊時，就會朝著他腰間給他一拐子。這些人在三番兩次感覺到這種「不慎」的碰撞後，往往就明白自己擋到人家的路了。

真正優秀的跑堂相當罕見，找得到的話算你命好。在最美好的狀況下，主廚和跑堂之間有種近乎心電感應的關係，只要一個眼色或一個表情就能傳達許多資訊。真正優秀的跑堂在處理點菜單的間歇，越過主廚的肩頭就能看到單據內容，立即分辨出接下來可能要上什麼菜，送到哪一桌去。能有外交手腕也很好，因為他們跟我的廚師說有牛排得重煎或有道菜得快點做時，口氣要是重了點，廚師可是會惱羞成怒。

跑堂要是肯打外場老同事的小報告，也很好。我一向樂於知道那裡有沒有什麼人不滿，如果有哪位狂妄自大的領班敢對我或我的特餐說三道四，我遲早都得料理這事，所以我寧可及早知道。預警總是好事，是不是有一輛滿載觀光客的遊覽車在餐廳外頭停下來，所有乘客打算趁《西貢小姐》（*Miss Saigon*）開演前，匆匆把共三道菜的一餐塞進嘴裡？如果我的跑堂不說，又有誰會通知我這件事呢？侍者和領檯員可都忙著併桌子，爭論帳單該加收百分之十八或二十。

跑堂儘管在名義上屬於外場人員，可是當他們逐漸適應廚房的習慣和作風時，慢慢就會開始培養出與廚房人員同樣獨特的世界觀：對廚房以外的任何事物都懷抱著仇外、稍微有點偏執的觀點，同樣殘忍的幽默感，對廚房以外的人心存懷疑。我喜歡助長這種情形，確保我的跑堂吃得好一點，偶爾灌灌他們迷湯，關心他們個人的生活和財務狀況。必要時，只要他們有需要，我會拿出我既怪異又可怕的權力，毫不保留地支持他們。如果外場那些兼職演員剋扣我的跑堂，少分他小費，那他們最好祈求上帝保祐了。

## 夜班清潔工

我巴不得不需要夜班清潔工，但我就是需要。總得有人在餐廳打烊後做清潔工作、倒垃圾，刷洗烤箱內部、扔掉死老鼠、把奄奄一息的老鼠殺死、清理隔油池、沖洗廚房——凡此種種腦筋清楚的人不論是為了錢或為了愛都不肯幹的活兒。問題在於，肯做這種工作的那一類人可是一整夜在無人監督的情況下，一個人待在你的廚房裡呀。這種把濕答答又臭氣沖天的垃圾袋拖到外頭垃圾車的差事，既骯髒又得不到人家感謝，由於夜班清潔工只有一個人，那麼他八成會覺得充分其邊際利益也是合情合理的事。他可以用餐廳電話和墨西哥的家人通話；有什麼現成可吃，他就可以吃，而他不可能不去吃。他說不定會在替酒瓶撣灰塵時，順便喝上一杯。最棒的是，在用餐區找到的東西，他通通可以據為己有。我們就打開天窗說亮話吧，在生意繁忙的餐廳客滿的星期六晚打烊後，負責打掃、抹地板的工人，在餐室內找得到物品可真有意思哩，有皮夾、珠寶、信用卡、手機、皮包、雨傘、毒品、現金，林林總總客人常會忘了帶走的東西。夜班清潔工也可能在員工更衣室找到有趣的物品，有人匆忙更衣之際從制服中掉出來的，因此有事業心的人大可運用各種辦法來增加自己的收入。

由於沒有別人想要這份差事，甚至沒有人願意熬一整夜監督他工作，也沒有人想要培訓其他人來幹這份活，清潔工的職位因而十分穩固——即便上頭懷疑他偶爾會摸雞摸狗也無妨。清潔工就算會偷東西也是有寶貴的員工，只要他知道什麼可以偷，什麼不能。我敢說，在皇后區外緣一帶，有不少公寓的裡玻璃杯、器皿和廚房設備，通通來自很多餐廳。一個人若曉得到哪可以花三十美元買到綠卡和社會安全號碼，八成也會知道如何處理剛到手的信用卡，或上哪去賣二手的Burberry風衣吧。沒有人在意的，況且，這傢伙偷的大概比酒保少。

## 酒保：主廚的好朋友

廚房和酒吧始終存在著一種快活的象徵性關係。簡單講，廚房要酒，酒保要食物。酒保呢，自認是比侍者崇高的人物（誠然），吃的東西應該比下午四到五點放在保溫燈下逐漸變硬的員工伙食來得好。他下班時，肚子餓了，雞腿和放了一天的義大利麵可配不上酒保的形象，他自認是口若懸河、風度翩翩又有個性的人物。他想要得到特殊待遇，而他通常能得到。主廚希望能夠隨時想喝什麼就喝什麼，而且不讓高層管理人員明瞭他有多麼嗜酒，又有多麼嗜飲高檔的酒。酒保往往樂於幫忙——只要處理得當。

酒保經常是每位員工訴苦的對象，因此從他那裡也能夠蒐集到有意思的零星情報。他有時也了解高層管理和經營權的變動內情，他知道——從現金收入來說——餐餐某一晚的生意是好是壞，誰收到小額現金派息，做什麼用。他聽到太多事情，大家說著說著，遲早都會忘記酒保並不真的是醫生或神父，不必守密。他們忘記了當自己在吧檯遠遠的一角對著朋友臭罵老闆時，他的確在聆聽。希望他會對主廚和盤托出一切。

我在前頭輕率地暗示過所有的酒保都是小偷。這不盡然屬實，不過在餐廳所有工作人員中，酒保如果想搞鬼，機會最大也最多。酒保控制收銀機，他們可以和侍者串通在晚餐帳單上動手腳，可以賣自己的酒——我甚至聽說過有個酒保自帶收銀機上班，把三分之一的酒錢放進自己的收銀機裡，晚上把整部機器搬回家。不過最常見的酒保花招是「回購」，每到第二輪或第三輪時，就免費請心存謝意的顧客喝酒，如果你一晚上都在喝純麥威士忌，卻只要付一半的酒帳，那你可省了不少錢，就多給這討人喜歡的酒保十或二十美元小費，都還是划得來。這種拿店裡的酒來大放送的作風，對酒保個人而言也很有好處，可在酒吧常客間造成那種最寶貴的現象：「跟檯」，不論你到哪工作，他們都會跟著你過去。

主廚當然會喜歡這種酒保，通常只要喝酒就一定去這種有「同業折扣」的地方。主廚和廚師下班後會成群結隊，一家接一家酒吧地喝，大夥大致上輪流作東，充分利用以前同事過的酒保倒酒特別大方的政策，他們會留意不要「殺雞取卵」。不要太濫用特權或太常去他們最鍾意的酒吧，因此他們往往一家家地逛。酒保得到的回報就是，當他帶著約會的對象去廚師工作的餐廳時，會得到貴族王公一般的待遇，有奉送的點心，說不定還有免費的甜點，主廚會來打招呼，特別殷勤的招待、體貼的服務——簡言之，就是我們這些苦哈哈的工人階級出外用餐時渴望得到的那種既親切又面子十足的款待。

# 有名沒姓的亞當

ADAM REAL | LAST | NAME | UNKNOWN

廚房電話鈴響，緊接著傳出「嗶」的一聲，綠色的小燈亮了，表示前面的領檯員有話要跟我講。

「怎麼樣？」我捂住一耳說，這樣才聽得懂她在講什麼。廚房裡一片吵雜，又是收音機聲，又是鍋碗瓢盆叮噹作響和洗碗機的噪音。

「主廚電話，」她說：「二線。」

我按了一下一閃一閃的紅燈，向史蒂芬作手勢，請他把收音機音量關小一點。

「餵母狗！」電話裡頭的聲音說：「餵母狗，不然她就會死翹翹！」

是亞當。

他想要我做的事——其實是他要告訴我的——是他喝太多了、太累了、太懶了，或者有其他什麼拙劣的個人因素，所以不能來餐廳餵他的麵種，那是一團龐大、冒著泡泡、簡直無法控制的發酵葡萄、麵粉、水、糖和酵母，就連這會兒仍在三十五加侖容量的塑膠容器中膨脹，推擠著上頭加了重物的蓋子，湧到醒麵團的工作檯上。

「亞當，我們這裡忙得要命！」我抗議道。

「跟他講我才不管這事，」史蒂芬從廚站那頭嚷道，他早就料到亞當會打電話來。「跟他講，他要是不趕快滾過來，我就看著她死翹翹。」

「老兄……我這裡……有點狀況，兄弟。是說……我就是沒辦法。拜託幫個忙，我保證……我明天晚上會上工，拜託啦……餵……那……母狗。」

「有什麼這麼重要？有什麼事重要到你沒辦法過來？」我問，心知肚明他會撒謊。

「老兄，他們要把我趕出我的公寓，是說……我非得待在這裡不可。兄弟，我得等我的律師電話。」

「亞當，他們**老是**想把你趕出你的公寓，」我說，「這一回還有什麼新鮮的？」

「是啊……是啊，可是這一回，情況**嚴重**了。」亞當有點口齒不清地說，「我得等我的律師打電話來，不然我就完蛋了，你懂嗎？」

「亞當，有什麼律師他媽的會在星期五晚上八點半打電話啊？」

「呃，他也不真的是律師啦，比較像是在幫忙我的一個傢伙。」

我可以想像電話另一頭的情景：有名沒姓的亞當，這個有精神病的麵包師傅，一個人待在上西城他那間又小又髒的公寓中，由於一連三十六小時又吸古柯鹼又狂飲烈酒，兩隻眼睛變得一大一小，嘴角積著白沫，兩天沒刮的臉滿是鬍渣，只穿襯衫，沒穿褲子，周遭扔著色情雜誌、外賣中國菜的空盒子，情色頻道在電視上無聲閃爍，藍光照射在凌亂的床邊一罐燉牛肉罐頭上。他一直在吸古柯鹼，抽大麻，喝著半加侖裝的沃夫施密特（**Wolfschmidt**）或佛萊施曼（**Fleischman**）伏特加（如果他喝的是較好牌子的酒，那八成是從餐廳偷的），現在身上沒錢了，連搭計程車都不夠，又因為太懶或太神志不清，沒法走上二十條街來餵這母狗。

我考慮了一下情況，先看看那團二百五十磅的麵種，再看看史蒂芬。

「我可不幹！」史蒂芬說（他一生氣，聲音就變得又高又尖），「叫文尼去操他自己！」

史蒂文稱呼亞當為文尼，我也不知道為什麼，說不定是亞當真實的姓氏。

我讓亞當等著。

「哥兒們，我幫你餵她。」我對史蒂芬說，「從他這個狀況聽起來，我可不想看著他。你真的想看到他嗎？他現在這副德性？你知道他會怎麼樣。」

「好吧，好吧。」史蒂芬低聲抱怨說，啪的一聲把牛排甩到烤架上。「不過，跟他講這可是最後一次，跟他講下一回我會隨她去死，我會把她扔進垃圾桶裡。我們去跟外頭買麵包。」

「我們會餵她。」我告訴亞當。

我這下子得應付一件苦差事，我得將那一團重得叫人背痛、模樣又難看的玩意，從塑膠容器裡弄出來，分批放進那部巨大的「荷巴特」牌（Hobart）攪拌機裡，然後「餵」這東西溫水、麵粉酵母。接著，我得把它刮回到塑膠容器裡，再整個拖回到原本醒麵的地方，上面再壓上一落的鍋子和一袋袋的馬鈴薯。這工作應該由兩個人來做，還會害得我那乾淨的廚房到處都是麵粉和黏糊糊的粉屑，讓我指甲下頭黏著麵團，便鞋也黏滿這玩意。可是不論怎樣，都比讓有名沒姓的亞當這一刻出現在我的廚房好。不論怎樣。

睿智的上帝為什麼會選中亞當領受這不世出的才華啊？為什麼在芸芸眾生中，祂偏偏就選擇這個喧嘩、骯髒、不修邊幅、討人厭、無法控制又狂妄自大的瘋子，來當祂個人的麵包師傅呢？紐約市每家餐廳都雇用過這傢伙（十分鐘左右），而這麼一個員工之恥、國民之恥、人類之恥，這麼一個沒有任何身份文件、未受訓練、未受教育、不洗澡的神經病，憑什麼只要摻合一點點水和麵粉就能變出魔法？

各位，我說的可是真的魔法。我或許已有一千次都巴不得亞當死了算了，我或許曾想像，甚且計畫過他的末日——被狂犬咬噬撕扯，內臟被窮兇餓極的臘腸狗扯爛，人被上了枷鎖，被鐵鏈和帶刺的鐵絲鞭笞，然後被淹死、分屍——然而他烘焙出來的麵包和披薩餅皮卻是超凡入聖啊。看到他的麵包出爐，聞到那香味，那股飄著酵母香、叫人深深感到滿足，心靈得到安慰的氣味，撕下一塊麵包，掰開那敷著麵粉、香脆的外殼，麵芯的質地是那麼輕盈鬆軟⋯⋯這麵包嚐來就是天才的傑作。他做農村式圓球麵包無懈可擊，不論是上帝或世人，都無法讓這一球原子組合更形完美，它讓人當場五感皆美。塞尚要是看到了，會想畫這些麵包的——可是，搞不好他會覺得自己不夠格。

有名沒姓的亞當也許是文明有禮社會之敵，對任何氣氛快活的餐廳都構成威脅，為治安帶來風險，還是個潛在的連續殺人犯，但這傢伙可真的是烘焙高手。他是個白癡天才，上帝常常跟他進行嚴肅而親密的交談。我只是無法想像祂對他說了什麼，會不會訊息在傳遞的過程中變成了亂碼？

據說往昔的十字軍在出發征戰前，會先在地方上的教堂或修院停留一下，他們可以在那兒購買贖罪券。在我的想像當中，這有點像是天堂來的、有保障的預付信用卡，他們談判的過程大概像這樣：

「天父，請保祐我，因為我就要犯罪了。我打算穿過南歐和北洲，一路姦殺虜掠，枉用天主您的名，不分男女一律姦污，掠奪伊斯蘭聖地，殺光婦孺和牲畜，讓他們屍橫遍野……當然還有軍人常用來取樂的那些事，比如隨意地挖出人的眼睛、砍手砍腳、折磨凌遲和縱火。神父，我這一路罪孽，得花多少錢呢？

「孩子，法衣室得換新屋頂，說不定還得舖幾塊地毯，據我所知，你要去的地方出產的地毯很不錯……這麼著，先付百分之十五，就當做什一稅，好吧？」

「成交。」

「放心上路吧，我的孩子。」

亞當每從烤箱裡拉出一架子的酸麵種麵包，就與上帝和好一次，每個披薩都又香又脆，麵皮浮凸著汽泡，美味極了。上帝對我們每一個人，尤其是我，開了一個小小的玩笑。

我雇用他已經三、四次了，開除他以後又重新聘用也已不計其數。他年紀大概二十多到三十出頭之間，不過看上去比較老。他個子中等，一頭漆黑的頭髮頂端已漸稀疏。他胸膛厚實，肩寬，上臂因揉麵多年而變得粗壯。他們的眼睛是褐色的，但是看來像煤炭黑，眼神既兇惡又有些可憐兮兮，嵌在淘氣的娃娃臉上，表情可以在一瞬間從和藹可親又孩子氣，變得邪氣而瘋癲。

讓亞當進入你的團隊，有那麼一段時間就代表著買到我這輩子吃過最美味的麵包。你的顧客看到麵包籃時，肯定會驚呼：「這麵包是哪來的？」和「我到哪兒能買到這麵包？」這也意味著你會活在惡夢中，你的冷藏間的每個角落裡和廚房貨架上，到處都有形形色色既難看又難聞的科學實驗品，好比腐爛的葡萄、發酵的紅辣椒、一桶桶濕黏的碎蘑菇——蕈帽和莖爛成一團，變得黑糊糊的，散發著惡臭——這些都是為「母狗」和她許多後代子孫所準備的，也就是加了其中一種原液好讓它「發」的較小團麵種。冷藏間裡存放一桶桶以冷藏方式減緩發酵速度的麵種，還有早被遺忘的死麵種。冷凍庫裡則裝滿了烤半熟的圓球麵包、冷凍的酸麵團，地板上沾著麵團，黏糊糊的。亞當好像有劇毒的蝸牛，所到之處必留下痕跡。

但是，他也留下「東西」，好比好吃到令人驚奇的橄欖和香草麵包、甜椒麵包、蘑菇麵包、佛卡夏扁麵包、披薩、蒜味捲、麵包棒和布里歐麵包。他自稱祖籍西西里，舉止、手勢和表情都帶有史柯西斯（Martin Scorsese）電影布魯克林街頭混混的調調。可是，他果真有義大利血統嗎？沒有人能夠肯定。史蒂芬聲稱看過他的出生證明——請注意，是真的那一份哦——他真正姓氏是土耳其或阿拉伯姓。然而，誰知道呢？亞當出示的文件，出處從來就不牢靠。不過，他的烹飪背景倒是毫無疑問，肯定是義大利，他烤的法國棍子麵包就靠不住。如果你相信他——而你不該相信——他師承跟麗蒂亞．巴斯提亞尼許（Lydia Bastianich）①。（他喜歡給人家看她寫的一本已破損不堪、書頁發毛的書，上面寫著送給某人——他眾多別名中的一個。）

根據我直接的了解，他當過廚師、主廚、顧問、披薩屋的餅皮師傅、熟食店助手、糕餅師和麵包師。從他嘴吧裡吐出的，有一半全是屁話，另一半呢，充其量只能說是大有蹊蹺。他永遠處在破產和負債狀態，聽史蒂芬說，他家附近的熟食店和酒吧讓他賒帳，亞當手頭鬆時就結帳，緊時就賴帳。他老是得去小義大利付錢給一些可疑人物、不肖警察，或解決房租問題。他告過所有雇用他的人——聲稱雇主騷擾、違約、盜用勞動服務、不當勞動行為，甚至性騷擾

——而且他作為職業訴訟人這第二事業的運氣還出奇的好。我懷疑有不少他的受害者寧可花點錢了事，只要他離得遠遠的就行了。

頭一個把有名沒姓的亞當帶進我的熟人圈的，是吉米・席爾斯（惡名昭彰的九二年聘用史蒂芬和亞當事件），他是另一位心不甘情不願但就是欣賞亞當的人。吉米跟我一樣，早知道的話，就不該放任這頭野獸在他的廚房裡自由活動，可是他仍一次又一次做同樣的事，一再雇用他，只為了那「東西」。席爾斯和亞當時有爭端，嚴重到已成了傳奇，兩人不只一次拳腳相向。

他們倆既是彼此的大敵，也是親密同事，曾經在「郭克客棧」草坪上大打出手，想置對方於死地，也曾在「巴羅十三」（13 Barrow）扭打，在「晚餐俱樂部」互相叫罵。史蒂芬認識亞當最久，兩人一起在紐約和加州有過不少歷險，那一段段愚蠢得叫人反胃、放縱、殘酷與恐怖的故事，就連**我**都覺得不宜見諸文字。亞當多次揚言要告我，我相信他**告過**席爾斯好幾次了，因為他對自己應得報酬的認知，常常不符合現實。（持平而論，吉米對自己該付的報酬有多少，有時也與既成事實有出入。）他們有張多年前為雜誌報導而拍但後來並未刊出的合照，畫面上的亞當全身從頭到腳都是麵粉，他把吉米的頭緊挾在腋下，假裝要用麵棍敲碎吉米的腦袋，這張照片十足重現這兩人之間關係。

前不久，我順路到吉米的新餐廳去看他，我已有多年沒見他了，那地方很華麗，是夜總會和晚餐俱樂部的綜合體，坐落在葛萊梅西（Gramercy）地區。我在桌邊坐下，點了吃的（吉米的菜總是好的不得了），麵包送上來時，我抬起頭看著吉米，一種可怕的熟悉感浮現在我的心頭。

「你沒有吧？」我簡直不敢相信，厲聲說。

「我有，」吉米嘆氣說：「我請亞當替我做麵包和披薩。」

我最新聽到消息是，亞當到處吹噓他來法院執行官查扣席爾斯的爐子和設備，以償清據說積欠他的工資，他聲稱這一回要把吉米的腦袋砸爛成紅醬，讓吉米哭得像小姑娘，毀掉他的生活。前一年，亞當有一回在郭克惹事生非後，曾被警方押送到漢普頓火車站，那是漢普頓頭一次有人遭強制遞解出境。吉米是亞當最執著於糾纏的人物，是他隨時都等著要報復的對象，也是他最津津樂道的話題。眼下呢？正如餐飲業中的不少人際關係，所有舊的事物又再度變成新的。

容忍亞當在手下工作，你就得當全職的警察、精神醫師、金主、朋友和敵手。不過他**的確**也有可愛的一面。

有一回，我和南西、史蒂芬還有他一同去滑雪。亞當有機會做點**正常**的事，為此激動極了。柯雷里醫師（Dr. Hervey Cleckley）在他那本講連續殺人犯的劃時代著作《精神正常的面具》（*The Mask of Sanity*）中，討論了這種現象，職業的反社會者對自己的性格似懂非懂，往往過猶不及的模仿正常行為，好比去當童子軍團長、生命線諮詢顧問、共和黨募款人。在那一回案例中，亞當因為將從事「和朋友一起去滑雪」這樣有益身心的活動，興奮的不得了，為他的滑雪同伴準備了豐盛到不行的野餐，兩只冷藏箱裡裝滿了自製的西西里風味燉茄、開胃菜、冷肉香腸、新鮮烘焙的義大利麵包、乳酪、醃漬朝鮮薊、烤甜椒……為了做這些東西，他想必一整夜都沒睡。雖然他是這世上最不該獲准去滑雪的人，可是他滑得像英雄似的。頭一個小時，他滑雪靴穿錯了腳。他沒想到要帶一般手套或連指手套，還把一根雪杖搞丟了，可是他一句怨言都沒有，不屈不撓地一直滑雪。有個畫面至今仍歷歷在目，我記得坐在上山的吊椅上看到他跌個狗吃屎，隨即爬起來，當時我心想「除了麵包以外……這傢伙還有他可愛的地方。」他這個人求生能力超強，他歷經過人生的高潮，也承受極不堪的低潮，而他總能夠東山再起。說不定他如今又改了名字，說不定他的薪資支票根本是付給一家子虛烏有的公司、一個第三者、他最新的別名，但是到頭來他依舊屹立不搖……仍然在做美味到令人難以置信的麵包。

亞當並不愚蠢，不過我有時覺得他希望自己很蠢。他說的趣聞妙事全是些極度誇大、粗鄙露骨到無法言傳的冒險故事——通常跟他的命根子有關——不過不同於他的朋友史蒂芬，他講的時候沒有那種混合誠摯與自貶的魅力。亞當的喜劇素材往往是想也想得到的老梗，好比說，他把他的蒔蘿（dill）麵包的麵種稱為「按摩棒」（dildo），邊講還會邊瘋狂大笑。他有種不大尋常、坦白講很嚇人的習慣性痙攣：吃東西時，一隻眼睛會拼命向上翻。聽說他嘿咻的時候也會作鬼臉，不過我儘量不去想像他那個樣子。他這人感情用事，而且有時對自己的工作成果真的太在意：我見過他為提拉米蘇成品不如預期、卡薩塔蛋糕受熱變形而哭泣。他想得到某樣東西時，會擺臭臉、哄騙、碎碎念、威脅——而他老是想要得到什麼——你從他的外表就能看出他的心智狀態，如果他沒刮鬍子，最好離他遠點。

在「蘇利文」餐廳時，我曾安排他在廚房收工後，在夜裡烘焙麵包。我不想讓他和其他廚師互動，他那種假男子漢作風的玩笑話，鐵定會得罪厄瓜多爾與墨西哥二廚，他又是個無可救藥的魯男子。

我叮囑他：「你淩晨一點準時來上班，替我烤麵包，在早上第一個廚師來上班前，你就得離開。」我可不希望他跟我的冷菜師傅說，他要「讓他做他的女人」，也不希望他大吹法螺，講到他想像中或實際上的「妓院」歷險，或很不智地對著洗碗工大唱既下流又不好笑的耶誕歌曲，洗碗工覺得他是近乎撒旦的幽靈。不過，准許亞當夜裡在無人看管的情況下幹活，意味著他可以解開冰箱門上的鉸鏈，給自個兒來份丁骨牛排、白松露燉飯和番茄沙拉當宵夜，而且無疑偶爾還會偷一瓶香檳王來佐餐。不過凡此種種都是預料中的事，那麵包，實在太棒了。

雇用亞當的頭幾個月例必是蜜月期，他上班還算準時，該做的工作都會設法做到。然後，當一切都很順利，客人對麵包有好評，上司也高興時，他便開始進入神遊狀態——「烈士模式」——他開始擺臭臉，覺得自己受騙，感到自憐。他獨自完成的工作，那些美味的亞當麵包，都未受到他那些殘酷又麻木不仁的主子應有的欣賞。他會開始想辦法要我給他加薪，要求報銷「開支」、計程車費和「研究」費用。他想要新的設備、大量特殊的烘焙用品，要求給他打電話給公司與花費自主的權限。簡言之，他變得無理取鬧，當他的要求得不到滿足時，他開始怠工、曠職。

「餵母狗」的電話次數變得越來越多。

這時，我通常就開始向外頭買麵包。

這時，亞當因為沒有領失業救濟金的資格，回去洋基德利熟食店（Yankee Doodle Deli）作三明治，到西村的酒館作早午餐，替腦子燒壞的披薩店老闆或餐館業菜鳥當顧問，給落泊的外燴業者打工或成天躺在家裡。他會再打一張履歷表，又是滿紙謊言，例必又一個新的姓氏，一切重頭再來。我呢，遲早又會打電話給他……不然的話，席爾斯會打，有名沒姓的亞當便又重出江湖。

亞當有時會讓人驚奇。他和我太太處得很好，有時還真的滿有禮貌。這幾年以來（對亞當來講可是個紀錄），他在一家很不錯的餐飲承包公司工作，而且顯然表現不壞。我有天晚上在有線電視頻道上看到亞當穿著白色的廚師服，和深夜時段的有線電視節目主持人與來賓談笑風生，表現相當好。他討喜又風趣，臨場反應很快，桌上展示著賣相頗佳的各種烘焙成品。他仍然在替吉米．席爾斯做麵包和披薩。我有一陣子沒聽說有關他動粗、逛低級妓院或差一點嗑藥過量的事情，說不定他真的洗心革面、重新做人了。

天知道呢，像他這樣能做出完美無瑕的樸實酸麵種圓麵包和托斯卡尼鄉村麵包的人，在豔陽之下的某個角落，總該有其立足之地吧。

說到底，他是他那一行中的佼佼者，會做我吃過最美味的麵包。也是最昂貴的麵包：從人力支出、受氣和擔心的程度來說，的確如此。雇用有名沒姓的亞當，始終有如在跟上帝或撒旦交易（究竟是誰，我不知道），不過往往是值得的。麵包是生命的支柱，而亞當卻是那不可能是真的源頭。

這個問題也只能請老天爺來回答了。

譯註：

①麗蒂亞・巴斯提亞尼許（Lydia Bastianich）：克羅埃西亞裔的美國名廚，兒時以難民身份移居義大利，後移民美國，經營多家餐廳，並寫作多本烹飪書。

# 人力資源部

DEPARTMENT OF HUMAN RESOURCES

我的一位好友才剛當上主廚一年左右，他手下一個廚師就給他出了狀況。這個混帳東西為難我朋友好一陣子，遲到，曠工，當班時嗑藥、言行傲慢無禮，還在同事間挑撥離間。他深信整個廚房都該繞著他的廚站、他的情緒和他的苦差事打轉，覺得自己可以動不動就發神經罵人、咆哮、發火，簡直就是一尊在甲板上到處滾動、製造危險的大炮，一副挑釁的德性，等著主廚和同事來踩地雷。

在一次曠工、一次遲到又一次場面難看又誇張的抗命不從事件後，我朋友別無選擇，只能開除這個毒蟲神經病，以合乎經典的口氣，叫這傢伙「收拾你的櫃子，他媽的給我滾蛋！」

這個廚師回家，打了幾個電話後上吊自殺。

做我們這一行的，難免會碰上這種事——我朋友後來到我的廚房來時，大夥默默作出掐脖子的手勢，廚師和侍者紛紛把一隻手舉到頭頂，握拳，伸舌頭，眼睛往上吊，還當著我朋友面叫他「連續殺人犯」，無情地大開他的玩笑。我朋友曾在我手下多年，有好幾次讓我難過、洩氣。然而，自從他當上主廚後，他不時就會打電話給我，為他過去的惡行向我道歉，說當他面臨自己的人事或「人力資源困難」方面的管理問題時，就真的十分後悔自己曾帶給我痛苦和憂慮。

你知道，這會兒他可明白了。他明白領導一票廚師、統禦一幫精神病患、當海盜船長，是什麼滋味，而他可不怎麼喜歡這一部分的職務。這會兒，有人死了，這個老惹麻煩的廚師被炒魷魚，還有他親手了結自己生命這兩件事，就顯然在不經意間有了關連。

「那傢伙反正早就沒救了，不是你的錯。」這是標準的安慰話，不管是誰，差不多也只能同情到這個程度。

「老兄，那傢伙遲早會走上這條路，不是在你手下，也會在別的主廚手下。」

這樣講也是八斤八兩，沒什麼用。

「那傢伙當初非走不可。」於是我這麼說，當我主廚角色上身時，常常會說出這麼冷血的話。「什麼？你還想把這傢伙留下來？就任憑他在你的班底面前胡說八道？任憑他遲到，當班時時胡作非為……只因為你怕他會自我了斷？讓他去他媽的見鬼吧。老兄，我們可是在救生艇上，凡是體弱多病者和危險人物，一律扔到海裡。」

我在誇大其詞，這是我典型的作風。這些年來，我侍候過不少精神不穩定到危險地步的人；我留任過不少我明知到頭來我讓我顏面無光、麻煩大過貢獻的人。我並不是我是「羅傑斯先生」（Mister Rogers）那一類容易心軟的好人①——好吧，說不定我的確有那樣的意思……一點點啦。我欣賞每天準時到班並盡力而為的人，就算這人有邊緣人格、藥癮或有反社會傾向都無所謂。當他顯然開始明白事理時，我往往會給他們各種去機會走上別條道路，幫助他們改變自己的人生，以免吞下那可想而知的苦果。

可是他們一旦消失——辭職、被炒魷魚或死了——我就轉移去處理下一個難題。難題總是源源不絕而來。

過去這二十多年來，我的廚房中出過不少成功的例子。大多數是墨西哥和厄瓜多爾人，他們如今有自己的房子、事業，受到同事和鄰居的敬重。他們養家活口，開著自己的車，說得一口流利的英語，凡此種種，我都做不來呢。我關心我的手下和他們的問題。

我在星期六晚上回家時，心裡還掛念著有個廚師不開心，廚房裡有人在談論開小差的事，自以為是那叫人討厭的烈士？我的週末泡湯了。我只要是眼睛睜開的時候，腦子裡就在想著那個廚師的事，還有我要怎麼解決問題。我會躺在床上，雙眼發直，看電視不專心，沒去注意我太太在講什麼，付帳單、持家、表現得像個正常人等日常事務，更是通通沒放在心上。

要知道，我不曉得正常人該做什麼事。出了我的廚房，我就不知道該怎麼辦。我不明瞭規則，我當然知道有規則，只是我早就懶得遵守這些規則了——因為這麼多年以來，我根本用不著遵守。

好吧，我還是可以穿上外套，出去上館子、看電影，仍然可以持刀叉用餐而不會讓請客的主人難為情。可是，我的行為舉止真的得當嗎？我不知道。

我對自己和妻子說，我有責任。我心裡有事，我得為很多人的生活負責……這擔子有時可真沉重。

你知道，在我的世界中，我這位好朋友**就是**兇手。

你說，不對，他不是兇手。他哪能預料到那個吸毒的瘋子會做出什麼事？某個被滿腦袋古柯鹼的廚師對自己和家人做出那種事，怎麼可以怪到**他**的身上？

就是可以。因為當你直視著某人的眼睛，叫他收拾家當走人時，你說什麼也無法得知可能會有什麼可怕的後果。那人可能會掄著菜刀或剔骨刀回來找你，也可能跟有名沒姓的亞當一樣，根據隨便什麼似是而非但令人尷尬的理由，把你告上法庭。他可能一走了之，搬到亞利桑納，改行賣保險——我認識一位很有才華的廚師就是這樣。另一方面，他就只是認了，轉到下一個廚房，結果揚名立萬；十年後，你說不定會發覺自己在畢爾德獎（James Beard Awards）的頒獎晚宴上，站在他身旁，他剛領了最新人主廚獎，穿著晚禮服，光彩奪目，轉過身來，滿面笑容地朝你的褲管撒尿。當你打量著廚站上那些倍受困擾和惹事生非的員工，思索著他們的命運時，上面提到的種種，你都需要考慮到。

生存是要付出代價的。

多年以前，我在搭上一輛計程車，命運從此改觀。我和一票好友在下東城上車往回走，大夥剛吸了不少毒品，我開玩笑地講起我看到的一篇文章，文中詳細說明根據統計成功戒毒的機率有多少。

「四個人中只有一個會成功，哈哈哈，」我說，可話剛出口，一種痛苦又空虛的感覺便油然而生。我算了算在那輛嘎啦作響的計程車的後座上，不多不少就是四個人。我當下便明白，如果我們四人中有一人能戒毒，從此不再沾毒，這個人一定得是我。我可不能讓這些人揪著我向下沉淪，我不計代價，不管我和他們的交情有多久，共度過多少患難，感情又有多好，我得活下去，那個人一定得是我。

我成功了，他們沒有。

對此我並不感到內疚。

「我們在一艘救生艇上……」我總以這個標準的開場白來激勵新來的副主廚，「我們在海上漂流四天了，看不到有人前來援救的跡象。我們還有兩條巧克力花生棒和一小塊鹹豬肉，坐在船尾的那個死胖子神經越來越不正常，逐漸失去理智，越來越霸道，一直死盯著巧克力花生棒不放，可是這傢伙體力虛弱到沒法划槳也無法往外舀水，他對我們其他人明顯構成立即的危險，他老盯著吃的東西，而且又已開始深信我們在算計他，我們該怎麼做呢？」

把那胖子踢下船去，我說。在踢他走以前，說不定甚至可以從他大腿上剜下一塊上好的肉來。這樣做有錯嗎？

是啊是啊，好漢，你當然會這麼做。聽到這話，我會說：「你呢，跟我還不夠熟。」造反？直接向我的權威挑戰？不忠不義、怠忽職守？朋友，不是不報，時候未到，你呢，早晚會被踢出船外。我呢——我事先就跟我的廚師撂下話——為了把你趕出我的廚房，我會耍計倆，搞陰謀，操弄，控制甚且出賣，不管這會對你的人格造成什麼影響。如果你在始料未及的情況下失業了一陣子，使得你去跳河、找棵樹上吊或灌下一瓶通樂，那可就太遺憾了。

當初吸引我進入這一行的絕對事物（加上我對食物的執迷）。這一行黑白分明的特性。我知道幹這一行有些事你一**定得做**，還有些事**千萬不能**做。我的生命中要是有還有一點點秩序的話，那也跟我相信人生是非分明直接相關：或許算不上道德方面的對錯，但實用。

別的廚師不得不幫你忙？錯。

主廚花很多時間對你噓寒問暖、撫慰你的自尊、解決你和同事的紛爭？錯。

跟上司頂嘴?錯。

在我眼中，你很快就成死人了。

我那位菜鳥「兇手」朋友對那件不幸真的很難過，說：「東尼，我跟你不一樣——我還有顆心哪！」我大笑了起來，把這話當成讚美——那多少也真是——雖說不無譏諷意味。

要知道，我還是有顆心的，我的心好的很，我他媽的是個濫情的傢伙——你只要多認識我就明白啦。給我看受傷的小狗，長途電話的電視廣告，還是回顧阿里拳戰的電影或最後一次演說，我可是會淚流滿面。不過，要是敢惹我，包準你吃不了兜著走。我欺負我的侍者，但是事後當我納悶自己是否做得有點過份時，我起碼會自我安慰道，至少我沒咬他們的鼻子，我認識的一位主廚就這樣做過。我不亂扔碗盤……扔得不多啦。我自己犯的錯，不會推到別人身上。我對不怎麼認真肯幹的強者毫不留情，對肯做事的弱者關懷備至。雖然下班以後，我懶散到離譜，但是上班時我毫不偷懶，對自己的手下、我的指揮系統和管轄範圍，更是全力捍衛。我曾為了我手下的廚師作偽證，倘若有哪個我欣賞的廚師福祉受損，我會做出損人不利己的事，意思是說，我寧可辭職走人，也不會讓管理階層、老闆或任何人耍弄我的手下。如果有人就是要強迫我的廚師加多到不合理的班卻不多給報酬，就算那狀況對我有利到不行，我還是會掉頭就走。當我為了原則而揚言要辭職時，可不光是虛張聲勢而已。我效忠於我的餐廳——只要這份忠誠不致傷害到我賣力幹活的手下。有些人和我一道挺過來、忍受林林總總我認為理當忍受的事情，他們做對了。

其他種種，就只是雜音而已。
不是嗎？

譯註：

①羅傑斯先生（Mister Rogers）：美國已故教育家、牧師兼電視主持人，曾主持電視兒童節目三十多年。

# 咖啡和香菸

## COFFEE AND A CIGARETTE

# 布萊恩的人生

THE LIFE OF BRYAN

強中自有強中手，這世上有更高明的主廚。我們再怎麼不情願，也往往在初出茅廬時，就會得出這個不容否認的結論。在烹飪這件事上，總是前有大師、後有新秀會推出你怎麼都想不到的新穎構想——假如他們還沒率先動手做出來的話。當然，在廚藝奧林帕斯山（Mount Olympus）那空氣稀薄的巔峰，也就是半神半人的三星和四星大廚居住的所在——好比說芮貝、昆茲（Grey Kunz）、布里（David Bouley）、帕拉汀（Palladin）、凱勒（Keller）等人，我用不著多費唇舌，這些名字你早就知道了——這些神人還有項優勢，他們非但不是天才就是近乎天才，而且往往擁有規模更大、訓練更精良也更真誠熱情的工作團隊。請注意，這些人馬可不是天上掉下來的。並不是因為這些大廚外套上繡有名字，就能招來成百上千位求知若渴的年輕廚藝人材上門來，懇求賜予替大廚拭去額上汗水、剝紅蔥頭皮的殊榮。主廚並不會因為牛排翻得比別人快，也不會因為講話有可愛的口音，就能讓人替他架起值百萬美元的廚房設備，為他掏腰包添置兩用蒸烤箱、電磁爐、細瓷餐具、名牌專業爐具、水晶酒杯和一堆白松露。佼佼者自會脫穎而出，英才會得到應有的獎賞。每有一個舌粲蓮花、擁有個人品牌現成調味料、把美國電視觀眾唬弄得一楞一楞的蹩腳大廚，就有無數位天天在真正的廚房中幹活的廚師，他們以精湛的手法烹製美味可口、擺盤饒富新意的上乘食物。我呢，當然厭惡前一種廚師，而對後者佩服有加。

依我看，有誰正是如此廚藝界典範的化身呢？誰是不胡說八道、乾淨俐落、不廢話、作風老派又叫人難望項背的一流大廚呢？

那一定就是「真理」餐廳（Veritas）的史考特．布萊恩了。

我聽聞這傢伙的大名很多年了——值得注意的是，都是聽其他主廚和廚師談起。「史考特說這個……」、「史考特說那個……」，還有「史考特不做小牛高湯；他烤雞骨頭！買現宰的雞……從唐人街買的！」

有人會不經意提到他的名字，其他主廚則露出古怪的表情，有點像是棒將名將佩吉（Satchel Paige）告誡跑壘球員的名言：「別回頭看，說不定有人會趕上來。」他們神情憂慮，彷彿在檢討自己的內心、靈魂和能耐，明白自己不但**做不到**史考特做到的事，也**不願意**做。

在我認識的廚師中，他似乎是被當成偶像崇拜的一位。時日一久，我逐漸養成一個想法，以為他是某種穿剛毛襯衣的瘋狂苦行僧，一個不愛拋頭露面的完美主義者，寧可不做這一行——默默無聞地死去——也不願意端出差勁的餐點。

跟我在前面的章節中可能給各位的印象相反，整個廚界並不是我的世界，不過我打算說實話，而我有不少實話可說。到「真理」的廚房晃晃，仔細端詳布萊恩的一舉一動，你就會發現我到目前為止跟你說的一切都不正確，我那些泛泛之論、經驗法則、偏見和一般通則，通通是胡說八道。

在我的廚房，我當家作主，我永遠是船長，廚房的進程、風氣、階級乃至背景音樂，大半由我決定。一位主廚不管是否信奉艾斯科菲耶時代的功績制，他只要一邊斬著雞肉做紅酒雞，一邊還要聽「性手槍」（Sex Pistols）的歌曲，就已經在對手下傳達出訊息了。

一個主廚如果年復一年地聘任像史蒂芬這樣的副主廚，那他顯然不是侯布雄——也不可能像他那麼成功。說來並不是巧合，這些年來我所待過的廚房，到頭來每家都很像，令人聯想起我於其間成長的廚房：喧囂、放蕩，充滿著裝腔作態的男子氣概，這樣的廚房很有工作效率，卻像是一家子人在做事，還是個功能失調的家庭。我呢，要麼在悉心照撫我手下那幫惡棍，要不就在霸凌他們。誰都看得出我被他們下班後種種過份的行為和反社會傾向迷住了，我對混亂、陰謀和人性陰暗面的熱愛，影響了我手下員工的行為舉止，而他們當中大部分人的行徑原已瀕臨社會所能接受的邊緣。

所以，的確有與我掌管的廚房種類很不一樣的廚房，並不是所有的廚房都像我習慣的這種好像壓力鍋的廚房，手下儘是地痞流氓。世上也有既講道理又一片祥和的廚房，那兒步調穩定，一貫重質不重量，而且話題不會老是男人的老二、老二、老二。

由於這有點像大飯店和汽車旅館之分野，就乾脆來比較一番吧，讓我們看看三星主廚所掌管的廚房，這廚房大不同於我的，菜餚水準較高，其人以往的工作經歷幾近無瑕可擊，始終跟行內翹楚共事，他的目光總盯著球不放，也就是食物。就算這番比較會讓我相形見拙，也無所謂。我想我在前頭說過要對各位吐實，以下就是一部分。

跟我一樣，布萊恩也愛自稱是「邊緣」人物。他說「邊緣」二字時，你聽得出來他的故鄉麻州布魯克朗（Brookline）的口音，也就是你在「伍斯塔」（Woostah）、「新貝德福」（New Bedfahd）、「葛萊斯塔」（Glahsta）和佛雷明恩姆（Framingham）的健身房和愛爾蘭酒吧會聽到的口音。不過，布萊恩很愛稱人「老哥」（dude），這讓人忍不住以為在波士頓也可以衝浪。前不久，我順道過去看他，我先穿過那只稀疏擺了六十五人座、風格獨具的用餐區，經過他的四位侍酒師——數一下，共有四位哦——，穿過一廚房表情嚴肅美國青年，他們身著廚師制服，鈕扣都扣得整整齊齊，胸前繡著「真理」的標誌，每位都穿著海默牌的廚師褲；我走下樓梯，發現他正在用棉布包裹一塊榴彈砲大小的肥肝。他穿著短袖的洗碗工上衣，按扣直扣到衣領，房間裡大聲放著「束縛艾利斯」樂團（Alice In Chains）的歌曲。我忍不住竊喜，心想「我也會這樣，說不定我們並沒有多大的不同！」可是，我們當然大不相同，你馬上就會看出來。

布萊恩在他所謂「說真的，就是個住房開發計畫」長大，不像我，成長於風光優美、綠樹成蔭的殖民風格紅磚屋，耳邊有遠處傳來的除草機聲音，後院玩槌球，養金魚的池塘水聲汩汩，家裡還會舉辦「齊佛式」雞尾酒會①。布萊恩上公立的布魯克朗中學，那所學校似乎較著重技術培訓，校方有烹飪課程，還有對外營業的餐廳。我上私立學校，那是所男校，學生一律穿著「布魯克兄弟」（Brooks Brother）西裝外套，前襟口袋上有校徽和拉丁文校訓（真理就是力量）。布萊恩很早就認識到自己得工作謀生，我呢，是「新邊疆」和「大社會」的產物②，真誠相信我在這世上理所當然會有條生路——我只需要坐享其成，自然就會活得比我父母還好。

我們在同樣年紀時，我還在幫忙折騰我朋友爸媽的昂貴轎車，喝多水果酒後吐得波斯地毯到處都是穢物，布萊恩卻已經在工作，在布魯克朗中學餐廳替亨利．金尼森（Henry Kinison）打工。他是為了掙錢。高二那年，他在一家叫「匈牙利歐陸」（Hungarian Continental）的館子幹活，還在波士頓的「里格海鮮」（Legal Seafood）賣魚。他認命工作，就是這樣。布萊恩當時雖然尚未被食物之美而動容，但已發覺自己較喜歡幹烹飪這一行，而不是按照設想他可以從事的其他行業，好比說電力工程師或電工。

他早期的師傅金尼森勸他上普羅維登斯的詹森和威爾斯廚藝學校，他心想「有何不可」，就去上了。

他討厭那學校。他一邊上課，一邊開始在劍橋那家甚獲人吹捧的「豐收」餐廳（Harvest）工作，在金基德（Bob Kinkead）手底下幹活。如果說布萊恩這一生有什麼頓悟的時刻，就是讓他決定自己今後這一輩子要做什麼的那一刻，那便是在那裡，當他頭一回嚐到金基德的龍蝦沙拉佐肥肝和松露油醋汁的時候。他即時反應，決定離開廚藝學校。

「我不回去了。」他說，放棄課業，投入真實的世界。

他表現優秀，他不能不優秀。金基德清楚地知道他非池中物，布萊恩中學剛畢業，金基德就叫他背起行囊去法國，只叮囑他一個字：「吃！」

布萊恩跟我一樣，對於法國這個民族又愛又恨。我們喜歡儘量減低法國事物的重要性，拿法國人的習性大開玩笑。「那裡的制度不一樣。」他談到老法的工作習慣時說，「你呢，很年輕就入行，開頭十年，一天到晚任人作賤，他們把你成狗一樣的使喚，所以當你好不容易熬成副主廚或主廚時，你的工作生涯差不多也快結束了，你呢，就走來走去，到處指指點點。」他一邊擰了他那魚雷形狀的肥肝最後一下，一邊說，「社會主義，老兄，對廚師來講真不是什麼好事。」

可是，他倘若看到差勁的手法，亦即非法國手法，那對他簡直是折磨。因為布萊恩心知肚明——而且勇於承認——只要你拿起主廚刀去處理食物，你就已經積欠法國一份人情了。他提及事業最低潮時期在加州一家餐廳的日子，形容自己當時每天晚上回家都感到「羞愧，還有點生氣」，因為「手法太差了，不是法式的。」

法國人當年在奧馬哈海灘（Oomaha Beach）③是大大地對不起我們，但是讓我們面對現實，要不是我那些臭氣沖天的祖先，我們這會兒還在吃鳳梨火腿排呢。布萊恩比誰都明白這一點。

他從法國回來後，重返金基德手下，追隨後者在南塔克（Nantucket）開了「聯邦二一」餐廳（**21 Federal**）。

就從這裡，我們的事業走上不同的道路。

布萊恩那會兒已很有兩把刷子，在廚房裡表現優異，他有像樣的履歷，待過的地方和推薦人名聲皆佳，他有工作經驗，去法國見識過法國菜。

我在事業的那個階段也是這樣，我也很不錯！我去過法國，有美國廚藝學院文憑，當時那張文憑可是很罕見，令人刮目相看。所以，究竟是怎麼回事？我為什麼不是三星主廚？為什麼沒有四位侍酒師？

嗯，原因很多，其中之一是，我見錢眼開。頭一次有人找我當主廚時，我一把抓住機會，接著一次又一次。我習慣了某種生活品質——就像離婚的人愛說的，反正習慣了，得過且過——我不願意退後一步，說不定學會一、兩件事。

布萊恩比我聰明，比我認真。他更專注於自己想得到什麼，又能做到多好。他開始遊走四方，到處見習，明智地累積工作資歷而非攢錢。他來到紐約，替華爾許幹活。

在差不多每一位八〇年代美國主廚的履歷表上，似乎都會看到華爾許和「亞歷桑那二〇六」這兩個名字。戴沙（John Tesar）、海夫南（Kerry Hefferman）、威廉斯（Pat Williams）、肯特（Jeff Kent）、羅德里奎茲（Maurice Rodriguez）、威爾森（Herb Wilson）、馬斯特頓（Donnie Masterton）——每一位，他們似乎在事業的早期都曾那裡待過。至於布萊恩，那是他的「快樂時光」，當時「人人都知道自己在做意義重大的事，那是一個廚師團隊。」布萊恩從這個廚藝人才養成所起步，一路向前走、向上爬，充分把握一次又一次大展身手的難得機會，與無數位名廚和重量級人物共事，單是提到這些人的名字，便足以讓任何有雄心的年輕菜鳥廚師肅然起敬。

在「高譚」跟著波岱爾，重返金基德的在華府的「聯邦二二」，加州的「一號廣場」（Square One），回紐約效力於布雷旗下。有一段時間到漢普頓投效席爾斯（講這兒停頓片刻喘口氣。）在「貝納當」替芮貝作副主廚（！）

這個傢伙不過數年前還在考慮這輩子以替人裝電燈插座和保險絲為生，那會兒事業似乎還不夠平步青雲，竟然和昆茲合開了「雷絲皮納斯」餐廳（Lespinasse）。

要是這樣一頓大餐還不夠豐富的話，為了讓技藝更臻圓熟，確保自己是位全能的大聯盟好手，他居然從精緻烹飪跨過界去做糕點——幾乎是想都想不到的作法——去「蒙德里安」

（Modrian）替備受敬重的超級烘焙大師李區（Richard Leach）幹活。

明白我的意思了嗎？

**我絕對不會那樣做。**

如果我有跟芮貝和昆茲這等名號響亮好用的人物共事的背景，我現在就會是果汁機的代言人，可以在我那已不怎麼樣連鎖餐館的拉斯維加斯分店泳池邊，幹些不雅的事，把路易十三干邑白蘭地當水喝了。換做是我到了事業的那個階段，才不會放下手邊肥缺，去學做糕點！我會在食物電視網上擠眉弄眼，在畢爾德獎晚宴上談笑風生，並且仔細考慮未來再也不要脫掉睡衣去上工！

這已表明了一切。

凡此種種，都令布萊恩反感。他的合夥人狄亞費里亞（Gino Diaferia）說，為了讓他到大衛・賴特曼（David Letterman）的節目中當來賓，在食物電視網露面，或到「畢爾德之家」露個兩手示範一下，「我都得不顧他又叫又踢，硬拉著他去。」「我跟他講，他總有一天會拿到四顆星，他卻不想要！」狄亞費里亞搖搖頭，笑著說，「他說他才不要那麼過份地耍弄食物。」

這傢伙念茲在茲就只有食物嗎？我不知道。布萊恩喜歡自稱為廚師，當他提到別的主廚時，「他是好廚師」已是他能給的最高讚美了。

我在「真理」的酒吧暢飲免費的馬丁尼，一邊問狄亞費里亞覺得布萊恩是為了食物，還是為了這種生活方式而當主廚。這讓他沉吟了一會兒。

「不知道，」這問題顯然令他困惑，「我的意思是，我想他喜歡這種生活方式。這傢伙在休假日還會進餐廳晃晃，於是你知道他肯定喜歡這種生活方式。他很愛在收工以後跟廚師和主廚一道去喝個小酒……你知道的。」他頓了一下，又思考這個問題，「可是……」

狄亞費里亞是「我剛剛跟你講的事情通通有誤」的另一個例子。這傢伙出身家用燃料油產業，之前毫無餐飲業經驗，因為好玩而跟另外兩人合夥在雀兒喜區（Chelsea）開了一家名叫「露瑪」（Luma）的素食小館，生意逐漸走下坡時，他買下合夥人的股份，開始投下全部時間經營餐廳，從零開始學做這一行。「我本來應該是個不出聲不管事的合夥人！」他四處打探主廚人選，有位在星級主廚愛店「野食」工作過侍者告訴他：「史考特・布萊恩正閒著。」

「我在咖啡店跟他會面，他看著菜單，說：『不能做素食，那得取消。』我說：『好！』史考特說他或許可以做顧問。」

「他來了，開始工作，作些改變，幾個月轉眼就過去了……六個月！我看著我太太，她看著我：『他是要做顧問？還是要待下來？』我不斷問他：『史考特，我們能不能談個做法？』有一天，他總算說：『嗯……我想我會待下來。』」

就像那句老生常談，接下來的，已經是歷史了。「露瑪」很快就獲得《紐約時報》食評人露絲・雷舒爾（Ruth Reichl）給予兩顆星評價，大受矚目。中途改弦更張的餐廳絕不會成功——記不記我這麼說過？錯！燃料業者開的餐廳不會成功，我大概也說過類似的話，錯！營運走向多元發展往往會減損當初賴以成功的優良品質，這一回可不一樣。

日子一天天過去，「露瑪」生意很好，狄亞費里亞和布萊恩在西十街又開了「靛藍」（Indigo），那地點極糟，名聲臭透了，單就我記憶所及，先前已有八、九家餐廳開了又倒。記不記得我嚷嚷著有些地點就是沒救？不管是誰接手都是藥石罔效，註定失敗？又錯了，笨蛋。

「靛藍」離「五街一號」只有幾條街，我當時一天到晚聽到布萊恩其人事蹟，所以當那餐廳開幕時，記得我冒著大風雪過去，坐在吧檯，狼吞虎嚥地吃著免費供賓客品嚐的食物。我覺得那菜好吃得叫人吃驚，也跟別人這麼說。我一個個揪著我的手下過去，品嚐蘑菇酥皮捲、馬尼拉蛤。布萊恩的菜單令我們嘆服不已，那是一份我行我素、不吃拉倒的完美範本。按照傳統智慧主廚非做不可的林林總總菜色，那些討好吃客、你還來不及看到真正鍾情的菜色便已佔去菜單一半篇幅的必備菜餚——通通沒有！沒有湯，沒有素食菜餚，沒有牛排！雞肉不是一般的烤雞加皆大歡喜的普通調味料；老天爺啊，竟然是怪異、大膽、辛香十足，還加了紅咖哩！好吃。唯一的牛肉是煨肩胛肉——普羅旺斯風味的紅酒牛肉，美味到「五街一號」廚房的全班人馬下了班就跑到「靛藍」去吃。我們這兩家的廚房收工時間一樣，所以我們會事先打電話說我們要去，開始做紅酒牛肉吧，做好了就放在吧檯上吧，天可憐見，冷了就冷了吧，沒有關係！「靛藍」還有一點值得佩服，海鮮菜餚用的盡是不流行的魚種，好比鱈魚和鯖魚，真叫人興奮。這是給廚師吃的食物，是我們自己吃的東西，簡單，直截了當，絲毫不矯揉造作，一如布萊恩本人。

對我和我心懷感激的手下來說，大啖紅酒牛肉或布萊恩的小牛胸腺是一種樂趣。我們研究著菜單上某道尚未嚐過的菜色，一心想知道他到底在做什麼。他是怎麼處理那鯖魚的？我們於是吃吃看，就了解了。

布萊恩放在盤上的一切都是可以吃的，開宗明義，食物是用來吃的，不是用來看的，然而他的擺盤卻十分美觀。請試著想像日本料理那種乾淨而無矯飾、渾然一體的風格，加上老奶奶令人難忘的拿手菜那飽滿的風味，還有帶有美國南方鄉土風格的醇厚美味。他煨的是便宜的肉；用的是多油脂、沒人要買的魚，然後施展魔法變出好菜。他把菜盛在大碗中，疊得高高的很好看，如果你用叉子一穿三層，就會吃到一口組合得無比可口的美味。他把菜疊在一起，並不是因為把第一層疊在第二、三層上面比較美，而是因為這樣比較好吃。為什麼用大碗呢？在「靛藍」還有在「真理」，用大碗盛菜餚是由於碗底最後會有汁，等菜吃完後，你十之八九會拿著一塊麵包，把碗底抹得乾乾淨淨。

因此，布萊恩有三顆星，而我沒有。

因此，他恐怕短時間內不會拿到第四顆星。他的菜太好吃了，吃他的菜有太多樂趣了。在布萊恩和狄亞費里亞合夥的餐廳中，你會覺得自己吃飯時手肘可以架在桌上，專心品嚐，大啖色香味俱全的美食。

我問布萊恩下班以後會不會想做菜的事，當他躺在黑暗中時，會不會思索明天的特餐要做什麼？他說不會，「我進來，看看市場上有什麼，我就做什麼。」他答稱，我才不相信。

「史考特想不想食物的事？他不上班的時候？」我趁布萊恩聽不到時問狄亞費里亞。他微微一笑。

「他想食物的事，」狄亞費里亞說，「想很多。」

布萊恩三十四歲，有深色的頭髮和眼睛，長得一副娃娃臉，鼻子歪歪的，看來就是主廚的模樣。他眼睛下面有黑眼圈，膚色蒼白，一看即知在廚房的日光燈下操勞了太久。他臉上有種迷惑的表情，像是知道情況可以糟到什麼地步，老是在等著另一隻鞋掉下來。他不再大吼大叫，「我以前動不動就發火，如果有人做事偷懶、敷衍，以為這樣就過得了關，我還是會嚷嚷。」他如今似乎比較喜歡尖酸地譏諷幾句，他跟我不一樣，不喜歡帶領海盜似的手下。「我的廚房裡要是有廚師彼此之間有問題，我叫他們自己處理好，我才沒工夫管那閒事。我說『處理好』，如果你明天跟某某之間還有問題，你就走人，說不定你們**兩個**都給我走。」他不欺壓人，不滔滔不絕地訓話，也不臭罵人；偶爾刻薄兩句卻有效到令人不寒而慄。前不久，我在「中央市場」幹完活後，到「真理」的廚房晃晃，看看他的工作情形，那裡非常安靜。

在星期五晚上最忙的時段，餐廳客滿，那兒的步調卻很輕鬆——較像是在認真專注地跳著華爾滋，而不是我習以為常的橫衝直撞、胡踢亂打的碰碰舞。沒有人大喊大叫，沒有人用腳踢烤箱門，沒有人口出穢語或把鍋子往水槽裡一扔了事。布萊恩在跑單督陣時，從來沒有提高嗓門。

「繼續，主菜，三十二。」他近乎講悄悄話似地說。如此一聲令下，便有五位二廚動起來，開始分工合作。「拿單，」他說，「十二桌。」

三位侍者出現，每位都熟練地擦拭盤沿，給菜加裝飾，各自完成最後一道手續，從只有眼藥水瓶大小的擠壓瓶中，擠出幾滴細香蔥油、龍蝦油或三十年份的義大利陳年香脂醋。沒有人出口成髒或汗如雨下。爐面、砧板、料理台、廚師的白制服，甚至圍裙都清潔無瑕——在星期五晚上八點半欸！每一種醬汁、每一份沙拉、每一樣東西在上菜前，都會先由掌廚者嚐嚐味道。三客小牛面頰肉特餐時出菜，三盤看起來完全一模一樣。

在「中央市場」，我每天要用上一大袋十磅重的紅蔥頭，因此布萊恩的備料工作在我看來格外醒目。廚站上的紅蔥頭末不是剁碎的，也不是用食物調理機磨碎，而是手工切成小丁，每一小丁都是大小一致、如教科書一般完美的小方塊，簡直比原子還小。細香蔥末也是這樣，不是一段一段，而是整整齊齊、形狀一致，每一小粒都像是無性繁殖出來的單細胞生物。

整個廚房飄著松露香，放裝飾配菜的盤上擺著兩顆這極其昂貴的蕈類，每顆如拇指大小，布萊恩會在將送出的菜上頭削上一點。廚師把松露油倒進鍋中，手筆之大，好像是我在倒橄欖油；醬汁加有肥肝和諾曼第牛油；每一份餐點——每一份哦——都是現點現做。義大利燉飯？米從盒中倒進鍋裡，從頭做起。

有個嬌小的女孩在角落幹活，我一開頭打量廚房中的眾人時，看到她立即腦筋死板地猜想：「建教合作生，說不定是康普（Peter Kump）那裡或法國廚藝學校的學生，來這兒做蔬菜，學點經驗。」我的眼光掠過她，沿著廚站一路看下去，尋找高手。過了一會兒，我的眼角餘光才察覺到她的動作。我再看，仔細端詳，看到她正在把魚裝盤，做義大利燉飯，煮醬汁，同時之間應付三張、四張然後是五張點菜單——從頭到尾面不改色，未顯露一絲洩氣或惱怒的跡象（我在同樣的環境下卻會生氣惱怒）。她毫無憂色，一舉一動如有二十年經驗的老手般流暢、嫻熟：拿起鍋子時，手裡一定墊著抹布，沒有多餘的動作，每一份醬汁都很快嚐一口，調整味道，單上所有的菜同時出齊——她好像歷經滄桑、見過世面的老派傭兵，就只是做好自己份內的工作，只是乾淨些也好些。她的廚站和她的制服也毫無污點、油漬或任何星期五晚上應該會出現的髒污痕跡。

「她打哪裡來的？」我低聲問布萊恩。我並不是訝然見到有女人可以做這活兒，而是除了三十五歲的厄瓜多爾傭兵外，哪還會有人能夠如此冷靜從容？（記不記得我說過美國廚師和南方來的老鄉的差別？我又錯啦。）

「喔，她呀，」布萊恩隨口答道：「杜卡斯（**Alain Ducasse**）。」廚界天王的大名在他口中道來，竟如此雲淡風清，就好像我提到「希爾頓」或「胡里漢」（**Houlihan's**）。

如果說這種就事論事的冷靜語氣還不夠令我痛苦，如果我還不夠丟臉，接下來的還更叫我難堪：有位侍者拿著剩下半瓶的葡萄酒進廚房，是一九八九年份的「香伯當」（**le Chambertin**），**遞給多明尼加洗碗工**。在那一剎那，我簡直想去報名參加報紙廣告中的「如何駕駛貨櫃車」課程，或者去學怎麼養貂算了。總之，這位滿懷感激的洗碗工仔細端詳酒瓶，看有無沉澱物，迅速醒了醒酒，倒了一點到高腳杯裡，然後內行地用兩根手指握住杯腳，搖了搖杯子，以敏銳的眼光檢查酒的稠度，這才嘖嘖有聲地喝了一口。我乾脆拿著手邊隨便什麼鈍物往自己頭上砸算了。

哦對了，食物。

奢華卻又樸實。生黑鮪魚泥以酸黃瓜、萊姆、辣椒和香茅調味，全部用手工做。布萊恩與很多同行不一樣，不喜歡把食物折騰成好像別種東西的不自然模樣。（記不記得金屬圓管？你大概會想要重新思考我對於金屬圓管的一番見解。）綠蘆筍和白蘆筍上澆了鬱金菌和松露醬汁，冷龍蝦肉下面墊著蠶豆泥，上淋義大利里古利亞（Ligurian）橄欖油。就連青蔬沙拉的菜葉也是手摘的，一葉葉地輕輕堆在盤上，冷盤師傅偶爾揀一、兩片嚐嚐。一客腓力米濃送到出菜口，上面加了一片圓形的骨髓，粉粉的紅色，在一層薄薄的醬汁下顯得十分好看。

布萊恩仍然不做小牛高湯，這裡有酥皮包豬頭肉醬、白豆安康魚、燻肉、烤番茄和地中海綠橄欖、潛水員手工撈捕的野生干貝佐豆苗、黑松露油醋汁和松露細香蔥馬鈴薯泥，一客蘇格蘭鮭魚佐栗樹蜂蜜洋蔥、陳年雪莉酒醋與雞汁來到了出菜口。

沒有一樣能讓人小看的菜色，我在「中央市場」四十五分鐘內做的菜比布萊恩整晚做的還要多，就算能聊以安慰，也於事無補。這裡的菜色純正到不行，沒有虛假亂來的融合風的菜餚，沒有事先做好、用餅乾模塑型的配菜，也沒有用硬紙圈硬是把菜撐得虛張聲勢。配菜說是裝飾用的，卻通通可以吃，整道菜就算沒有裝飾，也已經很秀色可餐了。碗盤是白色的，沒有布萊恩的姓名縮寫標誌，沒有色彩繽紛的螺旋圖案、巴洛克風格花樣、古怪而新奇的形狀，尺寸不會大如橄欖球場，菜也不會堆成直聳雲霄的尖塔狀，活像要戳破臭氧層。糕餅師傅切下一塊莫比耶乳酪（Morbier）放在乳酪盤上——這可是大膽之舉，你碰那玩意一下，接下來整個星期手指都是那股氣味。麵包和是跟「艾咪」（Amy's）進的，還附上農村風味的義式拖鞋麵包。

點菜單進來的速度變快時，廚房步調也稍微加快，可是沒有人急匆匆的。每個人看來都不慌不忙，布萊恩隨心所欲從一個廚站走到另一個，魚站、煎炒站、冷盤站甚至糕點站。他不在的時候，侍者不聲不響地代為跑單，做最後的裝盤，做出來的成品看不出來有任何不同。（我是不是說過侍者不該碰食物？又錯啦。）

我納悶大夥的菜都能按時端上桌嗎。廚房裡每個人都是這麼冷靜鎮定，說不定外頭已是一團混亂，一票吃客悶不吭聲，氣呼呼地瞪著侍者，心想菜怎麼還沒上——等著現點現做的義大利燉飯做好，才能跟其他的菜一同上桌。我決定出去看看。

算我運氣不好，外頭的餐室廚房一樣，一派輕鬆，人人笑臉盈盈，慢慢品嚐著他們的開胃菜，啜飲美酒，表情都像初戀的愛侶，就是認定兩人在一起會很快樂，一臉的期待。酒吧裡滿是狂熱的葡萄酒迷，好像猶太法典學者一般埋首研究足足有一千四百多款的酒單，他們面前擺著量杯、酒杯和醒酒瓶，讓他們看來活像穿著考究的科學怪人。他們確實得好生思量一番。「真理」的酒單氣勢驚人，一瓶酒價從十八至二萬五千美元都有，十分合理。我滿懷希望地問酒保，有沒有任何酒癡為了到底是隆河谷地還是波爾多的酒好，抑或九五或九八年份的酒好，而爭執不休？有沒有人為了葡萄的種類而大打出手，拳腳相向？有沒有酒喝多了而為表層土、灌溉法，該現在喝還是日後喝等問題而打起架來？

沒有。一片平靜，人人開心。

我傾聽顧客認真——真的好不認真地討論葡萄酒，發現布萊恩何以是三星主廚而我不是的另一個原因：對於葡萄酒，我幾乎一無所知。

我並非對葡萄酒的魅力有免疫力，我這一輩子都活在葡萄酒的世界中，喜歡喝，用它來燒菜。對於這話題我不是全然無知，也不否認它的重要地位。當年和古斯塔夫大伯拿著空瓶子到波爾多的酒商那裡沽酒，從那些龐大的酒桶中汲取日常餐酒的情景，依然栩栩如生地留在我的腦海。我分辨得出好酒、劣酒和上等佳釀，對於法國和義大利的產酒區，我也還算略有涉獵。我隱約察知加州近來似乎也產還能喝的葡萄酒，可是要我侃侃而談葡萄的種類，那就好比叫我談集郵或摸骨，同樣沒把握。老實講，我一直覺得自己這一生沉迷過太多危險事物，對我而言，對美酒佳釀如數家珍好像有可能讓我養成又一個入迷成癮的習慣，還是個昂貴的習慣。當你明白在冰天雪地中，蹲在上百老匯的一塊毯子前，為了換錢買毒品而兜售畢生收集的珍本書、唱片和漫畫書是何等滋味，用下星期的薪水支票來買瓶紅酒這件事，在我看來，呃，大概是我不該碰的事。

因此，雖然我在這兒大誇特誇「真理」和布萊恩做的每一件事，但我這麼做其實是在幫倒忙。「真理」的菜單、業務、整體的概念，通通以葡萄酒為中心——由世上兩位卓越收藏家兼鑑賞家共同建立的傑出酒窖。我必須指出，布萊恩在「真理」烹飪的食物，都是為了搭配酒而設計的。我只能如此想像。魚類菜餚滋味飽滿厚實，我想大部分都能佐以紅酒（不過你可別相信我這話）；肉類和禽類菜餚的做法和滋味都和酒單搭配得當。因為這個緣故，布萊恩早期愛用的若干亞洲調味料和食材，已棄之不用。

至於我，在「真理」用餐時，我喝啤酒和伏特加，寧可把我的幾個臭錢花在我知道非常好的東西，也就是食物上頭。我曉得這有點像是去了埃及卻懶得看金字塔，可是，嘿，我不過是個老資格的傢伙，愛挑釁又滿心嫉妒。

問題在於，布萊恩也是老資格。廚房收工後（才十點四十五分，他們就在講可以點菜的時限到了！），我帶他到西伯利亞酒吧，步下地鐵的台階，穿過月台那一層的吧檯區，走進樓下的分館。我希望能把他灌醉，想要從這比我優秀的不知多少倍的混帳東西身上，找到一丁點可以讓我不喜歡的地方。說不定我能灌得他爛醉如泥，這樣他就會開始發洩，說起他從前效力過那幾位廚界英雄的壞話。

我提到前不久在「貝納當」吃了全套的主廚嚐味菜單。他抬了抬一邊的眉毛，「哦，是嗎？你吃了什麼？」

我跟他講了以後，他看來很高興，就像我形容生平頭一回吃生蠔時那股快活勁。

「老哥，你有沒有吃生鯖魚泥？」他問。

「有，」我遲疑了一下，「好吃……真的好吃。」

「對啊，」布萊恩說，「好吃，對不對？你還吃了什麼？」

我告訴了他，兩人就好像別人聊起紐約大都會棒球隊當年傳奇贏得世界冠軍，或洛杉磯道奇隊的極盛時代那樣，討論起菜單來。

「近來有哪些人做的菜讓你感到興趣？」我問。

「嗯，讓我想想……湯姆，「葛萊梅西酒館」（Gramercy Tavern）湯姆・柯里奇歐（Tom Collicchio）。湯姆做的菜真的很好……「太平洋聯合」（Union Pacific）的狄史比皮瑞多（Rocco di Spirito）做的東西也很有意思。」

「你有沒有見過那個泡沫小子的鬼玩意？」我問，我指的是阿德里亞（Ferran Adrià）目前當紅的「埃布利」（El Bulli）餐廳，在西班牙。

「那泡沫小子是假貨，」他嘿嘿假笑說，「我在那兒吃過，老哥——怎麼說呢……語不驚人誓不休，我吃到海水雪霜。」

我能從他嘴裡掏出來的壞話，充其量就只有這樣了。我想知道他愛吃什麼，「你知道，下班了，你半醉半醒，肚子餓了，那時你想要吃什麼？」

「勃根地紅酒燉牛肉，」他立刻回答。

我找共同點了，紅酒、牛肉、一些洋菇和珍珠洋蔥，什錦香草束，說不定來一點寬麵條或一兩顆簡單的水煮馬鈴薯，配菜吃，來一塊麵包蘸醬汁。也許，我不是樣樣都錯。

所有的廚師都是濫情的傻瓜。

到頭來，說不定一切都與食物有關。

**譯註：**

①這裡的齊佛指的是二十世紀美國小說家約翰・齊佛（John Cheever），作品的背景常放在紐約上

東城和優渥的郊區與新英格蘭小鎮，有「郊區的契訶夫」之稱。

②「新邊疆」（New Frontier）是美國甘迺迪總統接受民主黨提名時提出的施政方針，「大社會」（Great Society）則是詹森總統提出的社會改革計畫。

③這裡指的是二戰時盟軍在諾曼第戰役，奧馬哈海灘是其中一個登陸地點的代碼，美軍在此死傷慘重。

# 東京任務

MISSION TO TOKYO

要說這世上還有什麼正義的話，我起碼已經死過兩次了。

我這麼說的意思不過是，我這一生按機率統計可能會喪生的次數多得驚人，這完全是因為我有種種缺點，好比行事放任無度、判斷力差勁，而且無法拒絕任何聽來好玩的事物。在不同的時候，我都活該被槍殺、被人用刀子捅死、坐牢好一陣子，或者最起碼也該長一顆大如香瓜的腫瘤。

我常用假設有冰淇淋車失控為例，假如你過馬路時突然被一輛蛇行搖晃的冰淇淋車撞到，會發生什麼事？你躺在地上，在還有意識的最後一刻，心頭會浮現什麼樣的遺憾？也許是「早知道就該抽最後一根菸」，或者「在七四年時，我應該跟所有人一樣試迷幻藥的才對」，說不定是「早知道就該上了那個領檯員！」反正是這樣的意思：「我這一生應該多找一點樂子才對！我早刻多放鬆一點，多享受自己的生活才對。」

我從來就沒有這個煩惱。當他們使勁拔出我胸口的汽車擋泥板時，我絕對不會遺憾自己錯失過享樂的機會。會讓我感到遺憾的，比較可能是一張叫我難過的清單，有我傷害過的人、我辜負過的人、我浪費過的資產和虛耗過的優勢。

我還沒死，這令我驚訝，天天如此。

所以，在一九九九年春季，我真誠感到自己歷經過生命中所有輝煌的冒險，再也沒有什麼能夠給我娛樂，帶來刺激。我說自己「去過了、做過了」，並不只是擺出一副傲慢的德性而已，而是一種防衛姿態，當時就是這姿態——現在亦然——讓我不致重蹈過去種種愚蠢的錯誤。當然，還有東西等著我學習，我隨時都在學習。不過我要講的是那種讓人大開眼界、茅塞頓開、改變觀點的生命經驗，異質、嚇人且全新的經驗。我在四十四歲這把年紀，不會想去吃吃看什麼新的實驗性迷幻藥，我不會投入什麼新的犯罪次文化當中，沉迷於職業賭徒、海洛因癮君子和性冒險者的習俗行為中——雖然這些曾強烈吸引了我。依我看，我不會駕著大帆船出海（按照路・瑞德〔Lou Reed〕的說法），在白夏瓦（Peshawar）的後街小巷中徘徊或在金三角地區試吃活猴腦。我想，我的個人旅程算是結束了。我安於待在我的安樂窩，有位仍覺得我偶爾還滿有趣的妻子（她真是了不起）。我在一家成功的餐廳有份自己喜愛的工作……而且，天哪，我還活著！我還在這世上！雖然這場比賽早已進入延長賽，我仍舊保有一點身手，我樂於在我起家的地方——紐約市，施展身手。我全心全意相信，紐約市是全世界的中心。

因此，春天的一個下午，當「中央市場」兩位合夥老闆之一菲立普・拉瓊尼走過來對我說：「主廚，我們想請你去東京一趟，讓那兒的食物看起來、吃起來都跟紐約的一樣。」時，我大吃一驚。在那之前，我跟他沒講過幾次話。

「中央市場」小館已是深受喜愛的紐約餐館，每天晚上供應地道的法國工人階級菜餚給大批的吃客。不管我的血統如何，我是美國人，所以請我繞過半個地球，到日本去給「中央市場」東京店的法國主廚提意見、當顧問，指點對方做白豆砂鍋、納伐蘭式燉羔羊肉、捲葉萵苣燻肉沙拉和血腸，這事著實令我措手不及。

可是我的兩位老闆菲立普（法國人）和荷西・狄梅瑞里（哈法的葡萄牙人）好像深信我跟

他顯然熱愛的食物有著奧祕的關連，將我送上飛機，派我飛到東待一個星期。那是一樁令人生畏、非比尋常的任務，而且我是隻身前往——我太太不與我同行。

我最擔心的就是航程，在空中十四個小時，還禁止吸菸！去機場前，我弄到了一些「煩寧」鎮定安神劑，心想說不定可以昏睡一場，熬過這場艱苦的考驗。不幸的是，當我那輛配有以色列導航系統的加長型轎車開進甘迺迪機場一帶時，我卻找不到那些該死的藥丸。我發狂似的翻遍口袋和隨身行李，幾乎快掉淚，咒罵著自己、我太太、上帝和其他所有可能要為這可惡的情況負責的人。

我將不想隨身帶著的刀具交付托運，不久就在上午十一點坐進登機門旁邊的酒吧，這是墮落的老菸槍可以抽菸的最後一站。酒吧坐著一票滿臉不高興的亞洲老先生，他們跟我一樣，一根接一根地抽著菸，帶著冷酷又決然的表情，喝著啤酒。我旁邊坐了位華裔男士，毫無來由地搖搖頭，鼻孔噴著煙，說：「安眠藥，能做的事就只有睡覺，十四小時到成田，太久了。」這並沒有讓我心情變好一點。酒吧中另一位客人是一位憲兵，要到南韓押解犯人回來，他又抽了一口菸，形容搭商務艙到世界另一頭有多麼可怕。他也搖搖頭，噘著嘴，一副認命的樣子。有個滿臉通紅的澳洲佬得在東京等候轉機五個小時，他勸我至少再喝一杯啤酒。「老兄，三杯好了，除了他媽的睡覺外，完全沒事幹。」是呀，對啊，我心想，你有沒有強效止痛藥？

還好，為了防患未然，我買了些尼古丁貼劑，我捲起左袖，直接在一條血管上貼了一塊，播報最後登機時，我只能往好處想。

飛機飛呀飛的，永無止境。機上電影不比窗外的景色好看到哪兒去，是一部日本片，就我費心猜測，內容講的是用飛蠅釣的事。幾個傢伙穿著防水長統靴，用一種我聽不懂的語言談著有關鯉魚的哲學，這具有怡人的催眠作用，我在又幾罐啤酒的幫助下，總算昏睡了幾小時。

對了，我應該順便指出，我對日本一無所知。哦，當然，我看過《七武士》、《羅生門》、《大鏢客》等黑澤明的電影，還有千葉真一和基多拉對抗哥吉拉之類的影片，可是我不論就哪一方面來看，都對日本的事物非常無知。我對日本文化與歷史了解的程度，只足夠讓我明白我啥都不懂。我一句日本話也不會說，由於出發前一星期才獲知有此行，我連旅遊指南或東京街道地圖都沒買。不過，我的確愛吃壽司和生魚片。

東京市大得驚人，好像無邊無際，宛如出自吉布森（William Gibson）或狄克（Philip Dick）的小說①。巴士離開機場後，過了大橋，穿越隧道，又上了繞行公寓大廈和辦公大樓較高樓層的高架道路。我經過運河、工業區、工廠、住宅區、商業區、鯉魚池、樸實無華的寺廟、室內滑雪場、屋頂高爾夫球練習場。我快到目的地時，天色已逐漸暗了下來，到處都是巨大閃爍的螢光幕，播放著飲料、手機和歌手的廣告，還有鮮艷刺目的英文與日文商店招牌、一排排的汽車、洶湧的人潮——一波接一波川流不息，井然有序地穿越十字路口。這裡不是美國或任何略似美國的地方；在世界的另一頭，一切都大不相同。

巴士在六本木的一家飯店停了下來，一位穿著制服的熱心調度員替我叫了一輛計程車。司機從駕駛座操縱，後座車門自動在我面前打開，我鑽進乾淨的車裡，坐上舖著潔白布套的後座。調度員和司機仔細研究印有地址的「中央市場」餐廳名片，對路線和目的地爭論了一番，得出結論後，車門自動關上，我們就上路了。司機戴著白手套。

六本木相當國際化，有點像亞洲版的喬治城，「中央市場」東京店就坐落在神似艾菲爾鐵塔的東京鐵塔陰影下，對面是一家柏青哥店。餐廳看上去很像它在紐約的老大哥，只是一切都是嶄新且一塵不染，像手術室一樣的乾淨。「中央市場」紐約店因其被煙燻黃的牆壁、嘎吱作響的椅子、有著歲月滄桑痕跡的木質吧檯而深受喜愛，因為它就像它該有的樣子，流露著巴黎老派小酒館那種令人熟悉而老舊的風味。「中央市場」東京店卻相反，雖然在每一個設計小節上都以紐約店為本，非常精準，然而它光可鑑人，毫無損傷，而且顯然刻意如此。

我到的那天晚上天氣很暖和，咖啡廳的法式大門敞開，菲立普從酒吧看到我，他比我早一天到東京。他走出來和我打招呼。

「主廚，歡迎來到東京。」他說。

他們在附近找了公寓給我住，菲立普幫我把行李裝上借來的自行車的車把上，路途不遠。我使勁地踩著三段變速的自行車，想跟上菲立普的速度，就在那搖搖晃晃的車座上，頭一回近距離看到東京。他一溜煙就騎上六本木擁擠的街道，我後來才知道，自行車必須騎在人行道上，我真不懂怎麼可能有這種事。這裡車行方向是相反的，我正面迎向車流，穿梭在汽車、廂型車之間，左彎右楞，不時得閃躲行人，設法穩住車把上的五十磅重行李包，同時小心不讓掛在頸上的另一個包包把我揪下車座。六本木交叉點絕不是東京最大最繁忙的十字路口，卻是成千上萬青少年碰面的地點，他們從這裡出發到酒吧和夜店。街上熙來攘往都是人，擁擠到令人不敢相信，人群晃來晃去，霓虹燈閃爍，旗幟布幔飛揚，還有更多刺眼的店招，穿著西裝和漆皮鞋的青年一副皮條客的樣子，周圍是把頭髮染成金色的亞洲女子，穿著過膝長靴和超短的迷你裙。菲立普一個急轉彎，我們騎上下坡路，穿過彎彎曲曲但安靜得多的小巷。周遭變得更奇怪也更陌生，所經的每幢房屋都飄來有什麼東西很好吃的香味。

公司在一家公寓式飯店保留了幾間公寓，這地方看來像旅館，感覺像旅館，可是看不到有旅館員工。按照我想像中的東京標準，算是舒服又寬敞，裝設有線電視、電話、傳真機、小廚房和設計精巧的浴室，我立刻打開行李，安置妥當，我那神祕的法國老闆住在隔壁。

「你肯定想要沖個澡，說不定還想休息一下。」菲立普回「中央市場」前說，「你認不認得回餐廳的路呢？」我想我肯定認得。

在那短而深的浴缸裡沖了長長的澡後，我好不容易找到路回到餐廳，裡外參觀後，被引見給同仁。主廚馬戴爾（Frédéric Mardel）來自法國阿奇丹（Aquitaine），之前待過法屬波拉波拉島（Bora-Bora）。他的幾位二廚：日本的馬場、斯里蘭卡的艾爾皮提亞（Delma Sumeda Elpitiya）和緬甸的莫柯柯（Mo Ko Ko），個個都親切無比。幸好，廚房的共同語言是法語，我竟然還能說能聽，自己都覺得意外。

我原本對這一刻忐忑不安，侵入另一位主廚的廚房，叫我好不擔心。有人闖入時，我們往往會報以冷眼，雖然被當成「中央市場」組織的檢查基準是我的榮幸，可是我很明白換做有好比說華盛頓或邁阿密分店的主廚晃進我的廚房，指點我老大哥的那一套，我心裡會是什麼滋味。然而，作為主人的馬戴爾友好而親切，他跟其他工作人員都沒去過紐約。在他們眼中，我這人很新奇，我們對彼此都感到好奇。

廚房不大，光潔如新，對像我這樣身高六呎四的傢伙來講，抽油煙機低得危險。每個廚站的地上都有蓋著鐵格柵的排水道，裡面水流不斷，不管砧板上掉下什麼渣屑，都會馬上被沖走。保存盒通通是可節省空間的方形，櫃檯很低。我穿上白色廚師服，打開我的刀具組，在廚房裡待了一會兒，觀察走菜的情況，把一切都看在眼裡，和廚房班底隨意聊聊，覺得眼睛後方一直在抽痛，太陽穴緊繃，很不舒服，感覺上像是缺氧。

由於航程一路勞累，我那天晚上只在餐廳待了幾小時，東京時間晚上十點時，我因為時差，整個腦子一團亂，回到公寓後倒頭就睡。

我在清晨五點醒來，肚子好餓，於是穿上套頭衫、長袖T恤、牛仔褲和老舊的黑色鹿皮牛仔靴，套上史蒂芬在跳蚤市場替我買的二手皮西裝外套，準備出外探險了。

早餐。

起先，我沒什麼膽量，我徘徊在六本木清晨的街頭，有不少家客層為生意人的麵店傳出陣陣的香味，那香味折磨著我，可店裡擁擠的人潮又嚇得我裹足不前。日本上班族擠擠挨挨地坐著，快活地吸著蕎麥麵，呼嚕有聲。我並不想瞪著人家看，我不想冒犯別人。我清楚地察覺到自己這身高、這身皮衣和皮靴，看來有多麼怪異，完全不日本。想到要進到其中一家麵店，我得掀開布幔、拉開拉門，走進去，擠進滿是顧客的櫃檯前的空凳上，還要搞清楚該如何點東西又該點什麼，委實有點可怕。我可不能進到店裡就改變主意，又偷溜出來。這麼一大早就可能成為眾人注目的焦點，加上我腦袋裡的毛細血管被航程中的啤酒給弄萎縮了，時差狀況又比前一天還糟糕，我真的沒法應付。我在街上徘徊，張口結舌，肚子餓得咕嚕叫，尋找一個可以坐下來喝杯咖啡、吃點東西的地方，隨便什麼地方都好。

老天爺幫忙，我退而求其次，找到了星巴克，從街對面看過去，起碼店裡可以抽菸。那會兒，天已開始飄起濛濛細雨，我雖然覺得自己挺丟臉的，但能有個地方躲雨，我十分感激。我啜飲著咖啡。（我點咖啡時，櫃檯店員以宏亮的嗓門，彼此重複報出客人點的東西：「大杯拿鐵！嗨！一份大杯拿鐵！」）

我坐在窗邊，腦袋轟隆隆，抽著菸，喝著咖啡，給自己加油打氣，待一會兒鼓起勇氣去麵店。我告訴自己，絕對不能在星巴克吃我在東京的第一餐！不然的話，我要是被壓在假想中的那輛冰淇淋車的輪子底下，想到這個可就要遺憾了。我自言自語、嘟嘟嚷嚷，衝出星巴克，找到最窄也最不起眼的一條街，揭開眼前第一家麵店的布幔，拉開門，一屁股坐在凳子上。店家招呼我，我就翹起大拇指朝著鄰座比了比，說：「Dozo，麻煩您，來一份一樣的。」

一切都很順利。不一會兒，我也快活地吸起一大碗熱呼呼的麵條、豬肉、白飯和漬物。接下來幾天幾夜，我全靠著這套做法來點菜。我可以告訴各位，吃完早餐後，我覺得好多了。我在餐廳待了幾小時後，叫了計程車去千代田區，我在那兒有約。

說不定各位還不知道，我幾年前寫了一本諷刺性驚悚小說，可想而知，故事背景就是餐飲業，大致上以我在「工作進展」還有前面提過與黑手黨共事的經驗為本，日本知名的「早川書房」出版社買下這本書的翻譯權。我這人本來就是個騙子，一聽說自己要到東京，立刻就與我的日本出版商聯絡，有點不老實地自告奮勇說，我會「竭盡所能」幫忙在那兒促銷本書。我不知道這樣做是好是壞又得不得體，那書已出版一段時間了，顯然並未洛陽紙貴。男星大衛．赫索霍夫（David Hasselhoff）在日本容或紅得發紫，重播的《飛狼》（*Airwolf*）影集在太平洋盆緣也曾轟動一時，但是我的那本小書八成並沒有紅到我的出版商專程請我過來，好滿足讀者大眾，讓他們一睹我的蘆山真面目。我那會兒才領悟到，我行前一星期才緊急知會早川書房，給人家添了多少麻煩。

不管他們私下有多麼驚恐，他們表現卻十分老練又殷勤。出版社辦了活動，組成接待委員會，訂好車輛，安排好午餐，他們找到我的書，很快地陳列在集團辦公大樓一樓的書店。於是這會兒我就前往千代田區，會見「里維耶拉」（La Rivière）餐廳的主廚，這餐廳坐落在出版社隔壁，業主就是我的出版社。我得為新聞媒體燒一頓能讓人想起這本小說的菜色，另外得在記者會上講上幾句珠璣妙語，還得上有線電視台的節目（電視台也屬於出版社），凡此種種，都給這些素不相識卻待我不薄的人帶來不便。

「里維耶拉」的主廚鈴木先生聽說我要到他的廚房，想必嚇壞了。有個渾身長毛的大個子老外硬是闖進他的地盤，使用他的員工，亂翻他的冰箱就已經夠受了——而且我要做的還是義大利菜。活動的菜單包括托斯卡尼蔬菜湯，接著是烤紅椒醬和羅勒油佐薄片小牛肉，還有芝麻菜、捲葉萵苣和菊苣沙拉。我被帶到廚房，兩人鞠躬問候，鈴木主廚禮貌十足，他和他的手下在各方面都很幫忙、很客氣，可是他想必按捺著滿肚子的火氣和厭惡。鈴木先生和我透過翻譯和比手畫腳溝通，我即將在廚房裡搞的名堂勢必讓他恨得牙癢癢，我的小禮物——洋基隊世界大賽冠軍紀念帽想來也於事無補。我做的這一餐簡單的義大利菜，是想重現書中一位黑道人物做的家常菜，在鈴木主廚眼裡，恐怕是慘不忍睹。還有菜的份量！我覺得我已經減量很多了，可是在上菜給一屋子不停鞠躬、吞雲吐霧又十分親切的早川主管和幾位不得不來的新聞界人士後，不時有人問我：「波登先生，『中央市場』的份量，每一客的肉有多少公克？」我答覆時，對方的反應是咯咯笑加搖搖頭。我慢慢發覺，這表示他們覺得這未免太可怕了。主菜吃不完而剩下來，想了就恐怖，注重禮數的日本人絕對不會做出這種唐突失禮的事，因此想到要吃下兩磅半的腰肉牛排或一整份的吐魯斯白豆砂鍋，對我的這些東道主而言，勢必有如攀登糞山。

然而，早川書房的同仁非常好心，兩位資深編輯駕車帶我到處遊覽，請我吃午餐，這一回由鈴木主廚掌廚。我相信，他們還趕印了我的第二本書，要不是我不速而至，這本書大概就會被遺忘。我看到自己在電視節目和報紙上的模樣；早川的東道主教我如何搭地鐵；我接受一屋子人近乎整齊劃一地向我鞠躬致意，那經驗不能說不愉快；我見到舉止優雅、敏銳、令人印象深刻的早川先生本人；我為已不在世的人簽了很多本書——這還是破天荒頭一遭。這顯然不是什麼稀奇的事，就是給過世者簽名留念吧。

第三天，我的情況還不壞，我依然覺得頭上彷彿戴了緊箍咒，我那些非出於故意的粗鄙舉止說不定得罪了早川書房不少同仁，但是我已經獨自在城裡四處遊逛。我在不只一間而是兩間日本廚房裡做過菜，我能自在地搭計程車、點吃的喝的、隨興所至使用大眾運輸系統到處走走看看。我過得很愉快，我在學習。

回到「中央市場」，我運用新近在「里維耶拉」學到的經驗，將菜餚減量，美化擺盤。我和馬戴爾以及他的手下一起重新安排了菜式，讓菜看來像是紐約的縮小版，堆疊得高一點，多加一點新的裝飾，然後觀察吃客的反應。我思量且找到辦法讓盤中菜餚看來色彩對比更鮮明，把沙拉移出大盤，單獨盛放，並在這裡那裡插幾枝香草。我跟馬戴爾合作開發特餐菜色——設法理解日本奧祕難解的蔬菜供應系統。

這裡情況不同，送來的不見得是你訂的貨。我問起食材狀況時，對方的反應常是楞楞地看著我加上聳聳肩。當對方總算了解我的問題時，答覆往往是「太貴了」。食材供應的確是個問題，腹脅牛排、腰肉牛排和沙朗牛肉都是紐約的中央肉案運送而來，所以沒有問題。可是鮮紅的腓力是日本貨，貴得要命，魚和蔬果農產是如宗教般聖潔的物品，尤其是魚，這一點也反映在價錢上。在日本送人一顆哈密瓜，會叫人終身感激涕零，我們公司相當注重薯條，可是日本馬鈴薯澱粉質／醣份含量特別高，必須先過水川燙。我建議跟紐約一樣，用花生油炸，不要用菜籽油，結果獲知要灌滿一部油炸機的花生油，和一間小公寓的房租同價。我帶來了白松露油和一些松露，廚房員工活像見到火星來的東西一樣，看得目不轉睛。

「中央市場」東京店並沒有跑堂或跑單員，菜裝盤後被端到外面的上菜台，供侍者端取上菜。冷菜師傅身兼糕點師傅，作業區是開放式的，從餐室看得到。習俗使然，客人進門時，冷菜師傅連同侍者、酒保和經理，一律都得用日語大聲喊叫「歡迎光臨」。對像我這樣初來乍到還有時差的人來說，這一聲吆喝還真是嚇人一跳。客人離去時，整套作法又重複一遍，大夥齊聲高喊「阿里軋多夠哉伊媽斯它！多謝！」簡直讓我魂飛魄散。

馬戴爾累到筋疲力盡，他一星期七天，天天工作超過十四個小時，總經理亦然。這家分店剛開張不久，生意尚未好到足以雇齊全班人馬，每個人都必須全心全力付出。總經理雙眼浮腫，看來疲憊不堪，廚師工作採分班制，在供餐時間開始的最後一刻到班，做完午餐時段後歇手，在六本木一帶晃晃——住的太遠——然後回來做晚餐。換做在紐約，這種安排招致的批評和牢騷，肯定會引起叛變和公然抗爭。這裡呢？大夥卻還是相當快活又專注地投入自己的工作。

「中央市場」紐約店那種普羅又時尚的風格對日本人而言相當新奇，他們吃到的並不真的是簡樸的工人階級菜色，不過他們愛慕高級事物，所以有人在非故意的情況下，極其可笑地重新創造高級又新派的經典菜（好比同一盤上既有義大利寬麵又有米飯）。他們從以前到現在都真誠地想要學做法國菜，想要喜歡法國菜。雖然從我那一回東京行過後，「中央市場」生意如今大有起色，可是日本人在那兒用餐，卻仍然像歷經一次大膽的冒險——菜的份量大的像是給「摩登原始人」吃的，對血呀肥肉呀還有內臟這些的也見怪不怪。

來用午餐的單身女客多的非比尋常，她們獨自坐著，在埋首大啖牛排和薯條之前，臉上掛著狡黠甚至內疚的神情。粉領族對於來小酒館聚餐這件事，一副神祕兮兮卻又愉快的模樣，彷彿自己正參與某種齷齪好玩又禁忌的陰謀——好像在跟情人幽會。我看著一群日本上班族男士分享兩人份的腰肉牛排，覺得他們宛若正在歡欣鼓舞地違抗社會，幾乎像是在從事衝破傳統的革命之舉。那是我頭一次看到有禮的日本人放鬆拘束，以後我還會看到更多。

那時，我一有空就到處探訪。時差讓我睡不著，我乾脆就晚睡早起，起來後不論多早，就在黝暗的街上亂廷。東京顯然沒有街頭犯罪，我只要一走近，長相最兇惡、梳著貓王式油頭的三七仔和拉客的混混便不吭聲地閃開。我從後頭趕上一夥頭髮染成銀色、身穿皮機車夾克的痞子，其中一個會察覺到我，發出一個幾乎聽不出來的聲音，咳嗽一聲或清清喉嚨，意思顯然是「老外來了」，一夥人便分開、讓道。沒有一個人，真的沒有一個人會直接和我四目交接。這些人不管是清晨四點站在妓院外面，還是靠在路旁的山口組豪華轎車邊上撥弄自己的尾戒，連一個都沒有開口說：「你看什麼看？」換做在美國，遇到類似狀況，八成會聽到這樣的話。替陪酒的酒吧、脫衣舞廳和妓館拉客的皮條客，從來沒有直接向我兜生意（甚至包括收西方客人的在內）；我儼然是幽魂，從他們旁邊經過。我走呀走的，滿街的人潮……空空蕩蕩的馬路……日日夜夜，以一個醒目的地標為圓心，繞著圓周一圈圈、漫無目的地走著，到處探索。我搭乘地鐵，在我根本不知道的地方下車，再走。我吃壽司，呼嚕有聲地吸蕎麥麵條。我吃迴轉式的自助餐，各式各樣想像得到的食物輪番從你面前經過，想吃什麼就拿什麼。我到過只有日本人光顧的酒吧，也到過外國人以及喜歡外國人的女人去的酒吧。酒錢不算貴，而且哪裡都不收小費。我是沉默的美國人、醜陋的美國人、餓鬼……不斷尋尋覓覓，等待接下來未知的一切。

有天晚上在「中央市場」，菲立普請我出去吃飯，結果那是我這一生最不可思議的一餐。

那會兒，他已經看到我有多欣賞東京，從我出入作息的時間得知我的夜間漫遊，所以我猜他覺得我已經準備好了。一路上，他臉上始終帶著促狹的笑容。

按往例，我根本搞不清楚我們要去哪裡。菲立普帶著我穿越六本木，越過這一區較難看且俗麗的地帶，街上到處是拉客的混混、妓女、騙人上當的假尋芳客、電玩店、陪酒酒吧和賓館。我們經過髮型如捲毛狗的年輕三七仔，腳踩厚底鞋、裙子短到露出整條大腿、濃妝豔抹的泰國、菲律賓和馬來西亞女子，行經山口組經營的巨大但空蕩蕩到詭異地步的夜店，還有卡拉OK酒吧與餐廳。我們越走離那些霓虹燈和刺目的螢光幕越遠，周遭也越來越幽暗，不過仍然沒有人對我們出言不遜或惡狠狠地盯著我們看。菲立普總算停下腳步，像獵犬似的東嗅西聞，突然轉身，走向一個荒涼的院子裡光線黯淡的樓梯井，只有一面畫著魚躍圖形的招牌顯示著底下有點動靜。走下樓梯，聽不到聲響，唯見一扇沒有裝飾的拉門。他把門向一側推開，我們便進到小小的、明亮的壽司吧。淺黃色的原木櫃台後，站著三位頭束髮帶的年輕壽司師傅，還有兩位身著主廚外套的長者，店裡坐滿看來多少有點醉態的生意人和他們的女伴。我們被帶到僅餘的兩個空位，正對著一大塊慢慢融化的冰雕，周圍擺著鮮魚生貝，那麼新鮮又漂亮，看得我快喘不過氣來了。

我在紐約的那些廚師朋友會情願挖出一顆眼珠子或折壽五年，也要一吃我即將享用的這一餐，先上熱毛巾，然後是佐料：現磨的山葵和一些蘸醬。冰凍的清酒上桌，濃稠混濁，好喝的不得了。第一口下肚，涼意直接鑽進我的腦門，像是猛然吃下冰淇淋而引發的那種叫人醉的頭痛。我又啜飲了好幾口，菲立普殷勤地一直給我添酒。第一小盤送來，是小章魚的觸鬚，大師傅站在那兒看著我們吃，觀察我們的反應，而我們當然是驚嘆有聲，滿面微笑，點頭叫好，表示感謝。我們已有酒意，法語、英語和差勁的日語齊上，連聲向他道謝，又是一陣鞠躬點頭，大師傅收走盤子。

他手裡的刀揮了幾下，一只巨大的貝肉便到了我們眼前，那貝肉還在生猛地跳動著，慢慢在我們的盤上死去。大師傅再次看著我們吃，而我們再次扮演他的好觀眾，閉上眼睛，一副心醉神迷的模樣。接下來是鮑魚，配有大概是魚卵還是什麼的肝——管它是啥呢？好吃。更多的清酒，接著是鯛魚，然後是鱸魚，接著是鯖魚，肉質又鮮又脆，樣子又好看。

我們繼續吃，不停叫更多的菜，我們的胃口逐漸引起其他師傅和幾位客人的注意，他們好像從未看過任何人——尤其是西方人——有這麼大的胃口。師傅每在我們面前放下什麼，我都感覺到他幾乎是在向我們挑戰，就好像在指望我們不喜歡他送來的食物，好像他馬上就會找到我們這兩個野蠻人的口味與粗野不文的味蕾受不了的東西。

他休想，我們繼續吃，不停叫菜，菲立普用結結巴巴的日語對師傅說，他有什麼就上什麼，吃什麼都由他決定，把最好的端上來，你這王八羔子（雖然我確定他用語文雅得多）。其他客人陸續離開，我們的師傅這會兒有位助手在旁幫忙，他們倆似乎對我們的熱誠、臉上幸福的表情和無窮盡的大胃口刮目相看。又上了貝肉，這一種體型小，再來更多的魚卵，還有小的鰈魚——菜一直一直上，附上更多的漬山葵莖和新鮮的讓人嚐出深海海水味的海藻。又送來盛在小竹籃裡的熱毛巾，菲立普告訴我，按照習俗，我們從這時起可以用手抓食物吃了。鮪魚送來，有腹肉也有背肉，我們從頭到尾笑呵呵，鞠躬個不停，吃個不停。

清酒又添上，大師傅這會也滿面微笑，媽喂，這兩個瘋狂的老外什麼都吃！最棒的一道上來了：大火快烤的半邊魚頭。大師傅好奇地看著我們，我想他是想看我們要如何應付這新狀況。

好吃的叫人不敢相信：這個甘甜美味的黑鯛或智利鰺魚（從那局部燒焦的半邊魚臉，我看不出是什麼魚，而那會兒我早就不在乎了）每一絲縫隙、每一小片肉經燒烤後，呈現不同的火候。頭後面殘留的魚身肉全熟，皮和軟骨香脆，近乎透明的珍貴面頰肉鮮嫩，風味和口感形形色色，截然不同。還有眼睛！哦，好耶！我們挖出眼球，吸吮眼窩裡頭、魚眼後面的膠質，我們咀嚼眼球，吐出那白色的小硬核。我們吃完這些好東西，把每一小片每一絲的美味都吃乾淨後，魚頭只剩下牙齒和幾根骨頭。這一餐到此結束嗎？休想！

更多的生魚片，更多壽司，草蝦，還有看似鯡魚的某魚，新鮮到肉咬來是脆的。我再也不管師傅擺在面前的是什麼魚，我相信這位大師傅和他的助手，今兒個我今全程奉陪啦。更多冷清酒……更多食物。最後幾位顧客起身，搖搖晃晃走到門口，他們跟我們一樣，也喝得滿臉通紅、滿頭大汗。我們繼續吃，一定有什麼我們還沒吃到！我開始想像幾位師傅這會兒已經打電話回家了，叫家人**快來店裡看這兩個老外！他們快把整個店都吃掉了！**

大約吃了二十輪後，大師傅刀一切，一劃，輕輕拍了幾下，做成我們的最後一道菜：一片生星鰻。陶杯裝著的綠茶送上，我們終於吃完這一餐。

大夥又是鞠躬如儀，我們在「阿里軋多夠哉伊媽斯它」的喊聲中離開，小心翼翼地走出去，小心翼翼地爬上樓梯，回到現實世界。

我在「中央市場」和菲立普分道揚鑣，在一家空蕩蕩的假愛爾蘭酒吧裡喝了兩杯雞尾酒，然後踉蹌地走回公寓。我一早得起床去魚市場。

築地是東京的中央魚市場，紐約的富頓魚市根本是相形見絀。築地市場大多了也好多了，不同於曼哈頓的富頓魚市，值得一遊，就算只是目瞪口呆地看著也好。

我在清晨四點半搭著計程車到魚市，單是市場中的各種顏色就叫我眼花撩亂，種類那麼繁多、那麼奇異，海鮮魚貨的數量那麼龐大，直叫人膽戰心驚。嗜食海鮮如命的日本人每天要從海裡又捕又撈、又拖又釣這麼多東西，光是察覺到這件事便已令我得停下來喘口氣。

一到魚市，首先映入眼簾的是堆積如喜馬拉雅山的廢棄保麗龍魚箱，還有周遭如兔籠般擠擠挨挨、為市場提供服務的店面、早餐店和商家。市場本身坐落於室內，在飛機棚般的屋頂底下延伸，好似無邊無際。我可以告訴各位，在這兒待一個早上——還有後來幾天早上——之後，我作為廚師的人生從此改觀了。碎冰放上陳列著如雪鞋大小的黑殼扇貝，我順著第一條狹窄的通道走過各家魚攤時，裝在一盆盆水中的魚還在撲騰、扭動、掙扎，朝著我吐水，像這樣夾在魚攤中的通道還有很多條。這裡不同的是，日本市場工人會毫不心虛地直盯著你看，甚至把你推開。他們很忙，空間又逼仄，而在買家、賣家、險象環生又搖搖晃晃的堆高機、目瞪口呆的遊客還有約一百萬噸的海鮮之間搬運貨物，可不是件容易的事。場面有如暴動現場：魚販把鰻魚頭釘在板上，活生生片下魚肉，工人兩個成一組將鮪魚背脊肉自魚骨上割下，使用叫人看了真膽戰心驚的長刀和鋸子，把肉削切成一塊塊漂亮的魚肉，他們倘有稍有閃失，便可能輕而易舉地把同伴一切為二。四處可見濱螺、鳥蛤和各式各樣的魚卵——有鹽醃的、漬的、曬過的和新鮮的，還有僵硬彎曲的魚、嘉鱲魚、沙丁魚、旗魚、鮑魚、岩龍蝦、大龍蝦、河豚、鰹魚、黑鮪魚、黃鰭鮪。鮪魚簡直被當成珠寶般買賣——陳列在燈箱裡，光從下面往上打，還用小標籤標示等級、價格。鮪魚是魚中之王，有新鮮的、乾的、切割好的、一級、二級，還有專賣等級次貨色的鮪魚販。這裡有成百上千甚或成千上萬條龐大的黑鮪魚和鰹魚，都是遠洋加工漁船撈捕後急速冷凍送來。到處堆著渾身白霜、重達二、三百磅的魚，彷彿復活島的雕像，有人從近魚尾部取下一片肉來檢查魚的品質。這些魚層層疊疊、一排一排擺放著，未及解凍就像紅杉木般被鋸成一塊塊，放在堆高機上運走。這裡有海膽、魚卵囊、來自世界各地的魚。長如臂膀的大烏賊以及拇指甲大小的幼烏賊，和吻仔魚、銀魚、長得像蟲的東西、蛞蝓、蝸牛、螃蟹、淡菜、蝦，還有在海裡生長、游動、抓扒、爬行、蠕動、貼在海底或在海面飛掠而過的其他各種生物，分享同一空間。

不同於富頓魚市洋溢著退潮時的那股異味，築地魚市幾乎沒有一點臭味，這裡飄散的不是魚腥味，而是海水和魚販的菸味，我從來沒有見過這麼多種在這裡看到的水，連想像都沒想像過。

我餓了，擠進附近的一個小攤，這是日本式的小吃店，裡頭擠滿穿著橡膠靴來吃早餐的市場工人，餐牌寫著清一色的日文，並沒有照片輔助說明，不過有位好心的魚販替我拿了主張。端上來的菜當然是無懈可擊，我這會兒可置身於道道地地的日本庶民食堂，周遭儘是一票長相兇惡、穿著濕答答橡膠靴的傢伙，還有一位不可或缺、無禮作風直追紐約的女侍，食物的水準則不輸我老家最好的餐點：新鮮、衛生，賣相簡單卻好看。不一會兒，我便大口吃下壽司、味噌湯和醬汁煮魚尾，還有一碟中看中吃的漬物。比煎蛋好吃多了。

我替餐廳買了鳥蛤和烏賊，為我在紐約的副主廚買了幾把刀，帶著頭痛到淺草神社停留了一下，身有不適者顯然會來這裡拿著香火燻繞自己的病痛處。香火的煙對我的頭痛並未發揮作用，我買了阿斯匹靈，隨貨還很不搭軋地附送糖果與成藥廣告單，接著我搭計程車前往東京的鮑爾利（Bowery）——合羽橋道具街。

這裡可真是東京再恰當也不過的隱諭了：我要了一些酒杯、雞尾酒搖搖杯、桌巾夾和蛋糕模型，餐廳用品供應店的伙計用算盤算帳，卻用計算機去計算稅金。

當我總算在餐廳又碰見菲立普時，已為自己一直頭疼擔心了一會兒。我問他，這是時差使然嗎？阿斯匹靈似乎治不了這頭疼，我是不是快死了？

「哦，你的意思是『頭盔』？」他一邊問道，一邊用手繞著自己的腦袋，指著疼痛的地方。他聳聳肩，用法語說：「很正常！」

當法國人說「很正常」的時候，肯定不是好事。

我知道他也很早就起床；我出發去魚市時聽到他房裡有聲響，不知在幹嘛。這會兒，到了晚上七點，我又照例覺得精神逐漸渙散了，我的英語能力慢慢退化成只講音節的字，身上時熱時冷，冒著汗。我滿懷希望地問菲立普，今早過後有沒有小睡一會兒，他穿著剪裁合身的西裝，看來精神煥發、清爽又輕鬆，臉上泛著健康的紅光，正在處理繁複難解的帳目和班表問題，換做是我，就算是在狀況最佳的時候也拙於應付。

「哦，沒有。」他快活地說，「我來東京時都不怎麼睡覺，就只是吞些維他命，然後辦事情。」

第二天晚上是我在東京最後一晚。菲立普帶我到東京的時代廣場，也就是澀谷的一家涮涮鍋店。那是星期五晚上，平日上班時得辛苦遵守的習慣、規矩，通通被拋到九霄雲外。街頭擠滿了成群結隊喝到酩酊大醉的生意人和青少年，在東京，和老闆、公司同事出去喝昏天黑地，喝個爛醉顯然並沒有什麼不對，甚至是一種風氣。在這種情況下，喝了一晚上的酒，唱了一晚上的卡拉OK後，往自己老闆的鞋上大吐特吐，朝他揮上一拳，罵他是混蛋，都沒有關係。他搞不好還會把你扛在肩上，送你回家哩。大夥通通醉醺醺，到處都有小夥子四肢著地，趴在地下排水道邊上嘔吐，他們可愛的年輕女朋友則在一旁替他們把臉上的頭髮撥開。穿西裝打領帶的上班族到處亂吐，腳步踉蹌，嘴裡唱著歌，大聲喧嘩，東歪西倒，像碰碰車一樣走在人滿為患的街上。一群又一群的人形成一波又一波沒完沒了的人潮，向澀谷車站走去，在忠犬雕像旁邊和朋友與情人碰頭。有人對我說明，這隻狗在牠的主人死了很久以後，還天天都到這車站來，這一片耿耿的忠心令日本人動容，就在這裡替這條忠犬樹立了這尊雕像，這兒是東京最受青睞的碰面地點之一。附近霓虹燈閃爍的窄街上，林立著更多的夜店、酒吧、餐館和如樓房般高大的炫目螢幕，上面播映的畫面讓我臼齒如調音叉般直發顫。

我們找到一家火鍋店，舖著榻榻米，坐滿了人，沒有其他的西方人。我們好不容易才把兩條腿歪七扭八地安置在矮桌子底下，一口加了高湯的寬口大鍋上了桌，加熱，一位穿著制服的服務生端來一盤如聖母峰般堆得老高的肉片、蔬菜、海鮮和麵條，我們先喝了加了烤魚骨的熱清酒。飲酒之前，要先引燃浮在酒上的魚油，那酒飲下香的不得了，香氣彷彿瞬間穿透腦門。食材按照烹煮時間長短，一樣樣依序下鍋，像是巨型的西式涮鍋。所有的東西都下鍋後，服務生除了不時來加點冰清酒外，一切都讓我們自己動手。

我不想離開，我才開始在這裡吃東西，有一百萬家餐館、酒吧、神社寺廟、後街小巷、夜店、街坊鄰里和市場等著我去探訪。我強烈感受到清酒的酒力，認真考慮要把我的護照燒掉，拿我的牛仔褲和皮夾克去交換一套髒兮兮的泡泡紗西裝，消失在奇異的東方。這……這才叫刺激、浪漫、冒險——除此外還有好多值得一探，太多了，就算再多待一個月、一年、十年也不足以滿足我這顆探索的心。這會兒，我知道我可以住在這裡，我已學到了一些，不多，但夠我洽談行路交通事宜，餵飽自己，喝到酒，在城裡四處遊逛。我想像自己有如葛林（**Graham Greene**）小說中在非洲的斯高比（Scobie），或《沉默的美國人》（*The Quiet American*）那位在西貢的敘事者②，甚至《黑暗之心》（*Heart of Darkness*）中的寇茲（Kurtz）③，滿腦子全是浪漫又卑劣的念頭。凌晨兩點，馬路上依然都是開著美國跑車的日本年輕人，小妞坐在敞篷車後座，黑道份子和妓女從夜店出來趕下一攤，打著赤膊的老外在樓上妓館對月嗥叫，我一腳高一腳低地走在幽暗的後街，又進了幾家酒吧，發覺自己居然很不合時宜地又餓了，想要來點什麼吸收我一肚子的酒精，於是幹下了對東京最失禮的事——我邊走邊吃了一個麥當勞漢堡。電車在十一點半收班，大多數東京人好像寧可整夜流連在外，也不肯搭計程車。菲立普跟我在六本木交叉口分手時說，如果有人醉了，又沒料到身上錢不夠，可以向幾乎任何一位警察借回家的路費。按典型的日本思維，第二天不回來還錢的想法，是無法想像的事。

我搖搖晃晃地走了好幾個小時，停下來喝了最後一杯，不知怎的，居然勉力回到公寓，打電話給南西。

她已經從哥倫比亞果貝店（Columbia Bagels）買了剛出爐的波蘭洋蔥麵包，還準備了「香脆奶油」（Krispy Kreme）的甜甜圈等著我回家。我開始收拾行李。

**譯註：**

①這兩位都是科幻小說家，吉布森（William Gibson）是Cyperpunk科幻文學的宗師與代表作家，電影《捍衛機密》（*Johnny Mnemonic*）即改編自他的一篇短篇小說。狄克（Philip Dick）也有多部作品被改編成電影，包括《銀翼殺手》（*Blade Runner*）、《魔鬼總動員》（*Total Recall*）、《關鍵報告》（*Minority Report*）等。

②斯高比（Scobie）：格雷安・葛林（Graham Greene）小說《事物的核心》（*The Heart of the*

*Matter*）的主人翁，他是西非英國殖民地的高階警官。《沉默的美國人》（*The Quiet American*）是葛林另一名著，背景在一九五〇年代抗法的越南。

③《黑暗之心》（*Heart of Darkness*）：原籍波蘭的英國小說家康拉德（Joseph Conrad）的名著，曾被美國電影導演柯波拉（Francis Ford Coppola）改編成《現代啟示錄》。

# 所以你想當主廚？畢業典禮致詞

SO YOU WANT TO BE A CHEF? A COMMENCEMENT ADDRESS

各位烹飪同學、有心往上爬的二廚和新加入這一行的成員——還有我們這一行為數頗多、除此外啥也幹不了的廚房生力軍們——且聽我幾項寶貴的建議，這些都是我在餐飲業嚐盡冷暖、歷經滄桑這二十五年以來的智慧結晶。

越來越多有意將職業廚師當成第二事業的人，也請聽我奉勸幾句。事實上，就讓我們先解決你們這一部分的問題吧：

所以，你想當主廚？你真心真意、確確實實想當主廚？如果你一直在做別行，習慣了一天工作八、九小時，週末和晚上不上班，假日陪伴家人，和另一半有規律的性生活；如果你習慣別人有點尊嚴地對待你，把你當個人般地說話、互動，平等看待你——是個敏感、多面向的人，有希望、夢想、抱負與主見，也就是你指望大多數工作人口擁有的素質——那麼你說不定該重新想想在修習完六個月的課程後，自己將面臨什麼。首先，不管那是什麼課程，你怎麼會有這麼荒唐的想法？

我前面說到起碼在一開始時，你沒有任何權利，沒有資格發表意見，不能有個性，只能逆來順受、做牛做馬，而且比牛馬還沒用處，我這麼說可不是開玩笑哦。相信我，那些真心想轉行而上了六個月的課，並來到我的廚房實習的人，我真巴不得給他們一人一美元，他們往往在看到自己前幾個月得做什麼，看到自己的班表後，就嚇得落荒而逃。

至於那些真的了解自己即將進入哪一行、完全做好準備、蓄勢待發、願意且有能力、鐵了心要走上和布萊恩同樣的一條路的人，那些不計一切代價、忍辱負重也想要當主廚、非當上主廚不可的人，以下是我想告訴你們的話：

歡迎來到我的世界！

在你打算踏上的這條路上，有關你的行為、態度和準備，請考慮下列的建議。

一、**全心全意付出**。別做牆頭草，不可三心二意。如果你將來想當主廚，就一定要專一心思、堅忍不拔，不計代價去取得勝利。要是哪一天你站在地下室的備料廚房中，在削了兩百顆馬鈴薯後，納悶自己這一步走得對不對，或者某一個忙碌的晚上在燒烤站上懷疑自己選上這條路是否明智，那麼你就是在拖累自己和別人。無論從什麼角度來看，你所進入的是軍隊。你得準備好服從命令，必要時下命令，無怨無悔地接受這些命令帶來的結果。準備好領導人、跟從人或閃開。

二、**學習西班牙語！**我再怎麼強調這一點都不嫌多，你即將踏入的這一行有很多工作人員講西班牙語，不管你喜不喜歡，這一行的主力是工資不高的墨西哥、多明尼加、薩爾瓦多和厄瓜多爾勞工——大多數都遠比你吃苦耐勞，汗都不流一滴。如果你不能與他們溝通，培養交情，了解指令並傳達下去，那麼你便會置身於極端不利的處境中。

如果你成為領導人，西班牙語絕對不可或缺。

同時，儘量學習墨西哥、薩爾瓦多、厄瓜多爾和多明尼加共和國不同的文化、歷史和地理，來自墨西哥普埃布拉市的廚師和來自墨西哥城的廚師背景就不一樣，為逃離「白人之手」組織（Mano Blanco）恐怖迫害而逃來美國的薩爾瓦多人，和在他身旁工作的右翼古巴人不可能合得來。這些人是你的同事、朋友，是你在大部分的職業生涯中得仰仗的人、依靠的人，而他們也會反過來指望你做好你份內的工作。了解他們以示尊重，學習他們的語言，你個人將受益匪淺，在專業上得到的回報更是寶貴的無法估量。

三、**勿偷竊**。老實講，別做任何會讓你通不過測謊的事。如果你是個在酒吧裡白喝太多酒，偶爾會帶塊牛排回家給妻子或在下班後會抽點大麻的主廚，就充分準備好毫無愧色地一口承認。總的來說，你的這些習性大概不會讓你的老闆和手下覺得你是不稱職的主廚。然而，如果你不但偷雞摸狗還外加撒謊，那臭名便會永遠跟著你。這一行圈子小的很，大夥彼此認識，你會對自己造成無法估算的傷害。

絕對不能接受供應商的回扣或賄賂，他們到頭來會把你吃得死死的，而你所賣出的是作為主廚的最寶貴資產——你的誠實、可靠和正直——在我們這一行，這些可是既少見又珍貴的素質。誘惑當然是無處不在，如果你是飢餓、工資又低的二廚，你正在烙煎上色的那一打又一打的腓力米濃牛排，看來簡直好吃的不得了。你要是偷一塊，就走上歪路了，看在老天的份上，開口要就是了！你八成會得到。如果他們不肯給你，你大概待錯了地方。

假造小額現金發票、竊取食物、和供應商或同事串通，都是輕而易舉的事，避開點，真的。

我入行前半段生涯走的就是歪路，意思是我偷食物，偶爾在小額現金單據上灌水，在廚房裡偷喝啤酒。那讓我感覺很不好。夜裡收工回家，不論有什麼藉口，（好比「我的老闆是個賊」……「我需要這筆錢」……「絕不會有人注意到」），你都心知肚明自己是個賊，感覺真是惡劣，而且凡此種種日後可能會回來害了你。

前不久，我同意和一家海鮮大批發商的代表見面，我和他約在我工作的餐廳酒吧，當時是午晚餐之間的清閒時段，酒吧間空空蕩蕩的。我告訴對方，以前在另一家餐廳時跟他的公司進過貨。我對這公司印象不錯，根據我截至目前的經驗，他們的貨色和服務都是一流的，他想做我的生意的話，只需要提供跟別的供應商品質一樣或好一點的貨色，價格稍低一點，就可以了。我說的是真話。我對誘人犯罪的甜頭絕對是充耳不聞，那種誘惑太無趣了。我多年來固然行為不很檢點，但是從未——是真的從來沒有——利用我老闆的生意，從供應商那裡拿過一毛錢或值錢的物品。

這家海鮮公司的「小開」（大夥都這麼稱呼他）似乎頗為我看來遲鈍的模樣感到困惑，這位粗脖子、理平頭、語氣特別親切友好的「小開」，好像以為我們在談的是性生活，可是我們從頭到尾在討論的其實是內燃機。他語氣溫和，一派快活，刺探我的口風，臉上老是掛著笑容，一副好心的樣子，對這些我都沒有反應，兩人之間陷入很長的一段沉默。過了一會兒——我只想知道他今天的挪威鮭魚要價多少，加上不想理會他的弦外之音，於是冷不防大聲自言自語說，要是我能給家添購個浴缸，那該有多好啊——這下子他可洩氣了，就走了。

過了幾分鐘，有位侍者指著地板上的白信封叫我看，我打開一看，裡面有一疊百元鈔票和一張列有附近旅館和餐廳名字的清單，有些名字前面打了勾。這看來是「小開」留下的，各位聽我說，我打電話給這家海鮮公司的「大仔」時，心裡特爽。我口氣輕鬆地告訴對方，他兒子不小心把東西留在我的餐廳，能不能派個人過來拿回去呢？過了沒多久，有位紅臉的職員取走信封，這家公司從此再也沒有跟我聯絡。

只要你肯考慮跟對方作生意，塞給他們一點好處或睜一隻眼閉一隻眼，就會有形形色色的卑鄙小人會送你各式各樣的東西，這些人全滾他媽的蛋，連玩玩而已都不行，意思是「這箱香檳王我收了——但是我可不敢說能不能一直跟你們作買賣」，連這事也別做。餐飲業有一大堆小人，這些人會任由黑手黨家族決定向誰訂魚、向誰訂酒，來換取尼克隊的球賽門票或招待喝花酒，這些就是你必須打交道的人，有時是你的對手。要是你自己也是卑鄙小人，又怎麼在與這些人的爭執中佔上風呢？

四、永遠要守時。

五、永遠不要找藉口或責怪別人。

六、絕不打電話請病假。除非斷手斷腳、動脈出血、胸部嚴重受傷或直系親屬死亡。奶奶過世了是嗎？在你休假那天再安葬她。

**七、怠惰、懶散和慢吞吞很不好。**上進、機靈和好動則很好。

**八、準備好見識各式各樣人類的愚行和不公不義。**但是不要因此腦筋壞掉或態度變惡劣。你只不過必須忍受這種生活中種種的矛盾和不公平現象。「我明明是該死的副主廚，那個既腦殘又懶惰的收盤員憑什麼拿的工資比我高？」你不可為了像這樣的問題而氣惱得眼淚都流出來。有時候，現實就是如此，接受吧。

「他／她的待遇為什麼比我的好？」

「憑什麼主廚可以在餐室裡晃蕩，跟某某某（請插入某小咖名流的大名）哈啦，我卻得拼命幹活？」

「為什麼我工作賣力又專注，卻沒有得到足夠的讚賞？」

這些問題最好都別問，答案到頭來可能會把你逼瘋。如果你不斷問自己這樣的問題，就會發現自己變成烈士、失業、酗酒、吸毒、一命嗚呼。

**九、作最壞的打算。**對任何人都應如此，但是別讓這種有毒的看法影響到你的工作表現。把它全部置諸腦後，忽視它，對你看到與懷疑的事抱持玩味的心態。就算你有某位同事是個卑劣、奸詐、自私自利、善變又腐敗的混蛋，也不要因此不樂於與之為伍、共事或覺得他們不好玩。這個行業出產混蛋，這是我們主要輸出的產品，我就是個混蛋，你八成也得是個混蛋才行。

十、**儘量不要說謊**。記住，我們幹的是餐飲業。不管情況有多糟，大夥八成還聽過更糟的。忘了下蔬果訂單？別撒謊。你犯了錯，認錯，繼續幹活，只是永遠別再犯。

十一、**避開將業主名字寫在大門上的餐館**。避開氣味難聞的餐館，避開店名會讓你的履歷表顯得可笑或可悲的餐館。

十二、**好好想想你的履歷表**。如果你從未在一個地方待超過半年，主廚在翻閱一落傳真的履歷表時，會怎麼想？如果一九九五至九七年當中是空白的？如果你在「開心老馬快活雞」（Happy Malone's Cheerful Chicken）當過三明治師傅，說不定別提為妙。還有，拜託一下，要是你在日間連續劇中演過一個小角色，在夏日劇場扮演《小城風光》（*Our Town*）劇中的說書人，別列進你的履歷表。沒有人在乎——主廚例外，而他不會雇用任何妄想成為偉大悲劇演員的傢伙。在「離職原因」這一欄底下，絕不要給真實的原因，除非你是為了錢或事業心而離職。

十三、**閱讀！**閱讀烹飪書、業界雜誌——我推薦《食藝》（*Food Arts*）、《風味》

（*Saveur*）、《餐飲業》（*Restaurant Business*）這三本雜誌。它們能幫助你掌握業界趨勢，讓你學到一些食譜和想法。多知道自己所在這一行的歷史也很有用處，當你對烹飪的整個歷史有所研究與了解時，就比較能洞悉自己悲慘的際遇。歐威爾（George Orwell）的《浪遊巴黎、倫敦》（*Down and Out in Paris and London*）太值得一讀，費瑞林（Nicolas Freeling）的《廚房》（*The Kitchen*）、布朗姆（David Blum）的《鍋中火焰》（*Flash in the Pan*），還有巴特貝瑞（Michael Batterberry）那本記錄美國餐館史的精采作品《紐約城裡》（*On the Town in New York*），以及米契爾（Joseph Mitchell）的《在老旅館》（*Up in the Old Hotel*）。讀昔日大師之作：艾斯科菲、波居斯等，還有年輕一輩的大師作品：凱勒、馬可——皮耶・懷特（Marco-Pierre White），以及較晚近幾代革新之士與藝匠的著作。

**十四、對事物懷抱幽默感**。你會需要的。

# 廚房收工了

## KITCHEN'S CLOSED

我的手好痛。

我的腳也痛，露在被子外面，疼痛從腳底擴散到膝蓋。

星期天早上八點，昨晚「中央市場」有如煉獄，叫人勞累到不行，我躺在床上，發出非人的哀號聲。我的手指不聽使喚，試了三次才打著打火機點菸，我又咕噥罵了幾句。我給自己打氣，鼓勵自己踏上走到洗手間的這條長路，我顯然得施展無比矯健又優雅的身手，再想辦法打開阿斯匹靈藥瓶的小兒防護瓶蓋，才能走完這趟路程。

每逢星期天早上，我往往會變得很有哲學家氣息，哲學思考對我目前的生理狀況再合適也不過，此刻我連點菸都覺得困難，我和我弟弟當年在法國海邊老房子看過的夜壺，好像是很吸引人又很合理的辦法。

我終於得到我想要的那一雙手，就是多年前泰隆藉以奚落我的那種樣子的手。好啦，我的手上是沒有巨大的水泡——反正，本週末沒有。但是我手上確實傷痕累累，我躺在床上，打量我的四肢，不經意地看著有新有舊的燒傷，查看我的老繭，注意年紀和高溫金屬帶來的結果，心中有點感傷。

我右手食指最下面長了一吋半的老繭，斜斜的，呈黃褐色，這裡是我和刀刃最底部長年接觸的部位，由於經常泡水的緣故，皮是軟的。我為這個繭感到自豪，它可以讓人立刻發覺我是廚師，幹這一行已久矣。你跟我握手時可以感覺到這個繭，我跟同行也是一握手便能覺察到對方的繭。這是個祕密信號，有點像是共濟會成員彼此握手，不過他沒有你那些傻兮兮的小動作。我們藉著這塊又厚又粗的皮來辨認同行，那像是某種履歷，在向人述說這人工作有多久又有多辛苦。同一隻手的小指已永久變形，指尖歪斜彎曲，那是我拿打蛋器的壞習慣造成的。我從前每天替大腳做荷蘭醬汁和龍蒿蛋黃醬時，老是用小指和中指夾住打蛋器的柄，小指顯然就在不知不覺中脫臼，久而久之逐漸鈣化，就成了今天這模樣，好像得了關節炎似的，奇形怪狀。

手上有些最近才造成的擦傷和微小的刺痕，手背上這裡那裡也有幾個小傷——這些是急急忙忙把手伸進塞得滿滿的冰箱亂翻東西、把裝滿肉的牛奶箱拉上樓、星期六清點存貨時匆忙拆箱子點貨的結果——還有幾個閃閃發亮的地方，一定是濺到熱油或就只是伸手抓過熱的鍋把或廚用夾子的緣故。我的指甲呢——如果還可以稱之為指甲的話，我下班後搭計程車回家的路上老愛咬指甲——髒的要命；指甲縫裡有乾掉的動物血漬，還有黑胡椒屑、牛脂與海鹽。左手拇指甲底下一大塊烏青的瘀痕，正慢慢地褪去，看來好像我拿著拇指去蘸了印度墨水。左手還有一指的指尖被削去一塊，是我多年前在切青椒時削掉的。天哪，我還記得當時情景：急診室實習醫師的那張臉，他把彎曲的針使勁穿過我的指甲，想要把那一塊顯然註定壞死、脫落的皮縫回去，卻是枉然。記得我在手術檯上一邊痛苦地扭動身體，一邊抬起頭看著他，希望能見到如電視良醫那般冷靜、鎮定、多少令人安人的面容，結果看到的卻是一張忙不過來的炸薯條師傅的臉——真的只是個孩子——他又縫了一針，一臉痛苦的表情，甚至有點覺得噁心。

左手心有一塊凸起的半圓形疤痕，是被迪戎芥末醬罐頭鋸齒狀的罐蓋割傷的結果。那一回我差一點昏了過去——血流出前那恐怖的幾秒鐘，我盯著受傷的手，看起來根本不像我的手，而是一塊被切割得亂七八糟的灰白色的肉。血流出來時，幾乎是一種解脫。

我左手拇指和食指連接的地方有幾條一公分長的疤痕，是「無敵戰艦」時代留下的，當時我用刀開生蠔老是失手，鈍鈍的刀刃要麼滑落，要不穿透殼刺進我的手裡。指關節的傷更是多到不計其數，因為傷口老是癒合了又開，白疤一層疊著一層，次數多到我早記不清自己是何時或在哪裡受的傷。我知道其中有一個是在「晚餐俱樂部」時被滾燙的鴨油燙到的結果，其他的皮肉傷則是來來去去，這會兒就好像一層疊著一層的古城，層層疊疊，是我在一家接著一家餐廳工作的證據。我左手中指的第一指節，也就是控管刀刃走向的那部位，被切過太多次，如今已成一塊凸起的死肉，每當我快速切蔬菜時，這塊死肉往往擋著刀刃，我不得不份外小心。我的指紋被甜菜根汁染成褐紫色（昨天的例湯是熱甜菜根羅宋湯），如果把手指湊到鼻子前面，仍然聞得到燻鮭魚、紅蔥頭末和一點點莫比耶乳酪皮的氣味。

至於我的腳，不提也罷。

自我披著過肩長髮走進「無敵戰艦」的廚房以來，已過了二十七年的時光，那時的我態度差，沒有多少工作意願，心裡只想著就幹一點活掙錢算了。二十六年前，我在馬利歐的廚房看著泰隆那坑坑疤疤的巨靈掌，受盡屈辱，因而下定決心，自己也要有這樣的一雙手。不知道是誰說過，五十歲的男人該有什麼長相，就會是那副長相，我還有幾年才滿五十，但是我肯定擁有我該有的那雙手。

我還要幹這行多久呢？

不知道。你得明白，我熱愛這一行啊。

我熱愛把油封鴨、鴨肉香腸、油封鴨胗、吐魯斯香腸、鴨胸、鴨油還有那些上好的白豆一起加熱，一匙匙舀進砂鍋中，灑上麵包屑。我熱愛把細香蔥薯泥、野菇、小牛胸腺，堆疊成小山一般，配上也堆得美美的、高高的青蔬沙拉，再用我最喜歡的湯匙，在盤沿澆上一圈濃縮得盡善盡美的醬汁。當我做清燉蔬菜牛肉鍋為特餐時，喜歡看到我老闆臉上的表情——他看到那一大盅煨牛蹄、牛肩、牛尾，簡單水煮的蕪菁、馬鈴薯和胡蘿蔔也煮得中規中矩、恰到好處，臉上流露出純粹的喜悅。我真喜歡那表情，我也喜歡看到皮諾見一盅完美的義大利細直麵時臉上的神情，當我看到布萊恩的紅酒牛肉、一盤完美的生蠔時，臉上也有同樣的表情。那是一種驚喜讚嘆的表情：爸爸領著幼小的孩子到海濱水深的地方時，孩子就會有這種表情，給人的感覺總是十分美好。當我們面對著一盤佳餚這麼簡單的事物時，有那麼一時半刻，甚至只有一剎那，我們平日不得不扮出的那副憤世嫉俗、厭世、冷酷無情、卑鄙小人的模樣就消失了。這時，我們會想起當年是什麼觸動我們走上這條路。

我躺在床上抽著我的第六或第七根菸，心想今天要做什麼好。哦對了，我要寫下這件事。可是那不真的是「工作」，對吧？靠寫東西來賺錢，感覺上多少有點狡詐……不誠實。不管寫什麼，都有點像是背叛，即便是不帶感情地陳述事實——而我可不是這樣——也永遠都不會是事實的本身，不知怎的，被描述的事件就在述說的過程中受到折損。一盅完美的地中海魚羹，從阿卡雄海灣採來的那第一顆、對我而言極其重要的生蠔，我一旦將之書寫下來，就不如回憶中那麼高貴又非比尋常。我是否漏掉其他一些事情，還是對有些事情描繪不當，好比說那令人佩服的史蒂芬·鄧普的歷險記或我「生命中的一天」，都不是那麼重要。比起泡在湯汁中的清燉肉、番紅花的香味、大蒜、魚骨和茴香酒，我們在時空中的移動，相形之下就多少顯得微不足道了。

雖然我有一半的人生都在觀察人，指導人，設法推測別人的心情、動機和行動，躲著人，操弄人或被人操弄，但是對我來講，人始終是謎樣的，人總令我迷惑不解。

食物則不然，當我看到取自頂級鮪魚的一塊完美的背肉，我**知道**自己正看著什麼。我可以**了解**成百萬上千萬的日本人何以對這種結實、幾乎散發彩虹光輝的肉，幾近瘋狂迷戀。我明白我的老闆看見一份烹煮得無可挑剔的酸捲心菜什錦肉時，為何會淚汪汪。色、味、質地、結構……還有個人經歷。有誰知道在他多年以前的人生中，在什麼情況下遭遇過什麼事，致使他難得一見地真情流露？又有誰需要知道呢？我只曉得我所看到的畫面，我也了解，一切都太合情合理了。

「來啦！」我的姜妮伯母一邊喊，一邊端著樸實的番茄沙拉、一條剛出爐的棍子麵包，還有自此以後我特別愛吃的那種帶乳酪味的牛油，一腳高一腳低地從屋內走到花園的野餐桌。我不時仍會深刻地想起那些時光，當時的感覺、氣味甚至聲音：遠處傳來運送犯人的囚車那哩哪哩哪的警笛聲、鄰居家公雞的啼聲、細砂摩娑腳趾間的感覺、輕風拂過我那條太短的短褲褲腳。有時，只要一盤灑著洋香菜屑的紅番茄片，便能勾起我的回憶。我會不知不覺哼起〈好走的靴子〉或〈蒼白的淺影〉，想起「瑪麗皇后號」上裝在罐頭裡的細香蔥咬在齒間有多清脆，還有我發覺那湯竟然是冷的時候，那種又驚又喜的感覺。

我這一路行來，留下不少破壞，也有數量多到不行的餐廳在我手上倒閉。有很多我早期的老闆，我不知道其人近況如何，不知道他們是否回去幹拔牙的老本行謀生，抑或仍懷抱著夢想，想重起爐灶，想從最新的債主、市場力量無情的發展、故障的設備、不可靠的廚師與兇惡的高利貸業者的四面包夾中突圍而出。我真的不知道。我知道我為其中一些業主做得不夠好，然而我已竭盡當時我所能了。

曾在我廚房中效力的廚師呢？我**知道**他們當中大多數人的去向；我往往會跟他們保持聯絡，因為說不準我哪天又會需要他們。卓爾不凡的迪米屈離開這一行多年，而且不回我的電話，就我所記得，除了拉他來紐約外，並沒有做什麼太對不起他的事。不過我猜想他不想受到誘惑，搞不好我會打電話給他，說有非比尋常的工作要找，「嘿，迪米屈！這份差事再適合你也不過！一切都會像往日時光。」有人拍過這樣的電影，一夥老銀行搶匪重聚一堂，要幹最後一票。迪米屈可沒那麼傻，他非得聰明不可。

我的中學老友山姆仍在這一行，仍舊生龍活虎，混得很好。他有外燴生意做得很好，在城裡不同的小館兼差當傭兵，打打工。他結婚了，妻子是位可愛又極有才華的糕點師傅。我跟他常見面。

有名沒姓的亞當如今在一家名聲卓著的餐飲承包公司做了快兩年了，工作穩定，而且他似乎做很不錯。佩蒂・傑克森（我短暫為皮諾效力時的同事）在同一條街上工作，她的助理相貌堂堂，我可以想像她在提到他的時候會說：「把他洗一洗，上點油，送到我的房間來！」燒烤檯賤婆娘貝絲目前做私人客戶，按照阿金減肥法替大塊頭的有錢人做菜。她常來「中央市場」用餐，在我廚房員工的眼中，儼然是來訪的名流——尤其是在她向我那些一臉恭敬的手下露兩手新的空手道招數和鎖頸固定技的時候。

我從皮諾那裡偷來的麵食師傅曼紐爾，就是跟我在「蘇利文」共事時，老得忍受史蒂芬半夜跟他女友嘿咻聲的那位，如今已返回厄瓜多爾，即將取得工程學位。

「中央市場」的日子一如例常地過著，同樣的班底每天准時來上班，有法蘭克和艾迪、卡洛斯和歐馬、伊席多羅和安杰、傑拉多、米蓋、阿圖洛、兩位黑米、拉蒙和珍寧。他們都還跟著我，希望會一直跟著。不過我的兩位老闆在讀到這本書時，要是沒即刻炒我魷魚，那可真就證明了他們支持藝術不遺餘力。

邀天之幸，我太太經歷這一切——三更半夜才醉醺醺回家，當我思索著備料單、人力部署、每日特餐和食材成本時，又往往漫不經心地對她視若無睹，可是她對我仍不離不棄。我承認我是一時鬼迷心竅，跑去刺青，以為這樣可表示與我那批渾身花樣多多的手下團結一心，我在上臂上刺了一圈還算有點品味的獵頭族圖案。可是南西一向覺得皮膚藝術活像長了輪癬一樣「好看」；她認為我有意冒犯她，她這樣想也不是不講理。她大發雷霆，至今對此事仍未釋懷……不過每天早上她依然在我身邊醒來，偶爾對我講的笑話笑個兩聲，當我表現得就像個渾球時會提點我，幫我一把。我們一年會到聖馬丁島幾天，自從我們倆在一起以來，只有那幾天我不是個廚師。我蹲在棕櫚樹下，啃著燒烤雞腿，喝著牙買加啤酒，腦袋中最重要的事莫過於晚餐要吃什麼——鑲蟹蓋呢，還是岩龍蝦——我想，好歹有這一回，我的行為舉止大概還像個正常人。

可悲又令人費解的是，我以前的副主廚兼祕密行動總管史蒂芬，決定和他的女友離開紐約，搬到佛羅里達州，他離鄉背井，放棄他的公寓，甚至連金魚都一塊帶走。所以，看來他短期內不會回來了。我簡直不敢想像沒有他的日子要怎麼過，他是我的魔鬼分身、邪惡的孿生兄弟、我的左右手和最好的朋友——我就是不能想像再也無法隨時拿起電話打他的手機，請他幫忙我從事剛想到的什麼恐怖計畫。此外，每星期六晚上，我將需要有個身強力壯的傢伙來掌管我的燒烤站。他當然會打電話給我，「你猜我現在在哪？」他會讓我聽聽海浪拍岸的聲音，或者開著敞篷車在南灘的大道兜風的聲響，這個渾球。

我會待在這裡，直到他們把我揪出廚站。我哪兒都不去，我希望。我在廚界一路行來有如歷險，這些年中，我們有人員的傷亡，折損了一些東西，也失去了一些東西。

可是，就算你給我整個世界，我也不願意錯過這一遭。

安東尼・波登之廚房機密檔案 ／ 安東尼・波登
（Anthony Bourdain）著 ； 韓良憶 譯. -- 初版. --
臺北市 ： 臺灣商務, 2010. 07
面 ； 公分. --
譯自：KITCHEN CONFIDENTIAL: ADVENTURES IN THE
CULINARY UNDERBELLY
ISBN 978-957-05-2504-5（平裝）

1.波登（Bourdain, Anthony） 2.傳記 3.烹飪

785.28 99009556